羅運治著

文史哲學集成

清代木蘭圍場的探討

文史哲出版社印行

211 文史哲學集成

清代木蘭圍場的探討

著者：羅運治
出版者：文史哲出版社
登記證字號：行政院新聞局局版臺業字〇七五五號
發行所：文史哲出版社
台北市羅斯福路一段七十二巷四號
郵撥〇五一二八八一二彭正雄帳戶
電話：三五一一〇二八
印刷者：文史哲出版社
實價新台幣四二〇元
中華民國七十八年五月初版

清代木蘭圍場的探討　目次

第一章 緒論

滿洲女眞族崛起於東北，於一六四四年（淸順治元年）進入山海關取代明朝而統治中原，建立大淸帝國而爲中國的統治者。同樣地，中原本土上的漢民亦從淸康熙帝時代（一六六二—一七七二）起大量流往東北滿洲，且漸次興盛。直到乾隆初年（一七三六年即位），針對流民入侵後產生私墾、盜伐、偷獵……等等流弊問題，於是採取了封禁政策。被視爲淸帝國祖先發源聖地的東北滿洲，遂成爲廣義的封禁地。

這塊封禁地上的寶貴物產如人蔘、貂皮、樺皮、東珠……等等及其產地向爲滿洲皇室、王公及旗人等所獨佔。除此之外，而且還包括了很多散佈在這些封禁地上的養貢官地、官山等，以及八旗的採捕山、圍獵山等的山地及圍場。這些均分屬於各地之官有地。這些狹義的封禁地之中，通常被視爲「官設狩獵地的圍場」，不僅僅只設於東北滿洲各地區，而且後來亦設置於北京京城附近之南苑及熱河地區。（註一）在這些圍場中，最有名且是最重要的，應屬位於熱河中央地區的木蘭圍場。何以熱河的木蘭圍場最爲重要？在此，勢須將淸代其他圍場先作簡單介紹：

一、盛京圍場：奉天郡邑志載：「（太祖）天命四年（一六三〇）九月壬申，克葉赫東域，降西域，設盛京圍場，協領管守。」（註二）其範圍大致爲今日的西豐、西安、東豐、輝南、海龍諸縣之地。

此乃係長白山系的一支脈延伸至此的地域，避暑而向長白山中移動之麋鹿因爲一到冬季，爲了取暖都群集於此，所以形成良好之獵場。（註三）在此大圍場內之小圍場數共計一〇五處，分由十二卡倫管轄，玆將各卡倫管轄之圍場數及種類列表如左：（註四）

管轄卡倫名	圍場數	種類別
台畢拉	七	均爲歷年應捕圍
蒙古伙洛	三	同右
西巴拉河	九	同右
大荒溝	十一	鶯遠(四)歷年應捕圍(七)
土口子	十四	御圍(六)鮮圍(六)鶯遠(二)
梅河額夫勒	十六	御圍(四)、鮮圍(五)、歷年應捕圍(七)
雙楡樹	五	均爲歷年應捕圍
赫爾蘇	十	王多羅束圍(三)歷年應捕圍(八)
歸勒合	九	王多羅束圍(一)歷年應捕圍(八)
孤山河	五	王多羅束圍(二)歷年應捕圍(三)
那丹伯	六	御圍(一)鮮圍(三)王多羅束圍(二)
大沙河	十	王多羅束圍(四)歷年應捕圍(六)
合計	一〇五	歷年應捕圍(六三)御圍(十一)鮮圍(十四)王多羅束圍(十二)鶯圍(五)

右表中，御圍相當於皇帝獵用，指不定時日之盛京巡幸之際，臨機狩獵。王多羅束圍是盛京內務府捕牲丁所使用的狩獵地，相當於捕獲每年規定之進貢物之地。鮮圍是預備捕獲製乾肉、儲糧者。窨遠不知是供作何用？但因所在地較遠，故取其名，歷年應捕圍爲每年秋冬練武之目的；供旗人圍獵之用，數量最多，是最普通的圍場。（註五）圍場的管理則由盛京將軍負責，據盛京通鑑卷二圍場處應辦事宜條記載：「圍場設圍長協領一員、翼長佐領二員、梅倫驍騎校八員、額設梅倫委官八員、八旗專達兵二百名。清明節前，委官二名，專達四名，帶領卡兵四名，撩火一次。立夏節前，翼長二員，梅倫二員，委官二名，帶領專達兵八十名，演圍一次。立夏節前，圍長一員，梅倫二員，專達兵六名，週查圍場一次。立秋節前，梅倫驍騎校二員，委官二名，帶領專達兵六十名，更換演圍官兵。白露節前，梅倫一員，專達二名，帶領卡兵十五名，在柳河身駐劄，稽查捕鮮官兵，不准越界捕打牲畜。寒露節前，委官二名，專達四名，帶領卡兵，看守圍叚草木一次。冬圍前，委官一名，專達二名，帶領內務府兵二十名，前往圍場，修理橋道，以備冬圍官兵車輛行走。小雪節前，圍長一員，翼長二員，帶領梅倫委官專達兵八十名，領纛行圍。三年兩次芒種節前，圍長一員帶領委官專達兵三十二名並卡兵一百二十名，捕拏鹿羔一次。圍場至內原設圍册，共有一〇五圍，按年輪流捕打。圍場原設卡倫十二處，每處卡官一員，兵二十名，係由外城出派官二十四員，兵四百八十名，每年分爲三班，更換座卡看守圍場。」（註六）

二、吉林圍場：吉林圍場與盛京圍場相比較，史料甚少，要詳細瞭解是困難的。或許是因吉林圍場不比盛京圍場重要。實際上，其制度亦簡單，尚未達到值得紀錄的程度。吉林圍場可記爲吉林西圍場或省西圍場、伯都訥圍場及阿勒楚喀圍場。

省西圍場，其位置相當於吉林省域的西方，光緒七年七月吉林將軍銘安的上奏中寫道：「吉林自伊通之南，本係圍場之地。再其南則爲奉天圍場（即盛京圍場），奉天之南始爲麋鹿山獸滋生之所。山獸出覓水草，北來最多，故於該處設立圍場。」（註七）伊通以南連接奉天圍場北方之圍場，其區域即是吉林外記卷三舉出的圍場卡倫十一個中之伊通、伊巴丹、蘇瓦延及依勒們等，約略是以聯結這些驛站之線爲北境，在其南是無可置疑的。而其圍場數至少有二十一個以上，此可從同治七年八月的上諭引用咸豐十一年吉林將軍景綸之上奏而得知。（註八）其中二、三個圍名與所在將軍麟瑞調查吉林圍場邊荒情況時的報告中可窺出：「……東由伊勒們河起，西至伊通河止，其間裁撤伊巴丹等五處廢圍，除留建公署外，可墾地二萬八千六百六十五晌，東自廟嶺起，至一座毛地方，復由該處南面折至海西之釣魚台止，西以伊勒們河爲界，北以舊設卡堆爲界，並其間裁撤之孤拉庫等二處廢圍，除留建公所外，淨可墾地八千二百三十晌五畝……擬將倒木河之北舊有佛斯亨海蘭兩圍挪移，並將薩倫河等處各圍一併移設。」（註九）

至於圍場管理的官衙，在將軍衙門內有荒營，荒營總理下各官分掌圍務，每月派遣官員率兵巡視各卡倫，逮捕盜伐者、偷獵者或私墾的奸民。（註一〇）另一方面，思格木阿林、薩倫、依勒門、蘇瓦延、伊通、庫爾訥窩集、呢雅哈氣、依巴丹、瑪法塔嘎爾罕、汪色、古拉庫等十一個卡倫，有兵丁駐守，擔任看守的工作。

伯都訥圍場在扶餘縣，西起松花江屈曲地點，東至拉林河附近，南以通往浩色、陶賴昭之驛路爲境，北邊包含達松花江之地域，嘉慶末年道光初年爲了京旗之移駐，所謂伯都訥屯田之興建亦即此地。另阿勒楚喀所屬圍場亦稱爲阿勒楚喀所屬蜚克圖迤東圍場，位於蜚克圖站東方，主要屬賓縣管轄之內。（註一一）

三、黑龍江圍場：黑龍江地區的圍場，除了各城專用的小圍場，主要是東荒圍場和索約爾濟圍場。依呼蘭府志卷八所載，東荒圍場北至通肯河、綏楞額山邊及周圍數千百里地域，森林叢生，是人蔘、貂及金砂等之產地。大概之情況是如此，詳細情形不明。或許，就圍場管理之官制，或看守設施等，約和吉林圍場相似。

索約爾濟圍場是以興安嶺中之索約爾濟山爲中心之地域，接近索倫、蒙古等住地，樹木繁茂，禽獸孳衆，爲一良好之狩獵地。康熙三十六年（一六九七），聖祖親征噶爾丹告一段落後，於四十年（一七〇一）偶爾經過此山，會同索倫及蒙古王公等設宴之際，決定設置爲圍場。（註一二）大清會典事例載：「索約爾濟圍場，周一千三百里，西界喀爾喀車臣汗部落，南界科爾沁烏珠穆沁部落，東與北俱界黑龍江，共設卡倫四十處。」（註一三）圍場周圍有四十處卡倫，故索倫、蒙古的兵丁被派遣看守。

四、南苑圍場：位在北京城永定門外二十里地方，其周圍百有二十里，四周之處築高牆。（註一四）

主要是飼養從滿洲進貢的各種禽獸，以及供皇帝及皇宮臣僚的娛樂性狩獵之用。（註一五）統圍大臣統監之下的八旗統領，率領兵丁布陣，皇帝親御弓矢，騎射圍中的獸類，完畢之後聖駕返宮，並犒賞參與的各將士，此即南苑行圍。（註一六）

以上主要圍場的位置、範圍及官制大略就是如此。至於圍場的警備設施、保護監視，因爲在於防止私墾、偷獵，以期狩獵用獸類的蕃殖，另外亦因漢民的深入移民趨勢伴隨而來的是開始感到圍場被侵犯的危險，所以卡倫的增設、取締的加強乃是理所當然的。尤其是在乾隆年間，由於潛入圍場者漸增，立刻制定嚴罰規定是當然的，此即乾隆三十一年（一七六六）通用於所有圍場的一般性規定：「拏獲圍場內賊犯；如係偷採菜蔬及割草之人，初犯枷號一月，再犯枷號二月，三犯枷號三月發落，若盜砍木植偷打牲畜，審係初次二次，發烏魯木齊等地種地，犯至三次者，發烏魯木齊給兵丁爲奴。」（註一七）事實上，各圍場亦有其特殊之需要而定頒規定，如盛京圍場於乾隆三十九年（一七七四）對盜伐偷獵者制定：「有私入打槍放狗驚散牲畜，不論次數，係旗人發遣各駐防省城當差，民人發附近充軍，其私入採取蘑菇砍伐木植者，擬以滿徒，分別旗民辦理，起獲鳥槍入官，牲畜器物，賞給原拏之人，失察私入之該管員弁，查明邊界，照例參處。」（註一八）乾隆四十五年再訂：「盛京威遠堡南至鳳凰城邊外山谷圍場處所，拏獲偷伐木植人犯，審明果係身爲財主，雇請多人伐木屬實者，杖一百流三千里，若無財主，一時會合各出本錢，並雇人偷伐木植，越渡邊關隘口者，杖一百徒三年。」（註一九）至於木蘭圍場及吉林圍場亦有其單行法：「私入圍場偷打牲畜十隻以上者杖一百流三千里。

二十隻以上者發烏魯木齊等處種地。三十隻以上者發烏魯木齊等處給兵丁爲奴。其零星偷打隨時破案者一隻至五隻，杖一百徒三年，至五隻以上者再枷號一個月。其偷砍樹木五百斤以上者杖一百流三千里，八百斤以上者發烏魯木齊等處種地。一千斤以上者發烏魯木齊等處給兵丁爲奴，其零星偷砍隨時破案數十斤至一百斤者，杖一百徒三年，一百斤以上者再枷號一個月。爲從各減一等，均無論初犯再犯，面刺盜圍場字樣。」（註二〇）

圍場既然被視爲禁地且加以嚴密的保護，然而其用途如何？檢視資料綜合歸納之如下；第一：作爲滿洲旗人共同圍獵以達到直接練武爲目的。這點從道光七年（一八二七）二月的上諭：「盛京、吉林圍場，每年獵殺牲畜，原爲我滿洲官兵操演技藝而設。」（註二一）及同治七年（一八六八）八月的上諭：「吉林圍場原爲長養牲畜以備狩獵之用」（註二二）而能得到證明。第二：作爲進貢用之獲物的取得爲主要目的狩獵地，這點只要檢視盛京通鑑卷二「禮司應辦事宜」之內容，即可肯定。（註二三）此亦說明何以盛京圍場有解圍及王多羅束圍的存在。至於南苑圍場，除具有演武之目的外，同時亦扮演滿洲人維持狩獵傳統的習俗，兼達娛樂的功能。

從前面的簡單敘述中，我們可瞭解到盛京圍場是較具代表性，其功能除駐在將軍定期督率所屬打圍以作爲練武之目的外，亦作爲捕獲牲畜以作爲進貢皇室的目的。（註二四）另外皇帝不定期的巡幸，恭謁祖陵時，偶亦在盛京圍場行圍。這些情況，比起專供皇帝狩獵使用之木蘭圍場，顯然的有很大的不同。單從參與人數而言，每年由皇帝親率大批親族、王公、大臣及隨行官兵，配合蒙古王公貴族的扈從行圍，其規模之大即爲其他圍場所不及，更遑論因行圍過程而形成之各種制度矣！

木蘭圍場與東北滿洲的圍場，其行圍的方式最大之不同，乃是在於以皇帝親自爲統率，由其親衞軍及內地、東北滿洲、蒙古的官兵在木蘭舉行圍獵。所以變成不僅僅是如東北滿洲的地方性，而是全國性，甚至可說是國際性。所以木蘭圍場的行圍爲清皇室特別重視。也因爲如此，而產生了許多複雜的相關問題，這些問題歷經幾年（次）相同（似）的方式處理後而形成了制度。綜觀木蘭圍場的行圍制度，清室藉它不僅扮演了維護、穩定了大清帝國的角色，同時亦是發展、擴張帝國的重要一環。在這過程中，木蘭圍場充分發揮了軍事、政治的功能，進而帶動了經濟、文化等社會人文景觀的變遷以及宗教、藝術的相互交流影響。

同樣地，木蘭圍場後來漸次遭受破壞，乃至於廢弛，形同放棄，而後被開放墾植，這歷程亦與大清帝國的腐敗衰弱而至於敗亡，在時間上，彼此相吻合。整個大清帝國的發展、穩定、壯大及至漸次腐化、衰弱甚至於敗亡的情形，在木蘭圍場所扮演的角色中，最爲明顯。兩者之間，反映在軍事、政治、經濟、社會等的制度上，或顯現出的各種現象，幾乎是互爲表裡。這種有趣的現象即是本文以木蘭圍場爲主題的原因。然而限於篇幅，文中無法將這些現象一一提出相較，只以圍場本身的問題爲重點論述。但從各章節內容的簡單敍述中，可概略的獲得印證。

本文除緒論與結論外，另以下列五章，分別簡述說明之：

第二章：首先簡述木蘭圍場的詞義、地理位置及土地的由來，而後說明康熙帝設置木蘭圍場的主要動機，進而以表列木蘭圍場大範圍之內，各小圍場之名稱、分佈位置、記事，最後述及整個圍場的管理制度。

第三章：敍述清代皇帝至木蘭圍場的紀錄，除以表列康熙、乾隆、嘉慶三帝木蘭秋獮的年份、次數外，並說明偶而未至木蘭圍場行圍的原因。至於有清一代未曾舉行木蘭秋獮的皇帝佔多數，其因何在？本章亦予以簡單敍述交代。另外亦將皇帝在木蘭圍場的重大政治活動及離開京城期間的行政運作亦予論述之。

第四章：敍述木蘭圍場的秋獮制度，從皇帝親自率隊起，分由行前的準備工作、隨圍人員的決定、行程中的駐蹕、繼而行圍狩獵的過程，並述及行圍過程中的各項禁令。

第五章：木蘭圍場之所以被視爲最重要、最有名之圍場，乃因透過在當地的行圍，而達到某種程度的軍事、政治功能，從而對整個大清帝國的穩定、發展、擴張產生重大作用，進而亦帶動長城口外地區經濟、人文社會的變遷以及宗教、藝術交流而相互影響。本章則分就軍事、政治、經濟、歷史文化、宗教藝術等之功能影響論述之。

第六章：大清帝國亦如歷史上的朝代，由崛起而壯大進而腐化而後衰敗。這些現象從木蘭圍場的設置、而後漸次衰敗及至開放墾植的過程中反映出來。敍述木蘭圍場興衰的過程，即可體驗出大清帝國的命運，兩者相互關係，頗值吾人玩味。

本文所援引之資料，以大清實錄、十二朝東華錄及時下坊間屬於有清一代所編修之官書、方志、叢書爲主，並輔以各家有關之論著、論文爲輔。唯撰者才學疏淺，闕漏在所難免，尚祈專家惠予教正。

淡江大學歷史學系羅運治謹識

【附註】

註 一　清代除木蘭圍場外，尚有盛京圍場、吉林圍場（包括省西圍場、伯都訥圍場）、黑龍江圍場（包括東荒圍場、索約爾濟圍場），以上均在塞外。南苑圍場則位於關內北京京城永定門外二十里處。

註 二　奉天郡邑志，卷四，頁六，海龍府條。（收錄於東三省政略，卷六，總頁四一六七，中國邊疆叢書，文海出版社印行）。

註 三　吉林通志，卷六，天章志頁二十七下至二十八上，鹿之條。

註 四　盛京通鑑，卷二，圍場應辦事宜，頁七十至七十三。

註 五　川久保悌郎：清代滿洲の圍場㈥，史學雜誌，第五十四編第九～十一號。

註 六　同註四，頁六十八至七十。

註 七　東華錄，光緒朝，卷四十二，頁一一二，光緒七年七月，甲子條。

註 八　穆宗實錄，卷二四一，頁十九，同治七年八月，戊辰條。

註 九　同前，卷一〇一，頁二十至二十一，同治三年四月，乙未條。

註一〇　吉林通志，卷五十一，武備志二，兵制二，駐防下，頁三十二下。

註一一　滿洲舊檔報告，一般民地，中卷，頁六十四，轉引自「清代滿洲の圍場」。另見吉林外紀，卷十，頁三十上。

註一二　黑龍江志稿，卷二十六，武備志，兵制，頁四十五下。

註一三　大清會典事例，卷七〇九，頁二十二至二十三，兵部行圍條。
註一四　同前，卷七〇八，頁一，兵部行圍。
大清一統志，卷四，京師，頁六至七。
註一五　宣宗實錄，卷三十二，頁十，道光二年三月，庚辰條。上諭：「……從前盛京吉林捕得虎、熊、豹，俱經進獻。惟虎，南苑演習技藝，往往需用。熊、豹並無用處。……」
註一六　大清會典事例，卷七〇八，頁二，兵部行圍。
註一七　同前，卷七九二，頁十二，刑部，刑律，賊盜。
註一八　同前。
註一九　同前，卷七九三，頁八，刑部，刑律、賊盜。
註二〇　同前，卷七九二，頁十五至十六。刑部，刑律、賊盜。
吉林外記，卷五，頁十五下至十六上。
註二一　宣宗實錄，卷一一四，頁三十五，道光七年二月，庚午條。
註二二　穆宗實錄，卷二四一，頁十九，同治七年八月，戊辰條。
註二三　盛京通鑑，卷二，頁五十一至六十二。
註二四　同註二二。

第二章　木蘭圍場的沿革

木蘭圍場乃係清代諸多圍場中最爲重要者，其所以重要從清代皇帝至木蘭圍場的紀錄以及在木蘭圍場的秋獮制度（詳本文第三、四章）明顯的可以看出。事實上亦可從其名稱之由來，地理位置以及康熙帝選擇設置的動機而窺究其因。也因爲其重要，所以圍場內的各小圍場之分布亦被刻意的規劃，尤其在管理及維護的工作更被注意，且時時爲皇帝下諭立規而形成制度。本章擬先就木蘭圍場的詞義、地理位置、康熙帝設置木蘭圍場的動機、圍場組織與分布及圍場的管理制度等五部分，加以論述之。

第一節　詞　義

「木蘭」一詞是由滿文 Muran 一字音譯而來。滿語意爲哨鹿，即每年白露（天暖時爲秋分）之後，獵人頂着鹿頭，披着鹿皮，在黎明前藏跡於山林，扛着木制的長哨，模仿着公鹿的聲音，吸引求偶的母鹿。（註一）

「圍場」，以動詞言之，爲狩獵，而以名詞言之則爲狩獵之地。在此勢有再加解釋之必要。首先先看宋末元初文人周密在其所著的癸辛雜錄一書中的記載：

「北客云：北方人打圍，凡用數萬騎，各分東西而往，凡行月餘而圍始，蓋不啻千餘里矣。既合，則漸束而小之。圍中之獸皆悲鳴相弔。獲獸凡數十萬，虎、狼、熊、羆、麋、鹿、野馬、豪豬、狐狸之類皆有之，特無兎耳。獵將竟，則開一門，廣半里許，俾餘獸得以逸去。不然，則一網打盡，來歲無遺種矣。」（註二）

從這段記載，可瞭解合圍的打獵法是北方遊牧民族的一種傳統獵法。所謂「來歲」即已包含有年年於同一地的意義，這種常見盛行的合圍打獵法，一般亦稱之爲圍獵。很多狩獵者任意圈圍地面而成狩獵場，這種場地後因合圍、圈圍的相關狩獵語而被稱爲圍場。因此在遼金時代的文獻即已可找到這種例子，但其顯現出的意義就不是僅僅所謂的狩獵，或狩獵地那麼簡單。尤其到了清代，其表現型態最爲明顯。爲能對「圍場」能較具體解釋，擬先將史料上的有關記載，擇錄如下：

㈠遼史，道宗本紀：「詔常所幸圍場外毋禁。」（註三）

㈡遼史，天祚本紀：「諸圍場隙地，縱百姓樵採。」（註四）

㈢遼史，道宗本紀：「駐蹕藕絲淀，以左夷離畢耶律禿圍場都管散八並爲西北路行軍都監。」（註五）

㈣金史，章宗本紀：「以薪貴，勅圍場地內無禁樵採。」，又「幸太極宮，弛圍場遠地禁，縱民耕捕樵採。」（註六）。

㈤金史世宗本紀：「放圍場役夫，詔扈從糧食並從官給。」（註七）

㈥金史列傳奕條：「奕爲人貪鄙，數以贓敗，亦愛其能治圍場，故進而委信之。」（註八）

㈦大金國志：「金國酷喜田獵，昔都會寧，四時皆獵，海陵遷燕，以都城外皆民田，三時無地可獵，候冬月則出，一出必逾月，后妃親王近臣隨焉，每獵則隨駕軍密布四圍，名曰圍場，待狐兎猪鹿散走於圍中，國主必先射之，或以鷹隼擊之，次及親王近臣，出圍者，許餘人捕之。」又「世宗立，尤甚有三事，令臣下不諫，曰作樂、曰飯僧、曰圍場，其重田獵如此。」（註九）

㈧清太宗實錄：「己卯上幸扎木谷中行獵，甲午還宮，初至札木谷中行獵時，上射一麅，……又圍場，有廝卒射中麅。」（註一〇）

㈨清、高士奇撰扈從東巡日錄：「……每獵則以隨駕軍密布四圍，旗色分八部，各章京主之，分左右翼，馳山谷間，踰高降深，名曰圍場。」（註一一）

㈩清、楊賓撰柳邊紀略：「十月人皆臂鷹走狗逐捕禽獸，名曰打圍，擬定旗分，不拘平原山谷，圈占一處，名曰圍場。」（註一二）

從上述擇例條引，我們可將圍場所表現出形態及意義，歸納如下：大部份或一般性的用在名詞上爲「狩獵地」，而亦部份作爲動詞「打獵」形容之。大部份有固定之地區作爲狩獵地，且有專人設官看守管理之所謂禁地。誠如前述，清代的圍場其形態表現最爲明顯，就如本文即將後述者，簡言之，演成官有禁地，且以牆柵、柳條邊或卡倫（註一三）沿邊圍之以示區別，專爲皇帝（以木蘭圍場爲最）或駐在地將軍率屬下狩獵及軍事演武之專用地。

第二節 地理位置及由來

位於現在承德市北方約一百五十公里處圍場縣的木蘭圍場，它也就是中古時代遼國中京臨潢府所屬興州的所在地（註一四）。其所以以「木蘭」定名，就是與滿州祖先女眞族的善於哨鹿有關。哨鹿的獵法至少自遼代起就流行於滿州及內蒙地區。據遼史營衞志的記載：

「秋捺鉢」（註一五）：曰伏虎林，七月中旬自納涼處（註一六）起牙帳，入山射鹿及虎。……每歲車駕至，皇族而下分布濼水側，伺夜將半，鹿飲塩水，令獵人吹角效鹿鳴，既集而射之，謂之「舐鹻鹿」，又名「呼鹿」（註一七）

遼時那些專門模仿鹿鳴的獵人都是屬於女眞族，該族要定期進貢給遼國皇帝一些精於仿效鹿鳴的人（註一八），由歷史我們知道女眞人後來建立了金國，其中的一支又崛起建立了統治中國的滿清政權。因此康熙皇帝的祖先在熱河地區的哨鹿活動至少具有六、七百年的歷史（自十世紀始）。熱河圍場（清代文獻上亦經常如此記載）所以又名爲木蘭圍場，誠如養吉齋叢錄所載：「國語謂圍場曰輝罕，稱木蘭者國語語哨鹿之謂，圍場爲哨鹿所，故云爾，久則視若地名，且有稱上蘭者。」（註一九）。

木蘭圍場這片毗連千里、林木葱鬱、水草茂盛、群獸衆以孳畜的廣大土地，在逐開靈囿爲圍場後，周圍間續地由一道「柳條邊」（註二〇）所圍繞者，只由南方的波羅河屯分兩路進出，東路經由崖口，又稱爲「石片子路」，西路經由濟爾哈朗圖，其範圍東西長三百餘里，南北二百餘里，周圍一千三百多里，原爲蒙古喀喇沁、敖漢、翁牛特等諸旗之牧地（註二一）。「地當蒙古諸部道里之中，爲曩昔枕戈環甲戰爭之所」（註二二）「北崎興安大嶺，萬靈萃集，高接上穹，群山分幹，衆壑朝宗」（註二三）。可見其地位險要且是軍事位置的重要地帶，而且亦是清代前期由北京通向內蒙古東四盟（指卓索圖、昭烏達、哲里木、錫林格勒四盟）、喀爾喀車臣汗部、土謝圖部、東北黑龍江轄區以及尼布楚城的交通要道（註二四）。或許就因爲地理位置適中，配合地形、氣候的優越條件，而被設置爲圍場。

木蘭圍場成立的時間及土地的由來，還沒有查到明確的記載。根據康熙起居注的記載，清聖祖康熙帝於康熙二十年（一六八一）四月七日（陰曆）出喜峯口，俟後陸續幾天，會合喀喇沁旗的三千蒙古騎兵，直奔內蒙古高原的東南角一帶，親自踏勘地形。二十四日的記載爲「擇設」圍場並大賜封償隨行各旗的王公貝勒。（註二五）後來的各種記載如大清一統志、嘯亭雜錄、熱河志、承德府志等均記爲「敬獻」，近人侯錦郎著木圍圖則說爲在康熙帝的「旨意」下呈獻。不論其是否爲主動敬獻或被動呈獻，以「擇設」而言，則不能確說於康熙二十年即已出現了木蘭圍場。較確切的說法，只能說木蘭圍場的設置在康熙二十二年六月以前，因爲根據熱河志的記載，康熙帝於其第三次巡幸內蒙時，在六月廿六日（即一六八三年八月十八日）曾：「御黃幄設儀仗，賜來朝科爾沁、喀喇沁、翁牛特、土默特、敖漢、奈曼、克什克騰、阿巴噶、喀爾喀諸王貝勒、貝子、公、額附、台吉及蒙古官兵等宴，頒賜蒙古王公及管理圍場各王公等冠服韡帶有差。」七月一日（八月二十二日）又：「御黃幄，賜管領圍場阿嚕科爾沁郡王色楞、額附巴特瑪及台吉等宴。」（註二六）

聖祖康熙帝年青有爲（八歲即位，康熙十二年三藩亂起，二十一年完全平服，亦僅二十九歲），外加在平三藩穩操勝算的優勢下，內蒙各旗攝其威勢被動呈獻牧地爲圍場不無可能。而衆所皆知的，在北方遊牧狩獵民族間，一個強大的部族崛起，凝聚塑造了強而有力的政治勢力後，在其邊疆或其周緣地方的投降乃至羈縻的諸部族，對此政治強權就主動進貢土產或其他物品，是很普遍之事。以滿清崛起而言，周邊的赫哲、達呼爾、鄂圖春等進貢獵品之例是不勝枚擧的。而今，喀喇沁諸部更進而獻上其獵場也是自然而然之事，何況，他們主動敬獻狩獵經濟基礎的狩獵地，更可象徵對滿清徹底的降服與忠誠。以此推論，「敬獻」的成份應是居多的。

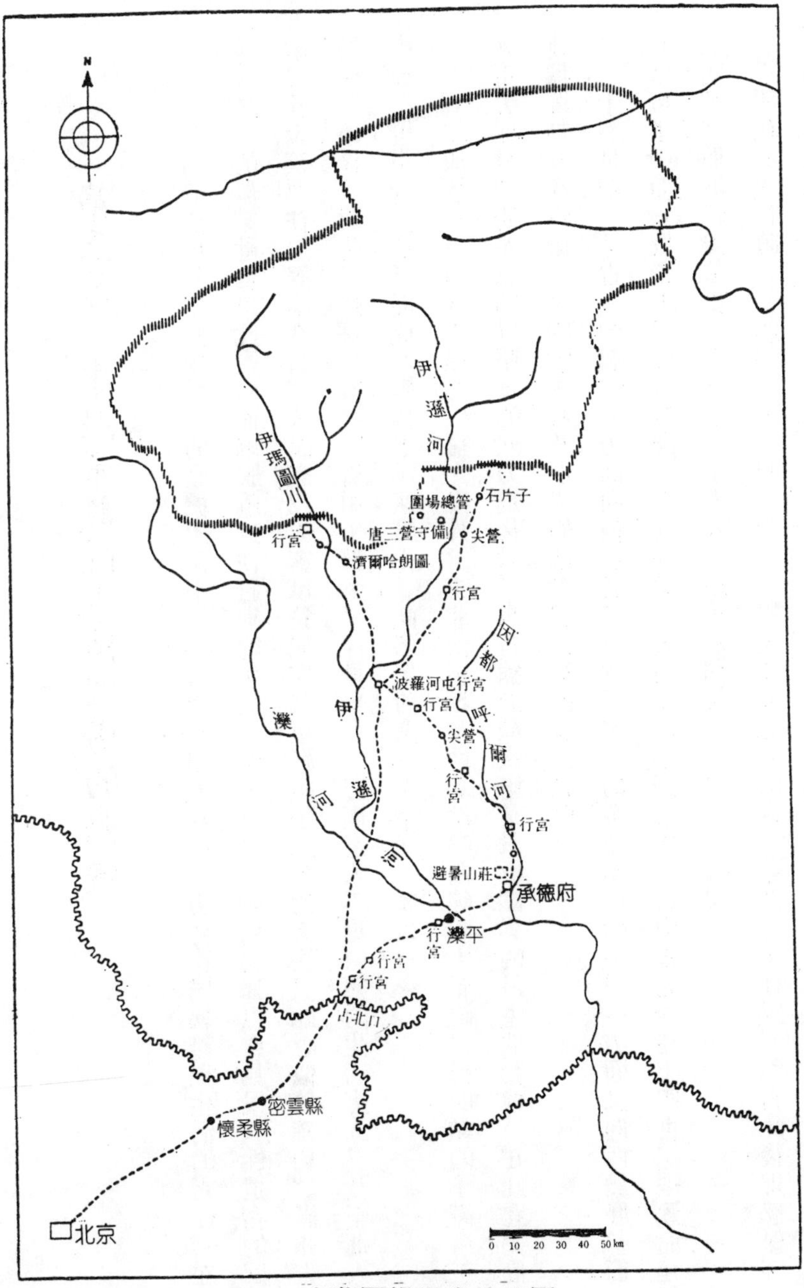
N
伊遜河
伊瑪圖川
石片子
圍場總管
唐三營守備
尖營
行宮
濟爾哈朗圖
行宮
因都
波羅河屯行宮
行宮
呼爾河
尖營
行宮
行宮
灤河
伊遜河
避暑山莊
承德府
灤平
行宮
行宮
行宮
古北口
密雲縣
懷柔縣
北京
0 10 20 30 40 50 km

木蘭圍場進出線路圖

第三節　康熙帝設置木蘭圍場的動機

一般對於清代初年圍場設置的動機說法不一，有謂滿州人承襲北方游牧民族狩獵生活的習性。在邁入漢人的農業社會以此寄食而漸脫離以往狩獵的生活情況下，設立圍場狩獵以作爲民族性遺習的回憶，此說較單注於娛樂性質。或說滿州人實以狩獵作爲軍隊戰爭訓練的方法，此說似較確切。滿州人勤儉、淳樸、耐勞，然崛起後，隨着領土擴大，俘獲衆多，已漸進入不專射獵的生活方式，及至進入中原，優裕的生活，促成八旗兵丁迅速腐化，此乃衆所週知之事。（註二七）

到了康熙皇帝，除中原的三藩之亂外，東北俄羅斯及西北準噶爾等兩大帝國，已明顯的予滿清王朝重大威脅。清帝急須以堅實的武力爲後盾，寓狩獵於演武應是設立圍場的最主要動機。在此宜先簡述俄羅斯及準噶爾二帝國的崛起及形成的威脅，以爲此說之證明。

十三世紀，蒙古人崛起，一方面向南發展，併吞了華北的金及華南的宋；一方面又向西發展，簡直席捲了中亞及俄羅斯，直到波蘭。中國受蒙古人的統治不滿百年，即由朱元璋在十四世紀驅逐而建立明朝。而俄國受蒙古人之統治直至十五世紀始推翻蒙古人，建立帝國。

明代於成祖時（一四〇三—一四二四），對東北及北邊的武功雖然達至極點，然自此後即感保守不足，遑論進取。但俄國反是，雖然反蒙古人之運動較遲，但其發展之積極及持久則爲中國所不及。

俄人初越烏拉山而角逐於西伯利亞者爲雅爾馬克（Yermak）；所帶隊伍僅八百四十人，時在西元一五七九年（明萬曆七年）。一五八三年併滅了位於鄂畢河（Ob River）上流蒙古大帝國殘餘之古楚汗國（Kuchum khanate），奪取其京城西比爾（Sibir），西伯利亞從此得名。俄帝亦從此成爲西比爾的主人翁。一五八七年（明萬曆十五年），於西比爾附近建置博爾斯克大鎭（Tobolsk）。此後俄人勇往直前，直到太平洋濱爲止。一六三八年（明崇禎十一年）俄國的先鋒隊已在鄂霍次克（Oknotsk）海濱建設了鄂霍次克城。六十年內，西伯利亞全入了俄國的版圖。（註二八）

在明成祖時代，中國在東北的政治勢力幾可說是空前絕後，黑龍江全流域以及庫頁島皆曾入明朝的勢力範圍，但到天啓崇禎年間（一六二一—一六四四），遼河流域尚難自顧，至於松花江、烏蘇里江及黑龍江更無從顧及。明朝快要亡了，而滿清乘機收歸己有。經過清太祖（一六一六年稱帝）、清太宗（一六二七年繼位）的連年征伐，在入關前（一六四四），勢力已北達黑龍江及支流精奇里河，東到庫頁島，被征服之民族有少數編入八旗，雖仍居原地但按期入貢。（註二九）。

一六四四年，滿州人入關，亦是俄國人進入黑龍江的第一年。入關之初，仍有明朝遺民的持續抵抗，整個順治皇帝年間（一六四四—一六六一）南明始終爲敵，直至康熙元年（一六六二）整個中原始定。但康熙十二年（一六七三）又有三藩之亂發生，持續至二十年（一六八一）總算敉平。就在這將近四十年的期間，俄國人繼續向南進入東北。滿清在中原連年用兵極力穩固政權，當然無法全力對付俄國，而俄國則因路途遙遠接濟不易，加上土人的抵抗，進展亦不易。因而中、俄兩國雖然衝突不斷，戰爭規模卻不大，同時並雜有以談判媾和的外交活動。（註三〇）儘管如此，衝突、戰爭的擴大勢必會生，此乃因二者均是新興且向外發展的王朝。

至於西北的準噶爾帝國，因現已不存在，所以它的歷史少爲世人注意，但在清初確是一個舉足輕重的強大國家。準噶爾一名始自何時，說法不一。西方史家鄧比（Ch. Dendy）稱西元第七世紀時，天山北路伊里河（Ili River）爲突厥族所據。是時該部分列爲半，東部稱爲準噶爾（Jungar），西部稱爲波楞噶爾（Borongar）。唯準噶爾一辭，原意即左翼，猶如東部的哈薩克爲左哈薩克，西部的哈薩克爲右哈薩克。準噶爾成爲正式部落名稱，爲時甚晚。鄧比又謂，當西部統治權結束後，準噶爾部勢力日盛，其疆域南界天山，西鄰俄羅斯，北至阿爾泰山，東接戈壁，包括今日準噶爾盆地全境。其中伊里河流域土地肥沃，灌溉良好，物產豐富。伊里城在第七世紀以前已如哈密（Hami）、阿克蘇（Aksu）、喀什噶爾（Kashgar）等城，是一個很繁華的城鎭，但其人口流動甚大，而且在民族與宗教方面也表現出很奇特的混合。蒙古崛起後，成吉斯汗將伊里河流域分封給其次子察哈台（Jagatai），察哈台即在伊里河岸的阿力麻里城（Almalik）設立汗帳。元朝覆亡後，伊里河流域爲四個強大的厄魯特（Eleuths）蒙古部族所佔據，即綽羅斯（Choros）、杜爾伯特（Derbets）、和碩特（Khoshotes），土爾扈特（Turguths），習稱四衞拉特。其實就是四部聯盟，而以衞拉特爲四部族的總名稱，四部唇齒相依，共抗外侮。其後綽羅斯勢力強盛，世代爲聯盟首領，各部落亦誠心擁戴綽羅斯部，其後準噶爾汗位即由綽羅斯台吉（皇太子的轉音）世襲，駐劄

伊里（註三一）

十六世紀的末期，準噶爾即已興起，因爲地域上的方便，與俄羅斯早就有了頻繁的交往，從俄羅斯那裏獲得了戰爭的火器、製槍炮的工匠和各種牲畜，國力更日益強盛。明崇禎（一六二八—一六四四）末年，先是和碩特顧始汗襲據青海，又以兵入藏而佔領喀木地方（今西康省），同時之綽羅斯部巴圖爾渾台吉亦恃強蠶食近部，土爾扈特汗和爾勒克被迫出奔遷入俄羅斯境裏海（Caspian Sea）之北的伏爾加河及頓河流域（Volag Don Valley）（註三二）又脅服杜爾伯特及佔有和碩特之原有牧地烏魯木齊。

巴圖爾渾台吉生子十二人，他死後由其第五子僧格（Senga）繼位。第六子噶爾丹（Galdan爲僧格同母弟），生於清世祖順治元年（一六四四），及長入西藏爲喇嘛。清聖祖康熙十二年（一六七三），由於聞悉其兄僧格爲其長兄車臣（Tsetsen）嫉視攻殺竊立，因而自西藏返回準噶爾，破戒還俗擊殺車臣，自稱台吉繼承汗位。噶爾丹野心甚大，欲併吞青海之和碩特，先娶和碩特的鄂齊爾圖汗（Ochirtu khan）之女爲妻，康熙十六年（一六七七）藉故殺其岳父鄂齊爾圖汗而搶掠其游牧地爲己有。康熙十七年（一六七八）復率兵侵入喀什噶爾、雅爾罕及其他天山南路的城邦，置官收稅，把整個新疆全部收在他的統治之下。康熙十八年，西藏的達賴喇嘛就因而加封他爲博碩克圖汗（註三三）。於是繼續向東發展，而予早於清太宗天聰九年（一六三五）後即已陸續臣服於清帝國的漠北喀爾喀各部極大的威脅（註三四）

康熙帝面對這種威脅，其對策如何？首先，須設法綏服蒙古各部落，安其民生。而有效方法則須以優勢的兵力對抗打擊準噶爾。如此始能掃除安定漠北的阻碍。聖祖實錄載：「朕統御中外，念切撫綏，惟務休養民生，未嘗遠事征討。……獨厄魯特噶爾丹荒裔狡寇，肆呈兇頑。……心懷叵測，自應及時撲剿，倘不行剪滅，恐致異日沿邊防戌，益累兵民，內安外攘，實在此舉。」（註三五）。康熙帝多次率軍追殲噶爾丹就包含着「以戰去戰」的這個簡單道理。

其次，仍須透過戰爭，充實邊防，始能嚇阻俄羅斯的擴張侵略。康熙二十四年大破俄羅斯（註三六），而後有尼布楚條約的簽訂，就是明證。也唯有如此，始能防阻俄羅斯與準噶爾之間或其二者與蒙古部落相互勾結，而避免作亂邊陲危及內地。如此，亦可把蒙古各部落綏撫安定，並進而建成堅強的屏障。用康熙的話說就是：「守國之道，唯在修德、安民，民心悅，則邦本得，而邊境自安，所謂衆志成城者是也。」（註三七），「昔秦興土木之功，修築長城，我朝施恩於喀爾喀，使之防備朔方，較長城堅固。」（註三八），爲達此目標，首務之急，則須保持八旗入關時「戰必勝、攻必取」的旺盛鬥志，時時訓練維持強大軍事武力爲後盾。

但是，清入關以後的三十年間，早期披堅執銳的功臣宿將已盡，而新起的滿州將帥大都是驕奢淫佚、貪生怕死，未歷戰陣的紈絝子弟，是以在平三藩的過程中，彼輩之怯懦無能，已經暴露無遺，如果不是康熙善於駕馭大批漢族將領，激勵他們「群策群力、敵愾同仇」，清朝的統治將會陷入土崩瓦解、不可收拾的危險地步。（註三九）聖祖「有鑒於此，故自三逆（藩）底定之後，即不敢以逸豫爲念，巡狩之典或一歲而二三舉行」，透過出巡蒙古地區和寓行圍於軍事訓練以達到「察民瘼、備邊防、合內外之心，成鞏固之業，習勞苦之役，懲宴安之懷」的政治目的。（註四〇）

康熙帝既然決心扭轉八旗官兵的好逸惡勞、臨戰而懼的腐敗習氣，爲了建立一支能征善戰的慓悍部隊，是以在康熙二十年清軍直搗昆明，穩操勝券的形勢下，於四月出喜峯口，並親自踏堪地形，擇設木蘭圍場，以此作爲清軍通過行圍打獵，借以「習武」、「綏遠」的禁苑獵場和練兵場所。關於這點，康熙二十二年，隨行皇帝巡幸塞外的南懷仁（Verbiest Ferdinand）就其目的曾言：「其目的第一戰時與平時要不斷的訓練軍隊」（註四一）。所以我們敢肯定的說木蘭圍場的設置絕不只是單純狩獵娛樂，而是以軍事上的遠征爲主要目的。

第四節　組織與分布

木蘭圍場的四周由一道「柳條邊」環繞著，圍場上則駐有八營旗兵，每營又設有五處卡倫，分別負責圍場的守衛之責（註四二）。木蘭圍場共有六十九處「圍」（獵場），每圍以一塊平坦無樹的岡阜爲中心，周圍爲稠密的樹林。圍與圍間常以溪川或山峯爲界。東界有十圍、西界九、南界六、北界三、中央九、東南界十五、西南界四、東北界八、西北界五。茲依熱河志及大清一統志之記載，按圍場名稱、位置及記事，列表如後，並附木蘭圍場全景，以供參考（註四三）。（名稱、位置有括弧者，乃係現今之名稱及位置。參考「清代木蘭圍場文物調查」，「圍場縣文管會」。在此文中則列七十二圍，在東北界增列勒福窩集圍場、西北界增列塔木陀羅海圍場、南界增列伊遜哈巴奇（今名廟宮）圍場，在這圍場後另註明：有乾隆「入崖口有作碑」，嘉慶「木蘭記」碑和東廟宮遺址。）

東界

編號	圍場名稱	位置	記事
1.	巴顏布爾噶蘇台	在正白旗巴倫崑德伊卡倫之西，其北與默爾根烏里雅蘇台接，其西有畢老哈爾巴齊達巴漢，其南敦達烏拉河出焉（張家灣公社，巴顏溝大隊溝里）	
2.	溫都爾華	在巴顏布爾噶蘇台圍場之東南，準烏拉台河源出焉（郭家灣公社，郭家灣大隊）	
3.	諤爾根郭勒	在巴顏布爾噶蘇台圍場之西南，其西南則巴隆烏拉台河源出焉（育太和公社，雙峰山大隊附近）	

4.	達顏德爾吉（岱尹梁）	在諤爾根郭勒圍場之西，其西北有達顏達巴漢，達顏河源出焉（新撥公社，岱尹上大隊）	其北有碑，恭鐫高宗御製「古長城說」
5.	畢圖舍哩（畢圖舍里）	在達顏德爾古圍場之西南，其南有納瑪達巴漢（五道川公社，城文大隊南溝）	
6.	德爾吉	在畢圖舍哩圍場之西（五道川公社惠漢大隊溝里）	
7.	多們（多本）	在畢圖舍哩圍場之南，其東爲格爾齊老，北即巴隆烏拉台河（龍頭山公社多上大隊）	
8.	布扈圖	在正白旗烏拉台卡倫之西（楊家灣公社，楊家灣大隊附近）	乾隆二十三年以西域諸藩於此入覲，賜名「伊綿峪」（註四四）

9.	威遜格爾	在布扈圖圍場之西（朝陽灣公社，朝陽灣大隊附近）	有高宗御製「威遜格爾詩」
10.	阿濟格赳	南德爾吉圍場之南，阿濟格赳河源出焉。東北則伊遜烏蘭哈達，更東北則布扈圖口。（盤棋山公社小上大隊溝里）	
	西界		
11.	蒐濟	在正紅旗麻尼圖布拉克卡倫之東（御道口牧場三座山附近）	
12.	浩賚郭勒	在蒐濟圍場之東南（老窩舖公社下窩舖大隊西山）	
13.	德勒格楞圭鄂博	在浩賚郭勒圍場之東北（老窩舖公社石人梁大隊）	
14.	明安阿巴圖	在德勒格楞圭鄂博圍場之東南，其西明安阿巴圖河源出焉（城子公社柳塘子溝南山）	

15.	喀拉瑪拉噶（哈拉瑪戈）	在明安阿巴圖圍場之東（桃山公社哈字大隊）	
16.	齊老圖色欽	在德勒格楞圭鄂博圍場之東北，其西北有齊老圖達巴漢齊老圖河源出焉（桃山公社八頃大隊北山）	
17.	巴顏圖庫木	在喀拉瑪噶圍場之東北，其東與額爾吉庫哈達圍場接（燕格柏公社阿抹大隊）	
18.	哈里雅爾（哈眠）	在巴顏圖庫木圍場之西北（城子公社亞字大隊）	
19.	永安湃色欽（燕格柏）	在哈里雅爾圍場之北，其北有永安湃達巴漢，永安湃河源出焉，更東有安巴究達巴漢，安巴究河源出焉。東與錫喇德卜色克圍場接。（燕格柏公社天橋大隊北溝）	

南界

20.	塔里雅圖	在正藍旗汗特穆爾卡倫之北，北接永安莽喀圍場，南	柵有碑一，恭鐫

		則伊遜哈巴齊柵（鹿圈公社烏蘇溝大隊）	高宗御製辛未入崖口詩。自此西折而南，則石片子營房，所謂崖口者也。
21.	卜克（碑梁溝）	在鑲藍旗卜克卡倫之北，其北有卜克達巴漢，卜克河源出焉（石桌子公社碑梁溝大隊）	有碑一，恭鐫高宗御製辛未於木蘭作詩九首。
22.	布都爾（布都溝）	適當中路，在鑲白旗界博多克卡倫之北，其南有博里哈達，東則色利呼河源出焉（塔鎭公社布都溝大隊）	
23.	永安湃（要路溝）	在布都爾圍場之北。其東有察爾巴呼達巴漢，達爾巴呼河源出焉。南爲依瑪圖河。（塔鎭公社要路溝大隊）	有碑一，恭鐫高宗御製辛巳永安湃圍場殪虎詩碑旁恭鐫高宗御製

			壬寅永安湃圍場詩，備四體書
24.	僧機圖（察字）	在永安湃圍場之東，其北有察罕達巴漢，僧機圖河源出焉。僧機圖哈達在其東。（道埧子公社察下大隊佛爺道）	其南少西有古松同根異幹高百尺，千年前物也。高宗行圍過此，錫名「夷齊松」，有御製「夷齊松歌」後燬於火，有御製「嘆夷齊松賦」。
25.	英國	在永安湃圍場之西（碾子溝公社于家灣大隊附近）	

北界

26.	扎喀烏里雅蘇台	在鑲黃旗賽堪達巴漢色欽卡倫之南，東與色哷圍場接。	

		（紅松洼種畜場）	
27.	都呼岱（杜格岱）	在巴顏木敦圍場正北，更北為達爾罕賽堪摩敦，摩敦河源出焉。稍西為都呼岱河源。東南有諾郭台河源。勒福窩集在其西，林木深茂，其積水海子曰「西拉諾爾」，在勒福窩集西南。都呼岱為圍場極北界。其北為興安大嶺，拔地際天，廣袤不知紀極，其中峯曰巴隆桑阿蘇極台，蒙古稱為鄂博者也。（姜家店公社姜家店大隊）	有高宋御製「興安大嶺歌」，「巴隆桑阿蘇台歌」。
28.	圖爾根伊扎爾	在正黃旗錫勒扎巴色欽卡倫之西南，其北則圖肅根伊扎爾河源出焉。東則穆呼勒伊扎爾河源所出，東南則托克隆和賚河發源於此。（垻上機械林場圓山子）	

中界

29.	們都阿嚕	在伊遜色欽之南。（第三鄉公社八十三號大隊）	
30.	圖們索和圖	在前者之東南。（第三鄉公社扣花營大隊西溝）	

31.	哈達圖扎卜	在前者之東，與德爾吉圍場接。（第三鄉公社哈里哈大隊）
32.	錫喇德卜色克	在安巴究達巴漢之南（大喚起公社五十一號大隊）
33.	巴雅斯呼察罕	在巴顏圖庫木東北，與錫喇德卜色克圍場合。（大喚起公社五十六號大隊溝里）
34.	庫爾圖察罕	在圖們索和圖圍場之西（大喚起公社滿漢大隊北溝）
35.	額哷蘇錫納	在圖們索和圖圍場之南（大喚起公社二十三號大隊）
36.	鄂爾吉庫哈達	在英圖圍場之北，其南有鄂爾吉庫哈達（燕格柏公社瑪哈土大隊）
37.	鄂倫索和圖	在前者之東（大喚起公社四十二號大隊）

東南界

38.	錫喇諾海	在正白旗錫喇諾海卡倫之西，有錫喇諾海達巴漢。（北道公社前石環大隊溝里）

39.	噶海圖	在前者之西北，其西噶海圖河源出焉（楊家灣公社常樂店大隊）	
40.	巴顏喀喇	在前者之西南，其北有拜布哈達巴漢，拜布哈河源出焉（清泉公社王家大隊溝里）	
41.	察罕扎巴（查正）	在前者之東南（銀鎮公社查正大隊北溝）	
42.	固爾班錫納	在察罕扎巴圍場東南（艾林河公社大碾子大隊附近）	
43.	永安莽喀（碑亭子）	在巴顏喀喇圍場西南（腰站公社碑亭子大隊）	有碑一，恭鐫高宗御製「永安莽喀詩」（註四五）
44.	坡賚（坡字）	在前者之西北，其南則烏蘭哈達，西即固爾班（郊區公社坡字大隊坡賴溝）	

45.	巴顏錫納	在前者之西南（郊區公社吉上大隊南夫天附近）	
46.	默爾根精奇尼	在前者之北，其北則默爾根精奇河源出焉（郊區公社東字大隊金千莫力）	
47.	周爾班固爾班（頭道軲轆板）	在前者之西，其北則沙第哈達，與多們圍場接。（龍頭山公社頭板大隊）	
48.	克依咚（克勒溝）	在錫喇諾海圍場之南，其北則克依咚河源出焉。（克鎮公社石人溝大隊）	
49.	喀喇楚古爾蘇	在正白旗格爾齊老卡倫之西南，其東納林西爾哈河源出焉（毛大垻公社七座塔大隊小御路）	
50.	愛里色欽（艾林河）	在前者之西，其南則布敦喀達，布敦河源出焉。布敦河之南，木壘喀喇沁河源出焉（艾林河公社廂家營大隊南溝）	
51.	庫庫哈達	在正藍木壘喀喇沁卡倫西北，其東南則庫克哈達，南則	

		珠爾達巴漢。（蘭旗卡倫公社錦善堂大隊附近）	
52.	汗特穆爾（汗特穆爾）	在正藍旗古都古爾卡倫之北，其西則汗特穆爾達巴漢，南則雲特穆爾達巴漢，再東有崆郭達巴漢。（四道溝公社二道溝大隊）	
	西南界		
53.	哈朗奎（哈拉桂）	在鑲紅旗和羅博爾奇卡倫之東（卡倫後溝種羊場北部）	
54.	珠爾噶岱	在鑲紅旗蘇木溝營房之東，珠爾噶岱河源出焉（西龍頭公社大院大隊）	
55.	孟奎色欽	在哈朗圭圍場之東。其北有孟圭達巴漢，孟圭河源出焉哈拉錦務呼拉達巴漢在其東南。（裕太豐公社黃土梁大隊）	

56.	巴顏陀羅海	在鑲藍旗東燕子窩卡倫之北。西南則哈瑪拉達巴漢，巴顏陀羅海河源出焉，東南與卜克圍場接。（裕太豐公社柳條溝大隊南山）	康熙四十八年聖祖仁皇帝於此行圍，親御弓矢，獲大鹿，異常產，藏角武庫。高宗御製鹿角記識前烈焉。

東北界

57.	色唥	在鑲黃旗阿魯色唥卡倫之西，色唥河源出焉（山灣子公社楊樹溝大隊）	
58.	呼魯蘇台	在鑲黃旗阿魯色唥卡倫之西南（山灣子公社半壁山大隊西溝）	
59.	巴爾圖	在前者之西南（山灣子公社山灣子大隊南溝）	

60.	岳　樂（月亮溝）	在前者西南，北則塔錫呼達巴漢（新撥公社駱駝頭大隊東溝）	岳樂有碑恭鐫高宗御製「虎神鎗記」。
61.	珠　爾（竹立溝）	在前者之西，其南有鄂爾楚克哈達，北則珠爾河源出焉（寶元棧公社竹字上大隊）	
62.	巴顏木墩	在前者之西，其西北有五虎爾濟達巴漢，南有旺展達巴漢，東則巴顏木墩河源出焉。（寶元棧公社三道溝大隊北溝）	
63.	默爾根烏里雅蘇台（大素汰）	在鑲黃旗拜甡圖卡倫之西，默爾根烏里雅蘇台河源出焉（殷家店公社大素汰大隊）	
64.	巴　顏　郭（白雲皋）	在前者之西，其西南則巴顏郭河源出焉（新撥公社白雲皋大隊）	

西北界

65.	沙　勒　當	在正黃旗沙勒當卡倫之東南，圖爾根衣扎爾河在其北。（壩上機械林場黃旗營房西部）	
66.	巴顏莽喀	在正黃旗納喇蘇圖和碩卡倫之東南，其西布哈淖爾，南爲塔木陀羅海。（壩上機械林場羊腸河上游南山）	
67.	崆郭羅鄂博	在正黃旗齊呼拉台卡倫之東（御道口牧場北羅圈附近）	
68.	阿魯布拉克	在塔本陀羅海之東，其南則額墨勒達巴漢，東北則雅雅岱與永安湃色欽圍場接。（御道口公社復興地大隊）	
69.	鄂勒哲依圖察罕	在雅岱東北，其北鄂勒哲依圖察罕河源出焉。（御道口牧場如意河）	

圍場與圍場間的距離不等（註四六），平均約在二十里左右，最近者爲二里（由圖們索和圖圍場至們都阿嚕圍場），最遠者爲五十里（由沙勒當東至圖爾根伊扎爾）。

這些圍場，除了崖口內的永安莽喀（滿語）圍場和伊瑪圖河口內的永安湃（滿語）圍場以外（註四七），都用蒙語稱呼，因圍場原來是蒙古人放牧的地方。也就是說，圍名都用滿語或蒙語，取直譯或諧音，沿用至今。這些圍場，有一部分圍場址保存下來，如達顏德爾吉圍場今名岱尹，多們圍場今名多本，永安湃色欽圍場今名燕格柏，固爾班圍場今簡稱頭道軲轆板等。圍的形制多取群山合抱處，如畢圖舍里圍場，是一處周圍約十餘華里的群山環抱的水草豐盛地，除西面入口外，餘三面山形如椅，山坡間草木繁茂，是牲獸繁育的佳處。在駱駝頭村東北的月亮溝，即岳樂圍場，也取這種形制，圍的入口處在南。從距離的不等或以十二大河流域流經各地圍場，再如前述之每個圍場以溪流或山岳為界，當然也考慮到根據地形的變化和禽獸的分布，由這些的情況綜合下，我們即可想像出當地整個圍場的地形是相當複雜的。而這種的複雜地形正是最利於訓練各種軍事之技能。

木蘭圍場全圖

資料來源：欽定熱河志，卷四十五，圍場一，總頁一八四九

第五節　管理制度

木蘭圍場由一員總管負責管理（註四八），其下有左右翼長各一名（註四九），章京（註五〇）八員及驍騎校八員（註五一），總管直屬理藩院，他有權在當地的文武官員中選擇並任命屬員（註五二）。在乾隆十八年（一七五三），圍場共有滿蒙兵丁八百名駐防，由八旗都統於八旗滿洲蒙古兵丁內挑取。每兵一名給地一頃二十畝。但守衞北境都呼岱口後興安等處的旗兵，因冷霜冰凍期較早來臨，難以種植，每名改給乳牛三頭。每三十頭乳牛還配給一頭犍（公）牛及三十隻羊（註五三）。

從上所述，可瞭解圍場的保護、監視是非常嚴密的，其目的無非是在於防止私墾、盜伐採、偷獵或其他人爲破壞，以維持狩獵用獸類的繁殖。尤其在漢族私自出塞墾伐出現後，更對圍場的保護感到需要迫切，卡倫之增設，取締的加強乃是理所當然的。熱河志載：「卡倫內蒙古民人毋得闌入，其盜牲畜者，分別治罪，該管官處分，如係蒙古交扎薩克議處」（註五四）。乾隆年間潛入圍場者漸增，立刻制定嚴罰規定。乾隆三十一年（一七六六）的定制是：「拏獲圍場內賊犯；如係偷採菜蔬及割草之人，初犯枷號一月，再犯枷號二月，三犯枷號三月。若盜砍木植偷打牲畜，審係初次二次，發烏魯木齊（廸化）等地種地，犯至三次者，發烏魯木齊給兵丁爲奴。」（註五五）相對的，對於看管圍場官兵是否稱職亦予以獎懲，如乾隆三十八年（一七七三）奏准：「附近圍場之察哈爾地方，該總管專派捕盗官員，不時巡察，儻有察哈爾蒙古，潛入圍場，偷打牲畜，砍伐木植等事，失察在三案以內者，該捕盗官佐領，每案罰俸六月，該總管免議，若失察在四案以上，自第四案起，每案降一級留任，該總管罰俸一年。如能自行拏獲者，每二案紀錄一次。」（註五六）又奏准：「熱河圍場，該管章京驍騎校等拏獲賊犯至十名者，紀錄一次，二十名者，總管紀錄一次。翼長等拏獲賊犯至十五名者，紀錄一次。該管副都統合計所屬官員獲賊至三十名者，紀錄一次。如獲不足數者註册，俟足數時再行議敍。」（註五七）

嘉慶時訂：管理熱河（木蘭）圍場章京員弁，失察人數一至五名者，罰俸六月，五名至十名者，罰俸一年，十名以上者，降一級留任，二十名以上者，降一級調用，三十名以上者，降二級調用，如所管兵丁有受賄縱放情事，無論賊犯多寡，即將失察該管章京等，照失察營兵窩竊受賄例降一級調用，兼管圍場翼長，降一級留任，統轄圍場總管罰俸一年，熱河都統罰俸六月。該管員弁有包庇縱容通同賄放情弊，即革職交刑部計贓議罪，該管園長翼長降一級調用，統轄圍場總管降一級留任，熱河都統罰俸一年。又定看管員弁，如有賊犯偷入圍場，不即據實呈報者，降一級留任，該總管不詳查明確，管行具奏不實者，罰俸一年（註五八）。

依上引述，看管官兵獎懲規定嚴苛，此當係侵入圍場的情況嚴重所致。闖入圍場內偷取蔬菜、割草者，加枷號外，犯盗伐、偷獵者判處流刑配遣爲奴爲最重的刑罰。這些刑律至道光年間，再度增補改定，更加詳細，偷獵鹿隻者、偷採鹿茸者，甚至淘沙者之罰則亦包含在內（註五九）。

另外值得一提的是，在道光元年（一八二一）諭富俊等奏參巡察圍場員違例烏槍一摺所云：「向例巡察圍場，不准攜帶槍箭，今管理圍場之協領德陞，巡察時，率領兵丁，槍傷麅鹿以爲乾糧，實屬違例。著即照富俊所奏，將德陞降三級以驍騎校用，並將執持之兵丁重懲，以示儆戒。」（註六〇）此段記載除意味着看管官兵監守自盜以自肥之外，亦顯示出道光後，滿清軍隊裝備的改變。至於何以不准攜帶鳥槍，實因若攜帶鳥槍，不惟損傷牲畜，並將圍場內獸隻盡行驚散。因此，道光七年再度強調下旨：「巡查圍場官兵，仍不准攜帶鳥槍。」如此，「既不致傷害牲畜，且於技藝亦不致廢弛。」，「該官兵等，儻有陽奉陰違，並不實心捕賊，任意傷害牲畜，一經查出，即行指名嚴參，毋許姑容。」（註六一）

事實上，圍場的管理，從道光帝以後，由於皇帝未曾再至木蘭行圍，看管官兵亦因隨着大清帝國政治、軍事、社會的腐化而形同虛設，除前述之監守自盜外，實際上亦無從嚴格執行管理任務。管理制度的嚴格與疏弛就如同木蘭圍場本身的興衰相表裡、同興廢。

【附註】

註一　畢梅雪、侯錦郎合著：木蘭圖，頁九，故宮博物院印行，一九八〇年。
昭槤著：嘯亭雜、續錄，卷二，頁九，哨鹿條。
和珅等撰：欽定熱河志，（以下簡稱熱河志），卷四十八，頁一下至五上，乾隆：「哨鹿賦」、「哨鹿十韵」、

「哨鹿」。

姚元之著：竹葉亭雜記，卷三，頁四下，木蘭條。

註二　周密著：癸辛雜錄，續集卷上，頁三—四，收錄於景印文淵閣，四庫全書子部，三四六，一〇四〇冊，台灣商務。按周密（一二三二年—一二九八年）字公謹，宋亡不仕，著作甚多。（見宋人傳記資料索引㈡，）頁一〇四六，鼎文書局。

註三　遼史，卷二十一，頁二五二，道宗本紀清寧元年九月，戊午條，鼎文書局，新校本。

註四　同前，卷二十八，頁三三五，天祚本紀天慶七年夏五月，乙巳條。

註五　同前，卷二十五，頁三〇二，道宗本紀大安九年十月，甲寅條。

註六　元、脫脫撰：金史，卷十，頁二四三，章宗本紀㈠，承安二年十一月乙巳條。洪氏出版社印行。

註七　同前，卷六，頁一四七，世宗（上），世宗十年七月，戊午條。

註八　同前，卷六十六，頁一五六九，列傳第四，宗室，奕條。

註九　宋、宇文懋昭撰：大金國志，卷三十六，頁三，田獵條，廣文書局。

註一〇　太宗實錄，卷七，頁二十九，天聰四年十一月，己卯條、甲午條。

註一一　清、高士奇撰：扈從東巡日錄，卷下，頁三上，康熙二十一年三月，壬戌條，廣文書局。

註一二　清、楊賓撰：柳邊紀略，頁八十下至八十一上，廣文書局，民國五十七年一月初版。

註一三　卡倫（Ka-lun Watch-tower in important Passes）源於古突厥語，出現在遼代，後爲女眞族沿用，直至清代譯爲漢語。卡倫最古的原意是武器的瞄準星，後來演變爲「哨」或「哨守」。何秋濤：「朔方備乘」卷十，頁一，「北徼喀倫考」載：「更番侯望之所曰台，國語（滿語）謂之喀倫。清代文獻中有「卡路」、「喀龍」等名稱，都只是漢字譯寫的不同。

註一四　嘯亭雜錄，卷二，頁六，木蘭行圍制度條。
嘉慶重修一統志，卷五三八，頁一—三。
蕭一山著：清代通史(一)，頁六十九。

註一五　遼史，卷卅二，營衛志中，行營，頁三七三載：遼國盡有大漠，浸包長城之境，因宜爲治，秋冬違寒，春夏避暑，隨水草就畋漁，歲以爲常，四時各有行在之所，謂之「捺鉢」。

註一六　同前，頁三七四：四月中旬起牙帳，卜吉地爲納涼所，五月末旬，六月上旬至，居五旬，與北、南臣僚議國事，暇日遊獵，七月中旬乃去。

註一七　同前，頁三七四—三七五。

註一八　木蘭圖，頁七八。

註一九　吳振棫著：養吉齋叢錄，卷十六，頁二上，文海出版社。收錄於沈雲龍主編，近代中國史料叢刊第二十二輯。

註二〇　木蘭圍場邊界之柳條邊係仿盛京而設，如乾隆在其甲申（一七六四年）「柳條邊」詩中所云：「盛京柳條邊，木蘭建一致，彼乃互界設，此惟據要置」（詩載承德府志，卷首十二，頁五下），又如在癸巳（一七七三年）「入柳條邊」詩中云：「盛京柳條邊，延袤數百里；木蘭柳條邊，長無半里耳」（同卷，頁十二下），可知圍場之只局部據要設置。又據同書卷首二十六，頁二下：「木蘭四面樹柵界，別內外」，可見到後來，圍場植柳爲界的柳條邊至少有一部份已由木柵所取代。

註二一 大清一統志，卷四十二，頁十四—十五。

欽定熱河志，卷四十五，圍場一，頁五。

註二二 熱河志，卷十三，頁二下，巡典一，康熙帝：「駐蹕興安八首并序」。

註二三 嘉慶帝：木蘭記，石渠寶笈三編第九本，頁四三七三。

註二四 根據下列書籍：

1.（法）加斯東、加恩著，江載華、鄭永泰譯：「彼得大帝時期的俄中關係史」，頁二一七，載，在康熙四十五年（一七〇六）前，俄國商隊來華必須經尼布楚、喀爾喀車臣汗部、內蒙古經圍場達喜峯口赴京。

2.（法）張誠（Jean Frencois Gerbillon）著，陳霞飛譯：「第二次韃靼地區旅行記」，記他隨中國使團赴尼布楚談判，往返都經過木蘭圍場。按：張誠於康熙二十七年（一六八八）隨代表團前往，其任務爲協助翻譯。

3.汪灝：隨鑾紀恩，康熙四十二年八月十日條，記他在圍場所見：「大路平坦，爲科爾沁、巴林、烏珠穆沁、翁牛特諸部入貢之孔道。」

4.熱河志，卷八十四，兵防驛遞，記乾隆十四年前蒙古驛棧穿行圍場，不無驚擾，後奉旨移於圍場界外。

註二五 故宮典藏：康熙起居注，康熙二十年四月分（滿文本）。

高士奇撰：松亭紀行，卷下，頁十。

註二六 熱河志，卷十三，巡典一，頁七上。

註二七 清史稿清世祖本紀，順治十四年正月甲子諭：「我國家之興，治兵有法，今八旗人民怠於武事，遂至軍旅隳廢，不及襄時。」

註二八　蔣廷黻：最近三百年東北外患史，收錄於中國近代史研究，里仁書局，民國七十一年八月。

註二九　清太祖及清太宗收征服的部落及區域如下：

1.窩集部（亦名窩稽達婦，魚皮達子），居牡丹江及松花江下流兩岸。

2.穆稜，居烏蘇里江及其支流穆倫河兩岸。

3.奇雅，居伊瑪河的上流（烏蘇里江東的一支流）。

4.赫哲（亦名黑金、赫眞，額登），居松花江與黑龍江之處到烏蘇里江與黑龍江會流之處。

5.飛牙喀（亦名費雅各），居黑龍江下流。

6.奇勒爾，居黑龍江口沿海一帶。

7.庫頁（亦名庫葉），居庫頁島。

8.瓦爾喀，居吉林東南隅及俄屬濱海省的南部及海山威附近的熊島。

9索倫，居布特哈（齊齊哈爾以北的嫩江流域）。

10.達呼爾，居嫩江以東到黑龍江一帶。

11.俄倫春，居黑龍江東之精奇里河兩岸。

12.巴爾呼（亦名巴爾古），居呼倫貝爾南。

（詳見：蔣廷黻著：中國近代史研究，頁八二—八三，里仁書局，民國七十一年八月）。

註三〇　當時中、俄戰爭紀錄是：

順治九年（一六五二）：「駐防寧古塔章京海色率所部擊之，戰於烏扎拉村，稍失利。」順治十二年：「尚書都統明安達禮自京率師往討進抵呼爾諸處，攻其城頗有斬獲，旋以餉匱班師。」順治十四年；「鎮守寧古塔昂邦章京沙爾呼達敗之於尚堅烏黑。」順治十五年：「復敗之於松花庫爾翰兩江之間。」順治十七年：「巴海（沙爾呼達之子）大敗之古法壇村，然皆中道而返，未獲剪除，以故羅刹仍出沒不時。」以上見「平定羅刹方略」，何秋濤撰：朔方備乘，卷首五，頁二下—三上。

至於媾和的外交活動，據東華錄順治十七年五月丁巳條載：「先是鄂羅斯察罕汗於順治十二年遣使請安，貢方物，不具表文。因其始行貢禮，賚而遣之，並賜敕，命每歲入貢。後於十三年又有使至，雖具表文，但行其國禮，立而授表，不跪拜，於是部議來使不諳朝禮，不宜令朝見，却其貢物，遣之還。後閱歲，察罕汗復遣使齎表進貢，途經三載，至是始至。……」，據此記載，則順治年間，俄國曾三次派使來華。

及至康熙帝，三藩之亂平定（一六八二）前，不想以武力解決羅刹問題，屢次派人送信，令俄人退去，俄國亦屢次派兵到北京交涉，因路途遙遠，文書翻譯困難，使外交的解決不得成功。見前引蔣廷黻著，最近三百年東北外患史。

註三一　莊吉發：清高宗十全武功研究，頁九—十，故宮博物院，民國七十一年六月初版。

註三二　祁韻士：西陲要略，卷四，頁二。台北，文成書局，民國五十七年。

註三三　同註卅一，頁十一。

註三四　朔方備乘，卷三，喀爾喀內屬述略，頁二—十。

註三五　聖祖實錄，卷一七一，頁九，康熙三十五年二月，甲辰條。

註三六　朔方備乘，卷首六，平定羅刹方略二，頁十五上十六下。
東華錄，卷九，頁七下，康熙廿四年六月，癸巳條。

註三七　聖祖實錄，卷一五一，頁廿一，康熙三十年五月，丙午條。

註三八　東華錄，康熙朝，卷十一，頁廿一上，康熙三十五年五月，壬辰條。

註三九　魏源著：聖武記，卷二，康熙戡定三藩記（上），聖祖實錄，卷一二〇，頁十四，康熙廿四年三月乙丑條，均記載了八旗子弟庸懦鄙俗的情況。又據清朝全史（稻葉君山著，但燾譯，中華書局，民國六十六年十二月台四版）頁六十七—六十八載：「至於滿州軍隊，徒擁大兵，駐守荆州，劃長江爲對峙，莫敢前進而決戰，甚或聞三桂進兵之消息，膽戰心驚。……康熙帝乃發激勵綠旗之文，曰：『自古漢人之叛亂，俱以漢兵剿平，豈待滿兵之助耶』，此種巧妙之辭，一面足以彌縫滿人缺點，一面足以奮興純由漢人集成之綠旗將卒。」

註四〇　熱河志，卷廿五，行宮一，頁十上，乾隆：避暑山莊百韻詩。

註四一　川久保悌郎：清代滿洲の圍場，史學雜誌，第五十編，九—十一號，頁一一六一。

註四二　按八旗，以一營房統五「卡倫」，各設官兵，分守其境，其各分地及卡倫名稱如下：

1. 鑲黃旗營房：在奇卜楚高，爲北之東，其卡倫爲：賽堪達巴漢色欽、阿魯色哷、阿魯呼魯蘇台、英格、拜牲圖。
2. 正白旗營房：在納林錫爾哈，爲東之南，其卡倫爲：巴倫崑得伊、烏拉台、錫喇諾海、諾林錫爾哈、格爾齊老。
3. 鑲白旗營房：在什巴爾台，爲南之東西間，其卡倫爲：噶海圖、卓索、什巴爾台、麻尼圖、博多克。
4. 正藍旗營房：在石片子，爲南之東，其卡倫爲：木壘喀喇沁、古都古爾、察罕扎巴、汗特穆爾、納喇蘇圖扎巴。
5. 正黃旗營房：在錫拉扎巴，爲北之西，其卡倫爲：庫爾圖陀羅海、納喇蘇圖和碩、泥勒富、錫拉扎巴、錫拉扎巴色欽。
6. 正紅旗營房：在扣肯陀羅海，爲西之北，其卡倫爲：察罕布爾噶蘇台、阿爾撒朗鄂博、麻尼圖布拉克、齊呼勒台、布哈渾爾。

7.鑲紅旗營房：在蘇木溝，爲西之南，其卡倫爲：海拉蘇台、姜家營、西燕子窩、郭拜、和羅博爾奇。

8.鑲藍旗營房：在海拉蘇台，爲南之西，其卡倫爲：珠爾噶岱、蘇克蘇爾台、卜克、東燕子窩、卓索溝。

以上見承德府志，卷首二十六，頁二下—三上，熱河志，卷四十六，頁一，清一統志，卷四十二，頁十五。另大清會典事例卷七〇八頁七—八卡倫數計爲五十八，較前述資料多出十八，且修辭甚多不同。此或許後來增設者，待考。

註四三　熱河志卷四十六、大清一統志卷四十二，承德府志卷首二十六均以方位座向範圍列圍場名，且記爲六十九圍（承德府志將察罕扎巴圍場列於「圍場途徑」中），而大清會典事例則以境內十二大河流各流經之範圍列圍場名共計爲七十二圍場。前三者之阿魯布拉克、鄂勒哲依圖察罕、錫拉德布色克、巴雅斯呼察罕四圍場會典事例未例。但會典事例中之古爾板坤堆、納爾蘇台、阿南達、察漢什哷、巴達爾呼、哈拉諾海、布格哈朗貴則爲前三者未列。兩類發音修辭均不同，想像後來圍場遭受流民侵害，加強防護增設卡倫或受破壞取消另覓地增設等均有可能，待考。

註四四　原註：伊綿，蒙古語會歸之意。平定回疆過程中，降服歸順之回酋亦命入覲隨圍以爲綏撫。

註四五　乾隆三十九年（一七七四）八月作「永安莽喀詩」、原註：國語，「沙」謂之永安，「岡」謂之莽喀，是地爲入崖口第一圍場。

（見熱河志，卷四十六，圍場二，頁四下，御製永莽喀詩。）

註四六　玆將熱河志卷四十六，頁十七下至十九上，承德府志卷首二十六，頁十一至十四之「圍場途徑」所列之距離整理明細表如下：「在此表中圍場名稱依上表改寫其號碼，如「20：43＝5」之意爲「塔里雅圖（20）至（：）永安莽喀（43）之距離爲（＝）五里（5）」。

伊遜哈巴奇柵：20=31	43：40＝25	31：30＝6	58：59＝13	55：56＝28
40：9＝34	2：3＝16	44：46＝13	26：27＝8	64：63＝13
3：1＝17	64：60＝7	56：54＝42	30：29＝2	59：57＝8
60：61＝14	62：6＝34	12：11＝37	46：47＝12	10：31＝17
6：4＝8	5：10＝12	68：66＝13	54：53＝20	43：44＝27
10：7＝10	35：37＝10	汗特穆爾卡倫：51=18	11：67＝15	47：24＝28
37：34＝11	32：69＝35	50：49＝13	66：65＝35	53：12＝2
20：43＝5	69：19＝25	42：41＝3	52：51＝25	67：68＝30
9：2＝5	36：23＝25	39：8＝17	49：48＝17	65：28＝50
1：64＝34	18：15＝3	19：17＝20	41：38＝26	51：50＝15
61：62＝11	14：13＝10	23：25＝6	麻尼圖卡倫：22=22	48：42＝12
4：5＝5	56：21＝36	15：16＝25	17：36＝10	26：39＝7
7：35＝24	63：58＝14	13：55＝25	25：18＝15	
34：32＝15	57：26＝24	21：卜克柵＝25	16：14＝18	

註四七　永安莽喀；滿語爲沙岡永安湃；滿語爲沙地。伊瑪圖；是蒙語，伊瑪爲山羊，圖爲地方、處。（見熱河志，卷四

十六，圍場二，頁八下，乾隆四十七年（一七八二）「永安湃圍場作」。頁九下，「進伊瑪圍口小獵即事得句」

註四八　康熙四十五年（一七〇六）設置，爲四品官。乾隆十八年（一七五三）昇格爲三品。見熱河志卷四十上，頁十九下，承德府志卷首二十六，頁十四上。

註四九　乾隆十八年（一七五三）設，官四品，同前。

註五〇　康熙四十五年（一七〇六）設，六品，乾隆十八年昇爲五品。同前，另大清會典事例卷五四三，頁三十八，記爲「防禦」。

註五一　乾隆十八年（一七五三）設，六品。同前。

註五二　嘉慶八年（一八〇三），改總管爲副都統，駐紮唐三營，次年裁副都統，仍設總管一人。見大清會典事例，卷五四三，頁三十八。

註五三　熱河志，卷四十六，圍場二，頁十九下二十上。

註五四　同前，頁二十上。

註五五　大清會典事例，卷七九二、七九三，刑部、刑律、賊盜。

註五六　同前，卷六〇九，頁十七，兵部八旗處分例。

註五七　同前，頁十八。

註五八　同前，頁二十—二十一。

註五九　宣宗實錄，卷一三〇，頁三—四，道光七年十一月，戊午條。

註六〇　大清會典事例，卷七〇七，頁二〇。

註六一　同前，頁二十一。

第三章　清代皇帝至木蘭圍場的紀錄

秋天農地收穫之後的打獵叫「秋獮」。（註一）清代塞外秋獮始自順治八年（一六五一），世祖出張家口、獨石口外行獵，次上都河，入古北口。第二次則爲康熙十六年（一六七七），二十年（一六八一）則爲第三次。（註二）木蘭圍場設置後，皇帝於每年（？）的秋天，率八旗官兵並集合內外蒙古王公，於木蘭圍場行圍校獵、賜宴……等，亦被習稱秋獮。根據有關史科的記載，有清一代的皇帝，駕臨木蘭圍場行秋獮大典者，僅有康熙、乾隆、嘉慶三帝。至於雍正帝及嘉慶帝後之皇帝，則各因本身或國內外多種因素而未能至木蘭圍場舉行秋獮大典。本章擬就康熙、乾隆、嘉慶三朝至木蘭圍場之記錄及其他各帝未能前往之因素暨清帝在木蘭圍場或山莊時之行政運作、重大政治活動等分別論述之：

第一節　康熙時期

康熙帝於二十年（一六八一）自擇設木蘭圍場後，除於二十一年（一六八一）及三十五年（一六九六）分別赴東北、漠北，沒來過圍場外，其餘數十年間都到木蘭圍場舉行秋獮大典。尤其在四十二年（一七〇三）熱河夏宮「避暑山莊」與建完成後，（註三），甚而有一年二次者，直至康熙六十一年（一七二二）逝世爲止。至於其出發的時間、行程、駐蹕等，養吉齋叢錄有如此簡單的記載：「康熙四十年以前，秋獮出古北口，皆駐喀喇河行宮，至四十一年始駐蹕熱河避暑山莊。其時率以五月（陰曆）東幸，亦有在四月者。」（註四）

爲了能較具體瞭解康熙帝至木蘭秋獮的次數及出發時間、行程……等，茲據熱河志及十二朝東華錄康熙朝的記載，製表如下，以供參考。

蘭秋獮表

入長城口	回到北京	備註 6/10 十月六日 (10/9):九月十日 (陰曆)	出典 K＝卷	
			欽定熱河志 a:上 b:下	十二朝東華錄 康熙朝
4/10 (8/9)	4/11 (10/10)	出入喜峯口、行圍中駐蹕和爾和克必喇、喀喇河屯、達什喇卜齊昂阿，喀喇沁郡王扎什暨鎮國公烏特巴拉等隨圍並爲嚮導。	K13, P.5b—6a	K5, P16b—15a
0/6 (4/4)	18/6 (3/5)	出入喜峯口、行圍中駐蹕和爾和、必爾罕、烏蘭岡安。	K13, P. 6a . b .	K7, P4b—5a
1/9 (1/7)	15/9 (25/7)	出入古北口、行圍中駐蹕烏拉岱、胡土克圖布拉克。	K13, P.6b—8a	K8, P7b—10a
/9 (/8)	23/9 (15/8)	出入古北口，行圍中駐蹕：阿里瑪台、蘇拜昂阿伯勒齊爾、庫克哈達、額爾通色欽、額爾通阿拉、昆都倫布拉克、烏拉岱、僧機圖哈達	K13, P8a—9a	K8 P22b—25a
	29/9 (2/9)	出古北口，行圍中駐蹕：都呼岱、錫布赫海塔哈、齊老圖、伊瑪圖、僧機圖昂阿、烏拉岱、拜布哈昂阿、烏爾格蘇台、博羅河屯。7/8(8/7)遣官赴浩齊特並賑之。28/9(1/9)因太皇大后違和，自博羅河屯，星夜趕回北京。	K13P 9b—10b	K9. P27 a、b

康熙皇帝

年份 西元（康熙）	從北京出發	出長城口	抵達熱河山莊（或駐蹕地）	圍場行圍 出發至木蘭圍	宴食 或賜入覲人員 賜宴蒙古王公 賜隨圍人員	收獮回熱河山莊（或駐蹕地）	離開山莊或駐蹕地回京
1677（16）	6/10（10/9）	17/10（15/9）	17/10（2/9）	17/10（2/9）	18/10（22/9）	18/10（22/9） 22/10（26/9）	
1681（20）	7/5（20/3）	24/5（7/4）		31/5（14/4）		1/6（15/4） 2/6（16/4）	
1683（22）	6/7（12/6）	10/7（16/6）		2/7（27/6）	18/8（閏26/6） 24/8（3/7）	14/8（22/6） 24/8（3/7）	
1684（23）	1/7（19/5）	4/7（22/5）		5/7（23/5）	10/7（28/5） 22/7（11/6） 1/8（21/6） 11/8（1/7） 21/8（11/7） 10/9（2/8） 17/9（9/8）		17/9（9/8
1685（24）	17/6（16/5）	25/7（24/6）	7/8（8/7）	14/8 15/7 3/9 5/8 6/9 8/8 9/9 11/8 12/9 14/8 16/9 18/8 25/9 27/8	3/9（5/8） 9/9（11/8） 16/9（18/8） 25/9（27/8）		28/9（1/9

蘭秋獮表

入長城口	回到北京	備註	出典 K＝卷 欽定熱河志 a：上 b：下	出典 K＝卷 十二朝東華錄 康熙朝
/10 (/8)	11/10 (24/8)	行圍中駐蹕：烏拉岱、烏爾格蘇台、喀喇沁郡王扎什、翁牛特郡王必里袞達賚及各台吉均隨圍。	K13 P10 b	K 9 P27a、b
/10 (/9)	9/10 (4/9)	行圍中駐蹕：博羅河屯（13/9殪虎二）烏拉岱，4/10回駐博羅河屯。 5/10 駐伊遜必喇 喀喇沁、翁牛特郡王均隨圍	K13 P10 b—11 a	K 9 P38.a、b
/10 (/9)	15/10 (22/9)	17/8 駐蹕喀爾必哈哈達（是峯舊名納哈里，上率文武諸臣仰射，連發數矢均過峯頂，侍衛桑格納拉善射僅至巔餘不能至，上駐蹕賜名喀爾必哈哈達）、巴顏溝、伊瑪圖、烏拉岱和洛、烏里雅蘇台達巴罕、烏拉岱和洛。 17/9（23/8）喀爾喀洪豁爾岱青台吉等來朝。	K13 P11 a—11 b	K10. P13 a—15 b
/10 (/9)	22/10 (10/9)	25/9 賜口外居民銀兩（駐蹕富勒堅噶山） 27/9 賜什巴爾台居民銀米（駐博羅河屯）		

年份 西元（康熙）	從北京出發	出長城口	抵達熱河山莊（或駐蹕地）	圍場行圍出發至木蘭	宴食 或賜入覲人員 賜宴蒙古王公 賜隨圍人員	收獮回熱河山莊（或駐蹕地）	離開山莊或
1686 (25)	16/9 (29/7)	18/9 (1/8)		24/9 (7/8) 6/10 (19/8)	6/10(19/8)		
1687 (26)	9/9 (3/8)	11/9 (5/8)		13/9 (7/8) 20/9 (14/8) 5/10 (29/8)	4/10(28/8)	4/10 (28/8)	
1688 (27)	11/8 (16/7)	13/8 (18/7)		17/8 (22/7) 28/8 (3/8) 7/9 (13/8) 16/9 (22/8) 17/9 (23/8) 20/9 (26/8)	8/9(14/8) 7/10(14/9) 17/9(23/8)		
1689 (28)	22/9 (10/8)	25/9 (13/8)	26/9 (14/8) 27/9 (15/8)		25/9(13/8) 27/9(15/8) 28/9(16/8)		

入長城口	回到北京	備註	出典 K＝卷 欽定熱河志 a：上 b：下	十二朝東華錄 康熙朝
		28/9 賜居民銀米（駐蹕張三營） 9/10 駐蹕烏拉岱昂阿 17/10 駐蹕拜察和洛（以喀爾喀信順爾克岱青等六台吉所屬歲饑遣官察視行賑）	K13. P12. a、b	K10. P 28 b —29 b
/9 /8）	9/9 （7/8）	24/8 駐博羅河屯 27/8 自博羅河屯回鑾 24/8（20/7）駐蹕：古魯富爾堅嘉澤噶山。是年指揮烏蘭布通之戰，聖躬違和，而回京。	K13. P 12 b	K11. P 10 a —11 b
0/6 4/5）	14/6 （18/5）	以喀爾喀土謝圖汗率眾來歸，親臨撫綏安輯，駐蹕海拉蘇台後至多倫諾爾，宴賚及編旗錫爵各蒙古部落而後回京。	K13. P 12 b — 13 a	K11. P 18 b — 21 a
26/10 6/9）	3/11 （14/9）	出古北口，駐蹕烏拉岱、入喜峯口	K13. P 13 a	K11. P 24 a、b
/10 /9）	22/10 （13/9）	出入古北口，行圍中駐蹕：烏拉岱、永安湃達巴罕、喀爾喀哲卜尊丹巴胡土克圖土謝圖汗親王策旺扎布貝勒錫第錫哩台吉多爾濟顏爾德尼阿海等隨圍。	K13. P13. a、b	K11. P33. a、b

年份西元（康熙）	從北京出發	出長城口	抵達熱河山莊（或駐蹕地）	圍場行圍出發至木蘭	宴食或賜入覲人員賜宴蒙古王公賜隨圍人員	收獵回熱河山莊（或駐蹕地）	離開山莊或
				7/10（25/8） 17/10（5/9）			
1690（29）	18/8（14/7）	21/8（17/7）	21/8（17/7） 24/8（20/7）				27（23
1691（30）	9/5（12/4）	14/5（17/4）	26/5（29/4）				2（6
1691（30）	14/9（22/7閏）	20/9（28/7）	4/10（13/8）				
1692（31）	8/9（28/7）	12/9（2/8）	26/9（16/8）		6/10（26/8） 13/10（4/9）	5/10（25/8）	13（4

蘭秋獮表

入長城口	回到北京	備註	出典 K＝卷 欽定熱河志 a：上 b：下	十二朝東華錄 康熙帝
/10 (/9)	25/10 (26/9)	出入古北口、行圍中駐蹕：錫伯必喇、烏拉岱、僧機圖哈達昻阿、齊老圖昻阿、巴達喇噶山、喀爾喀哲卜尊丹巴胡土克圖、郡王昆都倫博碩克圖袞布、土謝圖汗諸王貝勒台吉、翁牛特貝勒額勒德卜、台吉鄂齊爾、土默特貝勒額爾德木圖、喀喇沁鎭國公善巴錫喇等均隨圍。	K 13. P 13.b - 14.b	K 12. P 6 a - 7 a
/10 (/9)	1/11 (14/9)	出入古北口、行圍駐蹕：拜布哈昻阿、喇嘛洞、喀爾喀哲卜尊丹巴胡土克圖、喀喇沁郡王扎什等隨圍。	K 13. P 14.b	K 12. P 18. a、b
/10 (/9)	29/10 (22/9)	出入古北口，駐蹕：博羅河屯、扎哈烏里雅蘇台、噶海圖，以巴林、翁牛特歲不登，命學士喇錫前往視察分別詳奏，喀爾喀哲卜尊丹巴胡土克圖、土謝圖汗郡王敦多卜多爾濟等隨圍。	K 13. P 14.b - 15.a	K 12 P 24 b 未記回京時間
/10 (/9)	31/10 (17/9)	出入古北口，駐蹕：畢圖舍里、汗特穆爾達巴罕。喀喇沁、翁牛特、喀爾喀諸王貝	K 13. P 15. a、b	K 13. P 34. a - 35.a

年份 西元（康熙）	從北京出發	出長城口	抵達熱河山莊（或駐蹕地）	圍場行圍出發至木蘭	宴食 或賜入覲人員 賜宴蒙古王公 賜隨圍人員	收獮回熱河山莊（或駐蹕地）	離開山莊或
1693（32.）	11/9（12/8）	15/9（16/8）	27/9（28/8）		27/9（28/8） 11/10（12/9） 14/10（15/9） 18/10（19/9）	5/10（6/9） 11/10（12/9） 14/10（15/9） 18/10（19/9）	
1694（33.）	13/9（24/7）	17/9（28/7）	12/10（24/10）		12/10（24/10） 26/10（8/9）	26/10（8/9）	
1695（34.）	10/9（3/8）	13/9（6/8）	16/9（9/8）		29/9（22/8） 3/10（26/8）	29/9（22/8） 3/10（26/8）	
1697（36.）	14/9（29/7）	17/9（3/8）			12/10（28/8） 21/10（7/9）	12/10（28/8） 21/10（7/9）	

秋獮表

	回到北京	備註	出典 K＝巻 欽定熱河志 a:上 b:下	十二朝東華錄 康熙帝
		勒、額吶、台吉等隨圍。 21/10(7/9)厄魯特台吉丹濟拉來降至御營朝見。		
	14/12	10/9自唐三營前往盛京(以噶爾丹蕩平),經科爾沁境,謁陵告祭禮成由山海關回京。是年於盛京圍場行圍,先後射殪二虎,搶殪二大熊。	K13.P15b－16a	K14P5b－9a
10 9)	1/11 (10/9)	出古北口,自多倫諾爾入張家口回北京暢春園。 16/9 駐蹕沙喇諾海達巴罕(賜名阿布達爾),後移駐齊老圖昂阿、瑚爾希勒必喇、博羅河屯。	K13.P16.ab	K14.P20.ab
/10 /9)	23/10 (12/9)	出入古北口、行圍駐蹕:喇嘛洞、納木桑扎塞、英圖和洛齊老圖、扎哈烏里雅蘇台、汗特穆爾達巴罕昂阿。多羅僖郡王岳希、喀喇沁王扎什、公福善、台吉鄂齊爾隨圍。 19/9 賜翁牛特都稜郡王班第馬八百匹,以資生息。 25/9 諭大學士馬齊派章京等前往蒙古各地視察生計。	K13.P16b－17a	K14.P37.b 未記回京日期

年份 西元（康熙）	從北京出發	出長城口	抵達熱河山莊（或駐蹕地）	圍場行圍 出發至木蘭	宴食 或賜入覲人員 賜宴蒙古王公 賜隨圍人員	收獮回熱河山莊（或駐蹕地）
1698 (37.)	3/9 (29/7)	6/9 (3/8)	10/9 (7/8)		22/9(19/8) 24/9(21/8)	
1699 (38.)	10/9 (17/7 閏)	13/9 (20/7)	16/9 (23/7)		11/10(19/8) 12/10(20/8)	11/10 (19/8) 12/10 (20/8)
1700 (39.)	9/9 (26/7)	13/9 (1/8)		15/9 (3/8)	18/9(6/8) 19/9(7/8)	18/9 (6/8) 19/9 (7/8) 25/9 (13/8) 11/10 (29/8) 13/10 (2/9)

蘭秋獮表

入長城口	回到北京	備註	出典 K＝卷	
			欽定熱河志 a：上 b：下	十二朝東華錄 康熙帝
	22/10 (21/9)	行圍駐蹕：巴林和碩榮憲公主第、喀爾喀畢喇、綽諾木畢喇之馬尼國。 10/10 (9/9) 行圍發矢穿兩黃羊並射斷拉哈里木。	未予記載	K15. P6b - 7a
/1 (/12)	14/1 (17/12)	出喜峯口入古北口，分別駐蹕：七溝、喀喇沁河屯、兩間房。	K13. P17a	僅記 23/12 謁陵啓鑾未記行圍
5/10 (5/8)	26/10 (6/9)	出入古北口，行圍駐蹕：都呼岱昂阿。 30/9 (9/8) 翁牛特郡王班第來朝上以班第所居地舊名償谷不佳因賜名巴顏謂勒錐圖。	K14. P1a	K15. P14.b - 16.b
/8 (/6)	13/8 (1/7)	出入古北口，駐蹕喀喇河屯	K14. P1 a.b.	K15. P24.b - 25.a
8/10 (8/9)	31/10 (21/9)	出入古北口，駐蹕熱河上營收獵回駐土城。	K14. P1b - 2a	K15. P25a - 26b
0/10 (2/9)	24/10 (26/9)	出入古北口，行圍駐蹕英必喇南岸，汗特穆爾達巴罕昂阿。	K14. P2a - 3a	K15. P34.b - 35.b

年份 西元（康熙）	從北京出發	出長城口	抵達熱河山莊（或駐蹕地）	圍場行圍 出發至木蘭	宴食 或賜入覲人員 賜宴蒙古王公 賜隨圍人員	收獮回熱河山莊（或駐蹕地）	離開山莊或
1701（40.）	5/7（30/5）		18/8（15/7）			14/9（12/8） 10/10（9/9）	
1701-1702（40.-41.）	23/12（24/11）	31/12（3/12）	4/1（7/12）			7/1（10/12） 10/1（13/12）	
1702（41.）	3/7（9/6）	10/7（16/6）	7/8（14/6 閏）	25/8（3/7）		30/9（9/8）	
1703（42.）	8/7（25/5）	16/7（3/6）	7/8（25/6）				
1703（42.）	18/8（6/7）	21/8（9/7）	4/9（23/7）	8/9（27/7）	4/10（24/8）	1/10（21/8）	
1704（43.）	8/7（7/6）	15/7（14/6）	18/8（18/7）	6/9（8/8）	25/9（27/8） 12/10（14/9）	12/10（14/9）	

秋獮表

	回到北京	備註	出典 K＝卷	
			欽定熱河志	十二朝東華錄 康熙帝
0 9）	1/11 (15/9)	出古北口，入張家口，回暢春園行圍駐蹕：固爾班庫德哩。16/10啓行閱各處孳生牧群及左翼四旗察哈爾等生計。	K 14 P 3 a、b	K 16 P 6 b - 8 a
0 9）	30/10 (24/9)	出入古北口，回暢春園，行圍駐蹕：拉們噶山、赳和洛、拉們噶山、喀喇河屯。 3/9(27/7) 命天津總兵官師懿德宣化總兵官康泰等校射。	K14. P 3 b - 4 a	K 16. P 16. b - 18 a
1 2）	21/1 (18/12)	啓蹕恭謁孝陵、出喜峯口，入古北口，7/1駐三道河，8/1駐中六溝，9/1駐二溝，10/1駐黃土坎，12/1駐熱河上營，13/1駐喀喇河屯，16/1駐恩額穆噶山，17/1駐三岔口。	K 14. P 4 b	K 16. P 21. a、b
11 10）	13/11 (20/10)	14/8(17/7)自喀喇河屯巡視蒙古諸地方，3/10駐蹕拜牲台，出入古北口	K 14. P 5 a. b.	K 16. P 27 b - 29 a
10 9）	29/10 (16/9)	出入古北口	K 14. P 5 b	K 17. P 2 b - 7 b
10 9）	25/10 (23/9)	出入古北口，回暢春園 11/10(9/9)先廻駐博羅河屯	K 14. P 5 b - 6 b	K 17 P 21. a - 22 a

年份 西元（康熙）	從北京出發	出長城口	抵達熱河山莊（或駐蹕地）	圍場行圍出發至木蘭	宴食 或賜入覲人員 賜宴蒙古王公 賜隨圍人員	收獵回熱河山莊（或駐蹕地）	離開山莊或
1705 (44.)	14/7 (24/5)	18/7 (28/5)	13/8 (24/6)	5/9 (18/7)	13/10(26/8)	15/10 (28/8)	16 (29
1706 (45.)	1/7 (21/5)	8/7 (28/5)	12/8 (5/7)	1/9 (25/7)	19/10(13/9)	20/10 (14/9)	
1706-1707 (45-46.)	24/12 (20/11)	3/1 (30/11)		7/1 (4/12)			
1707 (46.)	5/7 (6/6)	8/7 (9/6)	30/7 (2/7)	14/8 (17/7)	14/8(17/7) 24/10(29/9) 31/10(7/10)	5/11 (12/10)	
1708 (47.)	28/6 (11/5)	7/7 (20/5)	19/7 (2/6)	5/9 (21/7)		22/10 (9/9)	
1709 (48.)	4/6 (26/4)	7/6 (29/4)	11/6 (4/5)	3/9 (29/7)	11/10(9/9)	13/10 (11/9)	19 (17

蘭秋獮表

入長城口	回到北京	備註	出典 K＝卷	
			欽定熱河志 a：上 b：下	十二朝東華錄 康熙帝
8/10 (7/9)	31/10 (10/9)	出入古北口，回暢春園	K14. P6b-7b	K17. P30b-34.b
2/2 (5/12)	5/2 (18/12)	出喜峯口，入古北口，回暢春園	K14. P 7 b	K17. P 38.a
0/10 (9/9)	2/11 (22/9)	出入古北口，回暢春園，行圍駐蹕：中關，5/10 哨獲大鹿十一隻。	K14. P 7 b-8 a	K18. P 3 b-6 b
3/1 (6/12)	26/1 (19/12)	出喜峯口，入古北口，恭謁孝陵	K14. P 8 a、b	K18. P 9 b
6/10 (7/9)	29/10 (30/9)	出入古北口，回暢春園，行圍中駐蹕：納木桑扎塞，除每年隨圍之喀喇沁、翁牛特、巴林、土默特、敖漢、扎嚕特、阿魯、科爾沁、烏珠穆沁浩齊特，阿巴噶蘇尼特外，另有鄂爾多斯，厄魯特、青海、哈密等諸王，貝勒貝子、公、額駙、台吉等亦隨圍。	K14. P8 b-9 a	K18. P 14 b-16 b
8/1 (2/12)	21/1 (25/12)	出喜峯口，入古北口，恭謁孝陵並賜科爾沁，翁牛特諸王貝勒貝子、公、台吉等及隨圍蒙古官兵銀兩有差。	K14. P 9 a、b	K18. P20 b-21 a

年份 西元 (康熙)	從北京出發	出長城口	抵達熱河山莊（或駐蹕地）	圍場行圍 出發至木蘭	宴食 或賜入覲人員 賜宴蒙古王公 賜隨圍人員	收獮回熱河山莊（或駐蹕地）	離開山莊或
1710 (49.)	28/5 (1/5)	31/5 (4/5)	9/6 (13/5)	14/9 (21/7閏)	14/10(22/8)	16/10 (24/8)	24/ (3/
1711 (50.)	3/1 (15/11)	16/1 (28/11)	28/1 (10/12)		28/1(10/12)		30/ (12/
1711 (50.)	7/6 (22/4)	13/6 (28/4)	16/6 (1/5)	11/9 (29/7)	14/10(3/9)	16/10 (5/9)	26/ (15/
1711-1712 (50.-51.)	25/12 (16/11)	4/1 (26/11)	18/1 (11/12)			12/10 (13/9)	20/ (13/
1712 (51.)	28/5 (24/4)	31/5 (27/4)	3/6 (30/4)	2/9 (2/8)	9/10(10/9)		21/ (22/
1712-1713 (51-52.)	22/12 (25/11)	23/12 (26/11)	13/1 (17/12)		13/1(17/12)		15/ (19/

蘭秋獮表

入長城口	回到北京	備註	出典 K＝卷	
			欽定熱河志 a:上 b:下	十二朝東華錄 康熙朝
/11 (/9)	7 /11 (20/9)	出入古北口，回暢春園	K14.P 9 b - 10 a	K18. P 28 a - 31 a
/1 (/12)	3 / 2 (19 /12)	出喜峯口，入古北口，回暢春園謁孝陵。	K14.P 10 b	K18. P 34.a、b
/10 (/9)	4 /11 (28 / 9)	出入古北口，回暢春園	K14.P 10 b - 11 a	K19. P 2 b - 5 a
/1 (/12)	26 / 1 (21 /12)	出入古北口，1/1 駐蹕東莊，2/1 駐蹕老牛河，10/1 駐蹕卜克，回暢春園	K14.P 11. a、b	K19. P 6 a - 7 b
/11 (/10)	14 /11 (19 /10)	出入古北口，回暢春園	K14.P 11.b - 12 a	K19. P 11 a - 15 a
?	11 /11 (28 / 9)	出入古北口，回暢春園	K14.P 12 b - 13 a	K19. P 21 a - 24 b
/1 (/12)	5 / 2 (24 /12)	出喜峯口，入古北口，回暢春園	K14.P 13 a	K19. P 27b - 28 a
/11 (/10)	22 /11 (20/10)	出入古北口，回暢春園 16 /10 (12 / 9) 駐蹕扎哈烏里雅蘇台。	K14. P 13.a - 14.a	K20. P 6 a - 11 b

年份 西元（康熙）	從北京出發	出長城口	抵達熱河山莊（或駐蹕地）	出發至木蘭圍場行圍	賜宴蒙古王公或賜入覲人員 賜隨圍人員 宴食	收獮回熱河山莊（或駐蹕地）	離開山莊或
1713 (52.)	2/6 (10/5)	13/5 (5/6)	8/6 (16/5)	10/9 (21/7)	23/10 (5/9)	25/10 (7/9)	31/1 (13/
1713-1714 (52-53.)	30/12 (13/11)	10/1 (24/11)	26/1 (11/12)				28/ (13/1
1714 (53.)	2/6 (21/4)	9/6 (27/4)	12/6 (1/5)	14/9 (6/8)	24/10 (17/9)	21/10 (14/9)	27/1 (20/
1714-1715 (53-54.)	24/12 (18/11)	29/12 (23/11)	1/1 (26/11)		10/1 (5/12)	18/1 (13/12)	20/ (15/1
1715 (54.)	28/5 (26/4)	2/6 (1/5)	5/6 (4/5)	7/9 (10/8)	12/10 (16/9)	14/10 (18/9)	5/1 (10/1
1716 (55.)	3/6 (14/4)	9/6 (20/4)	15/6 (26/4)	11/9 (26/7)	17/10 (3/9)	20/10 (6/9)	30/1 (16/9
1716-1717 (55-56.)	25/12 (12/11)	7/1 (25/11)	26/1 (14/12)				28/ (16/1
1717 (56.)	27/5 (17/4)	3/6 (24/4)	7/6 (28/4)	5/9 (1/8)	16/10 (12/9)	22/10 (18/9)	11/ (9/1

蘭秋獮表

入長城口	回到北京	備註	出典 K＝卷	
			欽定熱河志 a:上 b:下	十二朝東華錄 康熙朝
/11 /9)	23/11 (2/10)	出入古北口，回暢春園 25/10(2/9)廻駐張三營賜宴。	K14.P14a、b	K20.P26.a-30a
/11 /9)	19/11 (10/10)	出入古北口 2/10(19/8)駐蹕土城 18/10(6/9)駐蹕愛勒色欽，賜宴	K14.P14b-15a	K21.P3b-5b
/11 /10)	9/11 (10/10)	出入古北口，回暢春園 13/10(12/9)廻駐博羅河屯，賜宴	K14.P15a、b	K21.P10b-15a
/11 /9)	16/11 (27/9)	出入古北口，回暢春園 20/10(30/8)廻駐博羅河屯賜宴	K14.P16a	K21.P23b-29b
/11 3/9)	6/11 (28/9)	出入古北口，回暢春園 6/10(26/8)駐蹕汗特穆爾達巴罕昂阿，賜宴。	K14.P16b	K21.P34.b-37.a

致均同，姑且合併列出。

康熙皇

年份 西元（康熙）	從北京出發	出長城口	抵達熱河山莊（或駐蹕地）	圍場行圍 出發至木蘭	宴食 或賜入覲人員 賜宴蒙古王公 賜隨圍人員	收獮回熱河山莊（或駐蹕地）	離開山莊或
1718 (57.)	12/5 (13/4)	23/5 (24/4)	30/5 (1/5)	6/9 (12/8)	25/10(2/9)	30/10 (7/9)	11/ (19/
1719 (58.)	29/5 (11/4)	6/6 (19/4)	12/6 (25/4)	23/9 (10/8)	18/10(6/9)	26/10 (14/9)	6/ (25/
1720 (59.)	18/5 (12/4)	27/5 (21/4)	1/6 (26/4)	5/9 (4/8)	13/10(12/9)	15/10 (14/9)	27/ (26/
1721 (60.)	11/5 (16/4)	17/5 (22/4)	23/5 (28/4)	11/9 (20/7)	20/10(30/8)	23/10 (3/9)	4/ (15/
1722 (61.)	27/5 (13/4)	3/6 (20/4)	10/6 (27/4)	13/9 (3/8)	6/10(26/8)	11/10 (2/9)	25/ (16/

註：康熙十六年雖在木蘭設置之前，但其行圍地方，宴會地點及過程，方

從上表我們可得如下幾點的瞭解：

㈠自康熙十六年起至六十一年止，康熙帝共計出塞五十一次。從二十年起確知至木蘭圍場地區者計五十次。而行圍舉行秋獮大典者至少四十次。也就是說有十次雖到木蘭圍場，但未曾或可能未曾舉行行圍秋獮大典。其因如下：（資料來源請參考附表所列）

1. 康熙二十九年因指揮烏蘭布通之戰，且身體發燒不舒服而提前回北京。

2. 康熙三十年，先察視各蒙古生計，後以喀爾喀土謝圖汗等率屬來歸，聖祖親臨撫綏安輯，至多倫諾爾舉行宴賚及編旗錫爵大典。

3. 康熙三十七年，以蕩平噶爾丹，路經木蘭圍場而至盛京謁祖陵，而是年在東北圍場行圍。

4. 康熙四十二年第一次出塞，在喀喇河屯啓行駐蹕兩間房，因獲悉親兄和碩裕親王福全病逝，而兼程趕回北京。

5. 康熙五十一年、五十三年、五十六年，三年中之第一次出塞，未見行圍、賜隨圍、進宴的記載，再以行程的緊輟，推算時間，似乎不可能舉行秋獮大典。

6. 康熙五十二年、五十四年，二年中的第一次出塞，雖未見行圍紀載，但卻有賜宴的紀錄，然以時間、行程的推算，似亦無實際之行圍秋獮大典的舉行。

㈡康熙四十二年以前，從北京出發、抵達駐蹕地或山莊的時間，甚爲不規則。以抵達山莊而言，四十三年至四十七年間，以八月份居多。四十八年以後，則以一月及六月（僅五十七、六十兩年提前於五月底）爲多，而回京時間則以十月下旬至十一月上旬居多。整體而言，康熙帝每年離開北京的時間，從早期的一、二個月，而後延長至後期的五個月。這段離京時間，京城勢須留人處理各類章奏，因而有「留京辦事處」的制度。這種制度從康熙三十四年，聖祖出古北口巡歷塞外，命大學士阿蘭泰留京理章奏開始，據養吉齋叢錄的記載：「大駕巡幸，留京王大臣日詣文華門辦事，恭請合符，輪流値宿，即刻四人同入，非直班者申初散出，直宿者在內守合符，俟次晨交替，合符後出。」（註五）從皇帝離京的頻繁以及出塞離京時間的一再延長，「留京辦事處」確實發揮留守的功能，是可肯定的。從此亦可窺知康熙朝的行政運作效率高、政治上軌道是無容置疑的。

再就出發打獵的時間而言，誠如前文所述及表列者以秋分前後九月份居多。在四十次中，九月占二十八次之多，次之爲八月、十月、一月、七月，而五月僅有一次。九月份的季節固然是秋高氣爽，適於行獵，而盛夏後，野獸孳殖且肥碩亦是主要誘因。而一月份的行圍則似可解釋爲：爲使隨圍官兵適應嚴寒氣候，而養成吃苦耐寒，以適應塞外更北的惡劣天候爲目的。

㈢康熙四十年以前，由於熱河行宮未完成，駐蹕地點不定，大部份以行圍之圍場附近就近駐營。而於四十一年後（熱河行宮雖記載於四十二年完成，但前一年應有部份完成者）（註六）即以熱河行宮爲大本營，此後且甚爲規例性的，先於熱河山莊駐蹕一段時間，而後始出發木蘭圍場行圍，而後廻駐於博羅河屯或喀喇河屯（註七）並舉行賜宴封賞，再回至熱河山莊駐蹕。但偶而亦有例外；如四十二年收獵後先回山莊，再前往土城駐蹕賜宴，又如五十三年先回山莊，再至博羅河屯賜宴。

行圍之圍場，每年均有所不同，場數亦有差。這種情形當然視時間長短、行程安排而定。除了爲維持各圍場野獸的平均孳畜繁殖外，而其另外的主因，乃是寓行獵於習武，以各圍場不同的地理環境，而使隨圍官兵能熟悉、適應，而達成軍事野戰技能之訓練爲目的。

㈣從康熙二十年（一六八一）擇設木蘭圍場開始，到康熙三十九年（一七〇〇）熱河行宮開始修建前，康熙帝每年在口外時間較短，以六、七月出口，八、九月回京爲多，主要活動即是到木蘭圍場舉行秋獮大典，而避暑的因素並不明顯。從康熙四十年（一七〇一）到四十七年（一七〇八），在山莊草創和營建時期，康熙一般是在五、六月出口，九月回京，除了行圍打獵之外，多數時間是住在熱河和喀喇河屯。根據聖祖實錄的記載，康熙帝於康熙四十一年，在喀喇河屯住了九天，四十二年住十一天，四十三年住二十六天，四十五年住了三十二天。（註八）康熙四十二年，還在此度過了他五十歲生日，隨他而來的侍從們爲討他的喜歡，在行宮以東的台地上，興建了一座祝壽的廟宇——穹覽寺。康熙帝在「穹覽寺碑文」中寫道：「朕避暑出塞，因土肥水甘，泉清峰秀，故駐蹕於此，未嘗不飮食倍加，精神爽健，所以鳩工此地，建離宮數十間。」可見此時已經開始大興土木營建山莊了。而避暑的成份亦隨着增加。隨著避暑山莊的日臻完善，康熙四十八年（一七〇九）後，出口時間提前，返京延後，喀喇河屯等行宮亦逐漸降低了重要性，成爲往返食宿的中間站，而避暑山莊則成了長城口外一系列行宮的中心，爲康熙皇帝口外避暑時常駐蹕之地。康熙帝在山莊期間，曾自述：「日理萬機，未嘗少輟，與宮中無異。……膳後即較射觀獵，以安不忘危之念。」（註九）可見山莊在康熙後期已成爲避暑期間處理軍政事務的重要場所。

第二節　乾隆時期

康熙帝逝世後，雍正帝繼位，雍正在位十三年中，未曾至木蘭圍場行圍行秋獮大典。乾隆皇帝則自乾隆六年（一七四一）開始到避暑山莊居住，並至木蘭行圍舉行秋獮大典。起初是每二年一次，（註一〇）十六年（一七五一）起才每年前往。茲據承德府志、十二朝東華錄乾隆朝的記載，將乾隆帝至木蘭圍場的時間、行程……等製表如下，以供參考。

木蘭秋獮表

入長城口	回到北京	備註　5/9：九月五日　(26/7)：七月廿六日　(陰曆)	出典 K＝卷　承德府志 K：卷首	十二朝東華錄 乾隆朝
22/10 (13/9)	29/10 (20/9)	出入古北口 行圍中駐蹕：準烏拉岱	K17.P 1－2	K4 P17b
	10/12 (25/10)	14/9(27/7)自木蘭啓行由蒙古諸地方恭詣盛京，恭謁三陵途中賜宴，並由盛京直接回京。	K17.P 2－4	K6 P8b－14b
8/10 (13/9)	20/10 (25/9)	出古北口，行圍中駐蹕：準烏拉岱都木達烏拉岱、巴顏溝。 收獵後直赴多倫諾爾巡幸，而經由張家口回京。	K17.P 4－7	K7 P8a
17/10 (14/9)	22/10 (19/9)	出入古北口(以後均同) 行圍中駐蹕：準烏拉岱 布爾哈蘇台、巴顏溝、白虎溝	K17.P 7－8	K8 P13a－15a
23/10 (13/9)	4/11 (25/9)	行圍中駐蹕：雲特穆爾昂阿巴顏溝、色埒昂阿、巴顏溝、都呼岱、烏蘭哈達	K17.P 8－11	K10 P21b－24a
7/10 (19/8)	12/10 (24/8)	行圍中駐蹕：奇木魯成昂阿、烏蘭哈達。 6/9(17/7)駐蹕博羅河屯，蒙古諸王公等恭迎聖駕。(每年皇上秋獮木蘭時，蒙古諸王公等皆	K17.P 11－12	K12 P14b－15a

年份 西元（乾隆）	從北京出發	出長城口	抵達熱河山莊（或駐蹕地）	出發至木蘭圍場行圍	宴食 賜宴蒙古王公或賜入覲人員 賜隨圍人員	收獮回熱河山莊（或駐蹕地）	離開山莊或駐蹕地回京
1741（6）	5/9（26/7）	9/9（30/7）	12/9（3/8）	15/9（6/8）	22/9（13/8）	12/10（3/9）	17/10（8/9）
1743（8）	26/8（8/7）	30/8（12/7）	2/9（15/7）	6/9（19/7）	30/9（13/8）		14/9（27/7
1745（10）	19/8（22/7）	22/8（25/7）	25/8（28/7）	30/8（4/8）	5/9（10/8） 7/9（12/8） 8/9（13/8） 11/9（15/8）	21/9（26/8）	
1747（12）	25/8（20/7）	28/8（23/7）	1/9（27/7）	7/9（3/8）	4/9（30/7） 6/9（2/8） 14/9（10/8） 17/9（13/8） 29/9（25/8） 6/10（3/9）	8/10（5/9）	13/10（10/9
1749（14）	19/8（7/7）	22/8（10/7）	26/8（14/7）	2/9（21/7）	28/8（16/7） 30/8（18/7） 4/9（23/7） 23/9（12/8） 24/9（13/8） 26/9（15/8） 8/10（27/8） 12/10（2/9） 15/10（5/9）	11/10（1/9）	20/10（10/9
1751（16）	28/8（8/7）	31/8（11/7）	3/9（14/7）	5/9（16/7）	7/9（18/7） 12/9（23/7） 19/9（1/8） 26/9（8/8） 30/9（12/8） 1/10（13/8）	28/9（10/8）	4/10（16/8

蘭秋獮表

入長城口	回到北京	備註	出典 K＝卷 承德府志 K：卷首	十二朝東華錄 乾隆朝
		於博羅河屯迎駕，如駐蹕山莊時，遇萬壽聖節，則諸王公等即於喀喇河屯迎駕，歲以爲例。		
25/10（19/9）	28/10（22/9）	行圍中駐蹕：準烏拉岱、默爾根烏里雅蘇台、布祜圖、阿貴圖。	K17. P12-14	K12. P27b-32.b
27/10（2/10）	30/10（5/10）	行圍中駐蹕：穆壘喀喇沁昂阿、巴顏溝。	K17. P15-16	K13. P9b-15b
14/11（11/10）	17/11（14/10）	行圍中駐蹕：英圖昂阿、扎克丹鄂佛囉（準噶爾綽羅斯台吉噶爾藏多爾濟、輝特台吉巴雅爾、和碩特台吉沙克都爾曼濟等人入覲）。	K17. P18-21	K14. P32.a-42.b
8/11（16/9）	11/11（19/9）	行圍中駐蹕：墨爾根烏里雅蘇台鄂爾楚克哈達，按巴鳩和洛、頟勒蘇錫納、庫爾圖察罕、博爾齊爾 20/9（26/8）杜爾伯特台吉伯什阿噶什等入覲並隨圍。 5/10（12/9）上爾扈特使臣吹扎卜等入覲，並隨圍。	K17. P21-23	K15 P30b-35.a

乾隆皇

年份 西元 (乾隆)	從北京出發	出長城口	(或駐蹕地) 抵達熱河山莊	圍場行圍 出發至木蘭	宴食 或賜入覲人員 賜宴蒙古王公 賜隨圍人員	(或駐蹕地) 收獮回熱河山莊	離開山莊或
1752 (17)	27/8 (19/7)	30/8 (22/7)	2/9 (25/7)	23/9 (16/8)	13/9(6/8) 17/9(10/8) 19/9(12/8) 20/9(13/8) 1/10(24/8) 10/10(4/9) 15/10(9/9)	19/10 (13/9)	22/1 (16/
1753 (18)	12/9 (16/8)	15/9 (19/8)	18/9 (22/8)	21/9 (25/8)	27/9(1/9) 5/10(9/9) 18/10(22/9) 21/10(25/9)	17/10 (21/9)	24/ (28/
1755 (20)	11/9 (6/8)	14/9 (9/8)	16/9 (11/8)	21/9 (16/8)	17/9(12/8) 18/9(13/8) 6/10(1/9) 13/10(8/9) 17/10(12/9) 18/10(13/9) 至27/10(22/9) 連續9天 31/10(26/9) 4/11(1/10) 連續6天	16/10 (11/9)	11/ (8/
1756 (21)	11/9 (17/8)	13/9 (19/8)	16/9 (22/8)	18/9 (24/8)	20/9(26/8) 28/9(5/9) 2/10(9/9) 5/10(12/9) 15/10(22/9) 24/10(1/9閏) 25/10(2/9) 28/10(5/9)	18/10 (25/9)	5/ (13/9

木蘭秋獮表

入長城口	回到北京	備註	出典 K＝卷	
			承德府志 K：卷首	十二朝東華錄 乾隆朝
31/10 (19/9)	3/11 (21/9)	行圍中駐蹕：博羅莫林、布祜圖、按巴鳩 17/10(5/9)左部哈薩克使臣根扎噶拉等入覲。	K17.P23－25	K16.P31b
20/10 (19/9)	23/10 (22/9)	行圍中駐蹕：鄂爾楚克哈達、布祜圖、庫庫英圖、按巴鳩和洛、烏蘭哈達、阿貴圖。 4/10(3/9)東布魯特使臣車里克齊等入覲。 7/10(6/9)東布魯特使臣舍爾伯克等入覲。 9/10(8/9)東布魯特使臣舒庫爾等入覲。	K18.P1－4	K17.P1ab－24b
8/11 (19/9)	11/11 (22/9)	行圍中駐蹕：布爾哈蘇台、巴顏溝、鄂爾楚克哈達、齊爾博庫昂阿、哈里雅爾、巴顏托羅海、濟爾哈朗圖。	K18.P4－7	K18.P14b
24/11 (17/10)	27/11 (20/10)	行圍中駐蹕：舒隆哈達、哈里雅爾，吉蘭烏里雅蘇台，薩爾巴里哈達、木壘喀喇沁。 30/10(22/9)左部哈薩克使臣都勒特勒哲等入覲，杜爾伯特親王策凌烏巴什，回部郡王霍集斯伯克亦與宴。	K18.P7－9	K19.P11a－12a

乾隆皇帝

年份 西元（乾隆）	從北京出發	出長城口	抵達熱河山莊（或駐蹕地）	出發至木蘭圍場行圍	宴食 或賜入覲人員 賜宴蒙古王公 賜隨圍人員	收獮回熱河山莊（或駐蹕地）	離開山莊或駐蹕地回京
1757（22）	1/9（18/7）	4/9（21/7）	6/9（23/7）	28/9（16/8）	24/9（12/8） 25/9（13/8） 13/10（1/9） 17/10（5/9） 18/10（6/9） 21/10（9/9） 25/10（13/9） 26/10（14/9） 27/10（15/9） 28（16/9）	24/10（12/9）	28/10（16/9
1758（23）	19/8（16/7）	22/8（19/7）	25/8（22/7）	17/9（16/8）	30/8（27/7） 4/9（3/8） 14/9（13/8） 4/10（3/9） 7/10（6/9） 連續5天 15/10（14/9） 16/10（15/9）	14/10（13/9）	17/10（16/9
1759（24）	26/8（4/7）	30/8（8/7）	2/9（11/7）	6/10（16/8）	10/9（19/7） 連續10天 2/10（12/8） 連續5天 15/10（25/8） 29/10（9/9） 30/10（10/9）	2/11（13/9）	5/11（16/9
1760（25）	26/9（18/8）	29/8（21/8）	3/10（25/8）	5/10（27/8）	8/10（30/8） 17/10（9/9） 21/10（13/9） 30/10（22/9） 2/11（25/9） 9/11（2/10） 連續10天 19/11（12/10） 20/11（13/10）	5/11（28/9）	21/1（14/10

木蘭秋獮表

入長城口	回到北京	備註	出典 K＝卷 承德府志 K：卷首	十二朝東華錄 嘉慶朝
0/10 3/10)	2/11 (6/10)	行圍中駐蹕：阿貴圖、海拉蘇台納喇蘇台、巴顏溝、鄂爾楚克哈達，扎克円鄂佛洛、伊綿峪、博羅昂阿庫庫英圖，永安湃昂阿，濟爾哈朗圖。	K18. P9－12	K19. P20b－23a
0/10 4/9)	2/11 (17/9)	1/9(14/7)哈薩克使臣蘇爾統都勒特赫勒等入覲並隨圍。行圍中駐蹕：伊綿峪。	K18. P12－14	K20. P8b－10a
5/10 /9)	28/10 (22/9)	行圍中駐蹕：呼魯蘇台、納喇蘇台達巴罕、都穆達烏拉岱、鄂爾楚克哈達、阿穆呼朗圖。	K18. P14－17	K20. P23b－32.b
2/10 7/9)	1/11 (8/10)	行圍中駐蹕：永安湃昂阿、永安湃色欽、庫爾圖察罕、伊綿峪，鄂爾楚克哈達	K18. P17－19	K21. P6b－10a
/11 /9)	5/11 (22/9)	行圍中駐蹕：海拉蘇台、呼魯蘇台、都穆達烏拉岱、布爾哈蘇台 24/9(26/9)等宴會杜爾伯特親	K18. P19－22	K21. P22a－25a

年份 西元（乾隆）	從北京出發	出長城口	抵達熱河山莊（或駐蹕地）	圍場行圍出發至木蘭	宴食 或賜入覲人員 賜宴蒙古王公 賜隨圍人員	收獮回熱河山莊（或駐蹕地）	離開山莊或
1761（26）	16/8（17/7）	22/8（23/7）	25/8（26/7）	23/9（25/8）	31/8（2/8）連續7天 8/9（10/8）連續3天 11/9（13/8）連續3天 16/9（18/8）連續2天 3/10（6/9） 6/10（9/9） 11/10（14/9） 14/10（22/9）	22/10（25/9）	27/1（30/
1762（27）	26/8（8/7）	29/8（11/7）	1/9（14/7）	3/9（16/7）	14/9（27/7） 24/9（7/8） 29/9（12/8） 30/9（13/8）連續3天 3/10（16/8） 5/10（18/8）連續4天 11/10（24/8）連續4天 25/10（9/9）	27/9（10/8）	27/（11/
1763（28）	28/6（18/5）	1/7（21/5）	4/7（24/5）	23/9（17/8）	8/9（2/8）連續7天 16/9（10/8） 18/9（12/8） 19/9（13/8）連續3天 30/9（24/8） 13/10（7/9）	17/10（11/9）	22/（16/
1764（29）	14/8（17/7）	17/8（20/7）	20/8（23/7）	14/9（19/8）	24/8（27/7）連續3天 28/8（2/8）連續7天 7/9（12/8） 8/9（13/8） 21/9（26/8） 25/9（30/8） 4/10（9/9） 12/10（17/9）	15/10（20/9）	19/（24/
1765（30）	23/8（8/7）	26/8（11/7）	29/8（10/7）	30/9（16/8）	12/9（28/7）連續3天 16/9（2/8）連續7天 24/9（10/8）	25/10（11/9）	30/（16/

木蘭秋獮表

入長城口	回到北京	備註	出典 K＝卷 承德府志 K：卷首	十二朝東華錄 乾隆朝
		王策凌烏巴什均與會。皇上以皇太后聖壽益增命皇妃，皇子留侍山莊，上啓蹕後間日遣侍衛等請安進鮮，歲以爲例。		
/10 /9)	4/11 (3/10)	行圍中駐蹕：鄂蘭索郭圖額勒蘇錫納、按巴鳩和洛昂阿，坡賚昂阿。	K 18 P 22 - 24	K 22. P 18 b - 22 a
/11 /9)	13/11 (22/9)	行圍中駐蹕：海拉蘇台都穆達烏拉岱、鄂爾楚克哈達 12/10(20/8)哈薩克使臣都勒特克勤等入覲。	K 18 P 24 - 26	K 23. P 26 a - 30 a
/10 /9)	1/11 (22/9)	行圍中駐蹕：都穆達烏拉岱、鄂爾楚克哈達。	K 18 P 26 - 28	K 24. P 19 b - 22 a
/10 /9)	21/10 (22/9)	行圍中駐蹕：按巴鳩和洛色欽、薩爾巴里哈達，按巴鳩和洛昂阿、烏蘭哈達。	K 18 P 28 - 31	K 25. P 15 a - 20 a
/11 /10)	24/11 (8/10)	行圍中駐蹕：準烏拉岱、巴顏溝，按巴鳩和洛昂阿。 10/10(22/8)至熱河行宮，降旨加恩預賞熱河駐防及綠營兵丁一季錢糧，嗣後每年恩賞同此。	K 18. P 31 - 32.	K 26. P 26 a - 27 b

年份 西元（乾隆）	從北京出發	出長城口	抵達熱河山莊（或駐蹕地）	圍場行圍 出發至木蘭	宴食 或賜入覲人員 賜宴蒙古王公 賜隨圍人員	收獵回熱河山莊（或駐蹕地）	離開山莊或
					26/9（12/8）連續3天 8/10（24/8） 23/10（9/9）		
1766（31）	13/8（8/7）	16/8（11/7）	19/8（16/8）	19/9（16/8）	1/9（27/7） 2/9（28/7） 5/9（2/8）連續7天 13/9（10/8） 15/9（12/8） 16/9（13/8） 12/10（9/9）	15/10（12/9）	22（19
1767（32.）	14/8（20/7）	17/8（23/7）	20/8（26/7）	8/10（16/8）	18/9（26/7閏）連續5天 25/9（3/8）連續5天 4/10（12/8） 5/10（13/8） 16/10（24/8） 20/10（28/8） 29/10（7/9）	1/11（10/9）	7（16
1768（33.）	19/8（8/7）	22/8（11/7）	25/8（14/7）	26/9（16/8）	7/9（27/7）連續3天 12/9（2/8）連續7天 22/9（12/8） 23/9（13/8） 4/10（24/8） 17/10（7/9）	20/10（10/9）	26（16
1769（34.）	9/8（8/7）	12/8（11/7）	15/8（14/7）	15/9（16/8）	28/8（27/7）連續3天 1/9（2/8）連續7天 12/9（13/8）連續3天 2/10（3/9） 6/10（7/9）	9/10（10/9）	15（16
1770（35.）	4/10（16/8）	7/10（19/8）	10/10（22/8）	14/10（26/8）	27/10（9/9） 30/10（12/9）	2/11（15/9）	18（2

木蘭秋獮表

入長城口	回到北京	備註	出典　K＝卷 承德府志 K：卷首	十二朝東華錄 乾隆朝
10/11 4/10)	14/11 (8/10)	行圍中駐蹕：伊綿峪(15/10(8/9)土爾扈特台吉渥巴錫等入覲)薩爾巴里哈達，按巴鳩和洛昂阿，烏蘭哈達，他星雅圖昂阿，26/10 28/10 31/10渥巴錫均與宴。	K19. P1 - 4	K27. P16.a - 32.b
15/10 9/9)	18/10 (22/9)	行圍中駐蹕：阿爾蘇台 26/8(28/7)土爾扈特郡王巴木巴爾貝子布顏楚克等入覲，而後均參與宴會並隨圍。 8/10(12/9)於麗正門恭送太后先四天廻鑾，後趕上共同進入京城，俟後每年如此。	K19. P4 - 7	K28. P17 a - 28 a
3/11 9/9)	6/11 (22/9)	行圍中駐蹕：布敦口、坡賚口、森吉圖、永安巴依口：薩達克圖、阿穆呼朗圖。 19/9(4/8)土爾扈特貝子沙喇扣肯入覲並隨圍。	K19. P7 - 10	K29. P15.a - 32.b
23/10 9/9)	26/10 (22/9)	行圍中駐蹕：海拉蘇台、都穆達烏拉岱、伊遜河、塔里雅圖。10/9(5/8)土爾扈特貝勒默們圖入覲並隨圍。 14/9(9/8)杜爾伯特貝勒巴桑等入覲並隨圍。	K19. P10 - 11	K30 P9 b - 26 a

年份 西元（乾隆）	從北京出發	出長城口	抵達熱河山莊（或駐蹕地）	出發至木蘭圍場行圍	宴食 賜隨圍人員 賜宴蒙古王公 或賜入覲人員	收獮回熱河山莊（或駐蹕地）	離開山莊或
1771（36.）	28/8（19/7）	31/8（22/7）	3/9（25/7）	3/10（25/8）	6/9（28/7）連續3天 10/9（2/8）連續7天 20/9（12/8） 21/9（13/8）連續3天 16/10（9/9） 17/10（10/9） 21/10（14/9） 26/10（19/9） 28/10（21/9）連續3天 31/10（24/9）	24/10（17/9）	8（2
1772（37.）	25/6（25/5）	28/6（28/5）	1/7（1/6）	12/9（16/8）	23/8（25/7）連續3天 26/8（28/7） 29/8（1/8）連續6天 8/9（12/8） 9/9（13/8）連續3天 20/9（24/8） 2/10（6/9）	5/10（9/9）	12（16
1773（38.）	27/6（8/5）	30/6（11/5）	3/7（14/5）	1/10（16/8）	11/9（25/7）連續4天 15/9（29/7）連續2天 19/9（4/8）連續4天 27/9（12/8） 28/9（13/8）連續3天 10/10（25/8） 19/10（4/9）	23/10（8/9）	31（16
1774（39.）	24/6（16/5）	27/6（19/5）	30/6（22/5）	21/9（16/8）	1/9（26/7）連續4天 7/9（2/8）連續3天 10/9（5/8）連續3天 17/9（12/8） 18/9（13/8）連續3天 29/9（24/8） 9/10（5/9）	12/10（8/9）	20（16

:蘭秋獮表

入長城口	回到北京	備註	出典 K＝卷	
			承德府志 K：卷首	十二朝東華錄 乾隆朝
/11 /9)	16/11 (22/9)	行圍中駐蹕：呼魯蘇台，都穆達烏拉岱、鄂爾楚克哈達、烏蘭哈達、坡賴口、他里雅圖口。 30/8(5/8)土爾扈特貝子沙拉扣肯等入覲。 18/9(24/8)定西將軍阿桂等奏攻克勒烏圍紅旗報捷。	K19. P13－15	K31. P8b－16b
/10 /9)	2/11 (22/9)	行圍中駐蹕：那爾蘇台、都穆達烏拉岱。 2/9(20/7)土爾扈特郡王舍楞等入覲並隨圍。 17/9(5/8)土爾扈特郡王策伯克多爾濟等入覲並隨圍。	K19. P15－18	K32. P19a－26a
/10 /9)	28/10 (19/9)	行圍中駐蹕：穆達烏拉岱，巴顏布爾哈蘇台、伊遜河。 13/9(4/8)土爾扈特貝子奇布坦等入覲並隨圍。 15/9(6/8)杜爾伯特扎薩克台吉等入覲並隨圍。	K19. P18－20	K35. P8b－14a
/11 /9)	7/11 (22/9)	行圍中駐蹕：海拉蘇台、阿穆巴究溝口、烏蘭哈達。 8/9(21/7)安南國使臣阮維宏	K19. P25－28	K36. P16a－29a

年份 西元（乾隆）	從北京出發	出長城口	抵達熱河山莊（或駐蹕地）	出發至木蘭圍場行圍	宴食 或賜入覲人員 賜宴蒙古王公 賜隨圍人員	收獮回熱河山莊（或駐蹕地）	離開山莊或
1775 (40.)	23/6 (26/5)	26/6 (29/5)	29/6 (2/6)	10/9 (16/8)	20/8(25/7) 21/8(26/7) 23/8(28/7) 24/8(29/7) 28/8(3/8) 29/8(4/8) 30/8(5/8) 連續3天 6/9(12/8) 7/9(13/8) 連續3天 29/9(5/9)	2/11 (8/9)	10 (16
1776 (41.)	28/6 (13/5)	1/7 (16/5)	4/7 (19/5)	28/9 (16/8)	7/9(25/7) 連續5天 14/9(2/8) 連續3天 17/9(5/8) 連續2天 24/9(12/8) 25/9(13/8) 連續3天 6/10(24/8) 16/10(5/9)	19/10 (8/9)	27 (16/
1779 (44.)	25/6 (12/5)	28/6 (15/5)	1/7 (18/5)	26/9 (17/8)	4/9(24/7) 5/9(25/7) 7/9(27/7) 12/9(3/8) 連續6天 22/9(13/8) 連續3天 4/10(25/8) 14/10(5/9)	17/10 (8/9)	22/ (13/
1781 (46.)	29/6 (8/5閏)	2/7 (11/5)	5/7 (14/5)	3/10 (16/8)	12/9(25/7) 19/9(2/8) 連續3天 22/9(5/8) 27/9(10/8) 29/9(12/8) 16/10(29/8) 30/9(13/8) 連續3天	23/10 (7/9)	1/ (16/

蘭秋獮表

…	回到北京	備註	出典 K＝卷 承德府志 K：卷首	出典 K＝卷 十二朝東華錄 乾隆朝
		等於惠廸吉門外道旁瞻覲。 22/9（5/8）土爾扈特台吉額爾德呢入覲。 24/9（7/8）哲布尊丹巴胡圖克圖、杜爾伯特扎薩克台吉布爾布達爾濟等入覲。		
/10 /9）	28/10 （22/9）	行圍中駐蹕：鄂勒蘇什那、阿穆巴究溝口、烏蘭哈達。 10/9（4/8）土爾扈特台吉阿拉巴克入覲 11/9（5/8）土爾扈特協理台吉德爾德史入覲 13/9（7/8）杜爾伯特貝子羅木藏薩木坦入覲。	K19. P28－31	K37. P11a－21a
/10 /9）	4/11 （22/9）	18/9（4/8）土爾扈特台吉巴特瑪、杜爾伯特公諤勒哲鄂羅什瑚等入覲。	K20 P3－5	K38. P8a－23a
/10 /9）	24/10 （22/9）	行圍中駐蹕：納爾蘇台達巴罕、巴顏溝、伊綿峪。 9/9（4/8）土爾扈特郡王色楞、阿爾台烏梁海散秩大臣烏爾圖那遜等入覲。	K20. P5－7	K39. P9b－16b

乾隆皇

年份 西元 (乾隆)	從北京出發	出長城口	抵達熱河山莊 (或駐蹕地)	圍場行圍 出發至木蘭	宴食 或賜入覲人員 賜宴蒙古王公 賜隨圍人員	收獮回熱河山莊 (或駐蹕地)	離開山莊或
					20/10(4/9)		
1782 (47.)	22/6 (12/5)	25/6 (15/5)	28/6 (18/5)	25/9 (19/8)	1/9(24/7) 連續5天 10/9(4/8) 連續5天 18/9(12/8) 連續3天 7/10(1/9) 11/10(5/9)	14/10 (8/9)	22 (16
1784 (49.)	25/6 (8/5)	28/6 (11/5)	1/7 (14/5)	30/9 (16/8)	9/9(2/7)連續5天 16/9(2/8)連續5天 24/9(10/8) 26/9(12/8)連續4天 18/10(5/9)	21/10 (8/9)	29 (16
1785 (50.)	24/6 (18/5)	27/6 (21/5)	30/6 (24/5)	19/9 (16/8)	29/8(25/7)連續5天 5/9(2/8) 7/9(4/8)連續3天 15/9(12/8)連續4天 7/10(5/9)	10/10 (8/9)	18 (16

入長城口	回到北京	備註	出典　K＝卷	
			承德府志 K：卷首	十二朝東華錄 乾隆朝
		12/9(9/8)杜爾伯特扎薩克台吉普爾普達爾扎及唐努烏梁海總管額林沁等入覲。		
/11 /9)	12/11 (22/9)	25/9(4/8)土爾扈特貝子恭坦等入覲。 29/9(8/8)杜爾伯特汗馬克蘇爾扎布等及烏梁海散秩大臣莫羅穆達爾扎等入覲。	K20.P7-9	K40.P13a-27a
/10 /9)	1/11 (22/9)	行圍中駐蹕：納爾蘇台達巴漢 18/9(7/8)左部哈薩克汗斡里蘇勒坦之弟咱木及副使達雅爾等入覲。 19/9(8/8)土爾扈特貝子奇爲騰等，杜爾伯特貝子鄂勒哲布圖庫等入覲。	K20.P9-12	K41.P12b-27a
/10 /9)	17/10 (19/9)	19/9(20/8)駐蹕阿貴營，以木蘭內雨水較大，橋樑未成，停止行圍。 18/8(17/7)賜平定台灣凱旋將軍福康安、參贊海蘭察等並扈從王公大臣，御前乾清門侍衛等宴。	K20.P12-14	K42.P16b-37.b

年份西元（乾隆）	從北京出發	出長城口	抵達熱河山莊（或駐蹕地）	圍場行圍出發至木蘭	宴食 或賜入覲人員 賜宴蒙古王公 賜隨圍人員	收獮回熱河山莊（或駐蹕地）	離開山莊或
1786 （51.）	24/6 （29/5）	27/6 （2/6）	30/6 （5/6）	7/10 （16/8）	19/7（24/6）連續4天 23/9（2/8）連續6天 3/10（12/8）連續4天 26/10（5/9）	28/10 （7/9）	6 （16
1787 （52.）	22/6 （8/5）	25/6 （11/5）	28/6 （14/5）	27/9 （16/8）	8/7（24/5）連續5天 14/9（3/8）連續4天 18/9（7/8）連續2天 21/9（10/8）23/9（12/8） 26/9（15/8）15/10（5/9）	18/10 （8/9）	26 （16
1788 （53.）	22/6 （19/5）	25/6 （22/5）	28/6 （25/5）	16/9 （17/8）	18/8（17/7） 26/8（25/7）連續4天 1/9（2/8）連續6天 11/9（12/8）連續4天 2/10（4/9）連續2天 7/10（9/9）	28/9 （29/8）	11 （13

蘭秋獮表

入長城口	回到北京	備註	出典 K＝卷	
			承德府志 K：卷首	十二朝東華錄 乾隆朝
		2/10(4/9)緬甸使臣細哈覺控委盧撒亞及小頭目便機位南等入覲。		
?	7/11 (20/9)	行圍中駐蹕：納爾蘇達巴漢大營、伊綿峪。 13/9(24/7)安南國正使阮光顯、副使阮有晭、武輝晵等入覲。 14/9(25/7)連四天宴請之。 22/9(4/8)青海扎薩克郡王納罕達爾濟、杜爾伯特扎薩克，貝子羅布藏木坦等入覲。	K20. P14－17	K43.P23a－35.a
/10 (7/9)	17/10 (20/9)	行圍中駐蹕：納爾蘇台達巴漢大營、都穆達烏拉岱。 19/9(22/8)皇孫(道光帝)十歲中鹿賜黃褂雙眼花翎。 25/8(26/7)哈薩克汗斡里素勒坦子阿彌載及來使等，杜爾伯特扎薩克台吉衮布、烏梁海頭目色爾可，安南國陪臣陳玉視等入覲。 1/9(4/8)青海扎薩克固山貝子亦與宴。	K20. P21－23	K45.P7a－14a

年份 西元（乾隆）	從北京出發	出長城口	抵達熱河山莊（或駐蹕地）	出發至木蘭圍場行圍	宴食 賜宴蒙古王公 賜隨圍人員 或賜入覲人員	收獮回熱河山莊（或駐蹕地）	離開山莊或
1789 (54.)	27/6 (5/5閏)	30/6 (8/5)	3/7 (11/5)	4/10 (16/8)	13/9(24/7) 14/9(25/7)連續4天 22/9(4/8) 23/9(5/8)連續4天 28/9(10/8)	25/10 (7/9)	1/ (14/
1791 (56.)	22/6 (21/5)	25/6 (24/5)	28/6 (27/5)	13/9 (16/8)	23/8(24/7) 25/8(26/7)連續3天 1/9(4/8)連續5天 7/9(10/8) 9/9(12/8)連續4天 21/9(24/8) 28/9(1/9)	1/10 (4/9)	11/ (14/

蘭秋獮表

入長城口	回到北京	備註	出典 K＝卷	
			承德府志 K：卷首	十二朝東華錄 乾隆朝
/10 (/8)	16/10 (1/9)	21/9(6/8)因歲值閏月，哨內已降霜雪，且過哨鹿之時，諭停行圍。 27/9(12/8)和碩特扎薩克貝子鄂齊爾、土爾扈特公、扎薩克台吉阿咱喇、青海扎薩克貝子齊默特巴、烏梁海散秩大臣默羅木達爾扎、總管巴雅圖爾等入覲。 30/9(15/8)加恩授土爾扈特頭目等台吉阿咱喇爲輔國公。	K20. P23-25	K46.P10b-20a
/9 (/8)	30/9 (26/8)	9/8(3/7)閱滿州兵丁布靶。 2/9(27/7)緬甸國正使密渺莽納那牙他、副使密渺南達覺蘇細于南達梅濟蘇等入覲。 3/9(28/7)青海多羅郡王納罕達爾濟多羅貝勒德哩巴勒珠爾等頭目台吉吹忠扎布等入覲。 14/9(10/8)英吉利國正使馬嘎爾尼、副使斯嗹噹等入覲。 16/9(12/8)杜爾伯特鎮國公諤勒哲鄂羅什瑚，輔國公博第格呼勒等入覲。 23/9(19/8)賜英吉利國使臣國書。	K20 P25-27	K47.P12b-17b

年份 西元（乾隆）	從北京出發	出長城口	抵達熱河山莊（或駐蹕地）	圍場行圍 出發至木蘭	宴食 或賜入覲人員 賜宴蒙古王公 賜隨圍人員	收獮回熱河山莊（或駐蹕地）	離開山莊或
1792 (57.)	28/6 (10/5)	1/7 (13/5)	4/7 (16/5)		8/9(22/7) 17/9(2/8) 連續 4 天 27/9(12/8) 連續 4 天		10 (25
1793 (58.)	23/6 (16/5)	26/6 (19/5)	29/6 (22/5)		30/8(24/7) 連續 5 天 8/9(4/8) 9/9(5/8) 連續 3 天 14/9(10/8) 18/9(12/8) 19/9(13/8) 連續 3 天		24 (20

蘭秋獮表

入長城口	回到北京	備註	出典 K＝卷 承德府志 K：卷首	十二朝東華錄 乾隆朝
/9 /8)	19/9 (26/8)	23/8(28/7)因今歲雨水較多，道路泥濘，且朕八旬有四，非曏昔馳馬射獵可比，諭停止進哨…明歲六十年亦不進哨。	K20. P 27 - 29	K47. P 24 b - 29 b
		21/8(7/7)閱熱河官兵布靶。 6/9(23/7)哲布尊丹巴胡圖克圖及章嘉胡圖克圖之呼畢勒罕入覲。 8/9(25/7)緬甸國貢使大頭目亞扎覺蘇細利邁動等入覲。 9/9(26/7)南掌國正使叭孟先副使叭整烘等入覲。	K 20 P 29 - 31	K48. P 17 b - 25 b

年份 西元（乾隆）	從北京出發	出長城口	抵達熱河山莊（或駐蹕地）	圍場行圍 出發至木蘭	宴食 或賜入覲人員 賜宴蒙古王公 賜隨圍人員	收獮回熱河山莊（或駐蹕地）	離開山莊或
1794 (59.)	23/6 (25/5)	26/6 (28/5)	29/6 (2/6)		19/8(24/7) 28/8(4/8)連續4天 5/9(12/8)連續4天		13/ (20/
1795 (60.)	22/6 (6/5)	25/6 (9/5)	28/6 (12/5)		6/9(23/7) 7/9(24/7) 8/9(25/7) 9/9(26/7)連續3天 15/9(3/8) 16/9(4/8)連續3天 22/9(10/8) 24/9(12/8)連續4天		

從上表我們可得如下幾點的瞭解：

㈠從乾隆六年（一七四一）至六十年（一七九五）的五十四年間，乾隆皇帝至木蘭行圍舉行秋獮大典共計四十次。也就是說有十四年未至木蘭圍場，其因如下：

1.乾隆七年、九年、十一年、十三年，因以隔年行圍例，而未前往。

2.乾隆十九年（一七五四）在熱河避暑山莊款待來歸之都爾伯特台吉策凌、策凌烏巴什及策凌孟克後，逕往東北盛京，奉皇太后、率皇后謁永陵、福陵、昭陵，十一月再度至山莊接待來歸的輝特部酋長阿睦爾撒納。（註一一）

3.乾隆四十二年（一七七七）三月二日（陰曆正月二十三日）乾隆母親皇太后去逝。（註一二）

4.乾隆四十三年（一七七八）至東北盛京謁祖陵。（註一三）

5.乾隆四十五年（一七八〇）雖然於六月二十三日出發往熱河，廿九日駐蹕山莊，但卻於九月十一日即回北京，接受群臣對他七十大壽的祝賀。（註一四）（按乾隆皇帝出生於康熙五十年，即一七一一年九月二十五日　陰曆八月十三日）。（註一五）在山莊期間，亦因大事接待西藏六世班禪來朝覲見而下諭停圍。（註一六）。

6.乾隆四十八年（一七八三），六月二十三日如往例前往熱河，且於二十九日駐蹕山莊。但至九月十二日（農曆八月十六日）卻自山莊逕往東北盛京謁祖陵，而於十一月十一日始回北京，是以秋獮大典中止。（註一七）

7.乾隆五十五年（一七九〇），亦如往年於五月二十二日出發，二十八日駐蹕熱河山莊，但在九月十三日（陰曆八月五日）即回北京，接受群臣對他八十大壽的生日。（註一八）

8.乾隆五十七年（一七九二），以歲值閏月，哨內已降霜雪，且過哨鹿之時，而停止秋獮大典。

9.乾隆五十八年（一七九三），或許是忙於接待英國正使馬嘎爾尼，或因年歲已大，未至圍場行秋獮大典。

10.乾隆五十九年（一七九四），以雨水較多，道路泥濘爲藉口，事實上，年逾八十有四的乾隆帝，不得不自嘆「非疇昔馳馬射獵可比」而下諭停圍，且聲明翌年（六十年）亦不進哨。

在這四十次的行圍過程中，僅有一次發生意外，即乾隆五十三年（一七八八），那年木蘭圍場暴雨成災。七十七歲的乾隆帝，在山莊過生日，連續四天的宴會後，便出發至木蘭舉行大狩獵的秋獮活動。駐蹕阿貴營時，由於雨水過大，橋樑衝毀，因而中止行圍。這次遇到水災而停圍的情形，在乾隆自己的筆下只輕描淡寫的以：「去年入崖口，偶緣潦水盛漲，雖扈從人等俱至大營，而行李多未能到，不可不曲體衆情，罷圍旋歸。」（註一九）而稍稍提及並予帶過。但實際狼狽情形卻可從亞苗神父於乾隆五十三年（一七八八）十月十九日在北京所寫的一封信顯露出來。他對這次意外之變有所描述：年齡高達七十七的皇帝在熱河渡過他的生日慶典後，便出發到木蘭圍場去舉行秋獮大典，而不理會那些隨侍大臣的反對。事實上因爲該年雨水太多，路徑均泥濘不堪，部分甚至淹水，委實難以行走。道路變成了池塘。只有皇帝及其親隨的一小隊人走到了「御營」（設在入崖口不遠處，即阿貴營）；

在那兒他渡過了很特殊的一夜。大雨不但阻止他們，而且切斷了所有來往的路徑。沒有跟上皇帝的那些大監遣人到熱河求救；半路上迷失的人因而被接回去。很多人在此段不算太長的行程（出發及回歸）上喪失了生命。爲了具體的了解此次的損失，應該設想一支一萬到一萬二千人的軍隊，向一處沙漠（？）進軍，在那兒紮營生活十五天（按：實際上從山莊出發至回到山莊前後僅十三天）。這些人要消耗多少的糧食飲料，那些行裝要多少的牲口來搬運。（註二〇）這段記載固然披露了當年淒慘的遭遇，但亦顯露出乾隆時期秋獮活動的規模。再回顧乾隆帝自己的記載，他不但將災情輕描淡寫，將人員之死亡一筆不提，而且還要讓人感到他是能「曲體衆情」的一位仁君，乾隆皇帝的個性及其作爲，亦由此可見一斑。

㈡自北京出發的時間，自乾隆六年（一七四一）至乾隆三十七年（一七七二），相當不規則，一般說來，在八月的下半個月，反之，乾隆三十八年（一七七二）後，出發時間一直在六月二十二日至二十九日之間。回京時間則在十月十日至十一月廿七日之間。至於從山莊出發至木蘭圍場的時間，乾隆十六年（一七五一）以前，以陰曆而言甚不規則，在七月中旬後或八月上旬爲主。乾隆十七年以後，則非常有規例的在八月中秋節以後爲主，亦即過完生日（八月十三日）並賜宴後出發，唯一之例外是在乾隆二十七年（一七六二）提前在陰曆的七月十六日出發。行圍秋獮大典的時間，則以十五天到一個月之間，普通在三個星期左右。（註二一）

㈢乾隆帝生母鈕鈷祿氏孝賢皇太后（一六九三～一七七七）均隨同乾隆一起到熱河山莊。在乾隆三十年（一七六五）以前，亦隨往木蘭圍場觀看狩獵及參予秋獮大典。直至乾隆三十一年（一七六六）後，始因年歲益增而由乾隆帝命皇妃、皇子留侍於山莊。從北京出發時間，初時，皇太后均與乾隆帝一同離開北京，且一起到達山莊。但自乾隆三十七年以後，雖然同時離開北京，但皇太后卻晚四天左右，而由先到達山莊的乾隆帝至廣仁嶺恭迎而抵達山莊。而離開山莊回北京時，皇太后亦先提前四天左右於麗正門（山莊大門）由乾隆帝恭送先出發，而後乾隆帝由後趕上一同進入北京城。可見皇太后因年齡太大，已不能忍受一般旅行的勞累，可是在禮儀及觀點上，還是要維持皇帝與太后一起出發離開北京，又一起回到京城的場面。

至於乾隆子孫隨同到木蘭圍場行圍則始自乾隆十四年（一七四九），這點我們可從己巳年（即一七四九）乾隆御制的駐蹕避暑山莊詩中的「思示諸兒法」句下所註：「臨御以來，是歲始攜諸皇子扈從。」（註二二）而得到證明。

(四)乾隆帝均由古北口出長城，在避暑山莊渡過炎夏，到中秋左右才出發北上到木蘭行圍。山莊至波羅河屯約一百四十公里間，建有三處行宮。在波羅河屯會合蒙古王公（註二三）之後，有兩路可以進入圍場：

1. 向東北走，有一狹窄山口，俗名石片子，又叫崖口，蒙語稱伊遜喀布齊爾（註二四）。進入崖口，就是木蘭圍場。

2. 向西北走，由鄧家柵入圍場。約八十公里，有濟爾哈朗圖行宮。

承德府志（註二五）在關於乾隆廿四年（一七五九）年於濟爾哈朗圖建築另外一處行宮的記事後，又云：「於是，車駕行圍自崖口入，則廻鑾由濟爾哈朗圖；若由濟爾哈朗圖入，則廻鑾由崖口，歲以爲常云。」

從前述中，乾隆時期的秋獮活動，是較具規則性，此意味着乾隆帝承其祖父晚年的秋獮制度而更予以制度化。

崖口

資料來源：
袁森坡著《木蘭圍場》（文物出版社 1980 北京）

第三節　嘉慶時期

康熙帝在位六十一年，乾隆帝爲了表現對其祖父康熙帝的尊敬，聲明到其在位統治六十年後，即把帝位讓給他的兒子嘉慶帝，而自己退居爲太上皇。而乾隆帝在退位三年後才去世。（註二六）嘉慶帝即位之初三年，均奉太上皇至熱河山莊，但因各種因素而未前往木蘭行圍。嘉慶四年，太上皇去世，雖諭行三年喪制，但在嘉慶六年時，曾有意效其父於「六年」起前往木蘭行圍，但該年「自六月朔日起，連續大雨五晝夜，宮內水深數尺，屋宇傾圮者不可以數計……。」因而想到「今秋往木蘭行圍，大營所用車輛及除道成樑等皆須民力，此次大水所掩豈止數十州縣，……皇考自乾隆六年始行秋獮，今年雖係六年，尚在皇考三周年內，遠行射獵終非所宜。」（註二七），是以該年停止巡幸，至嘉慶七年始開始至熱河山莊，並前往木蘭圍場，行秋獮大典。茲據承德府志及東華錄所記有關嘉慶帝至山莊、圍場之出發時間、返京日期及其他相關事宜製表如後：

…蘭秋獮表

入長城口	回到北京	備註	出典 K＝卷 承德府志 K：卷首	出典 K＝卷 十二朝東華錄 嘉慶朝
…/9 (…/8)	3/10 (3/9)	4/9（4/8）諭內閣本日蒙古王公等因哨內雨多泥濘難行，請暫停進哨，准其所請，但圍上蒙古官兵俱已到齊，今停止行圍，恐伊等回程盤費拮据，著加恩照例減半賞給，即令各回遊牧 5/9（5/8）賜入覲之青海貝子齊默特円巴貝子品級輔國公達瑪琳扎哈沁公托克多巴圖、烏梁海散秩炬希彥德勒克、土爾扈特頭等台吉額爾德呢等食。	K21 P1—2	K1 P4b—8b
…/10 (…/8)	19/10 (30/8)	27/8（6/7）諭內閣今年雨水過多，又有閏㈥月，時氣較早，迨八月盡已屆深秋時令寒涼，哨內業經落霜，已逾哨鹿之時，今年著暫行停止進哨。 23/9（4/8）賜入覲之青海輔國公格勒克喇布齊、烏梁海副都統品級總管徹登丕勒，杜爾伯特扎薩克頭等台吉寶貝等食。	K21 P 2—4	K1 P17b—21b
/10 (…/8)	11/10 (3/9)	2/9（22/7）奉太上皇勅諭以雨多霜早，停止進哨。	K21 P4—6	K1 P28 b—3/a

年份 西元（嘉慶）	從北京出發	出長城口	抵達熱河山莊（或駐蹕地）	圍場行圍 出發至木蘭	宴食 或賜入覲人員 賜宴蒙古王公 賜隨圍人員	收圍回熱河山莊（或駐蹕地）	離開山莊或
1796 (1)	22/6 (18/5)	25/6 (21/5)	28/6 (24/5)		27/6（23/5）連續5天 5/9（5/8）連續4天 12/9（12/8）		27/ (27/
1797 (2)	23/6 (29/5)	26/6 (2/6)	29/6 (5/6)		14/9（24/7）連續5天 23/9（4/8）連續5天 1/10（12/8）連續4天		13 (24
1798 (3)	24/6 (11/5)	27/6 (14/5)	30/6 (17/5)		4/9（24/7）連續5天 13/9（4/8）連續5天 21/9（12/8）連續4天		5 (26

木蘭秋獮表

入長城口	回到北京	備註	出典 K＝卷 承德府志 K：卷首	十二朝東華錄 嘉慶朝
11/10 15/9）	14/10 （18/9）	16/9（20/9）上行圍射麅二，以其一驛送熱河交總管董椿敬詣永佑寺神御前供獻。 行圍中駐蹕：阿圭圖、海拉蘇台、呼魯蘇台、那爾蘇台梁西山根、都穆達烏拉岱、巴顏布爾噶蘇台、巴彥溝、鄂爾楚克哈達伊綿溝 7/9（11/8）命賽因諾顏扎薩克圖汗二部落事務即就近在烏里雅蘇台會集土謝圖汗車臣二部落事務即就近在庫倫會集。	K 21，P 6—9	K 5 P 12 a—16 b
1/10 6/8）	14/10 （29/8）	30/9（15/8）因牲獸稀少諭停行圍 19/9（4/8）哈薩克汗瓦里蘇勒坦子伯格里蘇勒坦及正使托克托、蘇勒坦愛里，副使抗愛等於道旁瞻覲並於25/9至山莊請安。	K 21，P 9—11	K 6，P 11 a—14 a
8/9 5/8）		27/8（23/7）因牲獸稀少，諭停行圍 28/9（25/8）裁圍場副都統、革韋陀保副都統職，降爲圍場總管。	K 21，P 11—12	K 6，P 32 b—34 b
8/10 7/9）	30/10 （19/9）	行圍中駐蹕：案巴究溝口。	K 21，P 12—14	K 7 P 36. a—41. a

嘉慶皇

年份 西元（嘉慶）	從北京出發	出長城口	抵達熱河山莊（或駐蹕地）	圍場行圍 出發至木蘭	宴食 或賜入覲人員 賜宴蒙古王公 賜隨圍人員	收獮回熱河山莊（或駐蹕地）	離開山莊或
1802 (7)	17/8 (20/7)	20/8 (23/7)	23/8 (26/7)	13/9 (17/8)	10/9(14/8) 11/9(15/8) 20/9(24/8) 1/10(5/9)	4/10 (8/9)	8/ (12/
1803 (8)	5/9 (20/7)	8/9 (23/7)	11/9 (26/7)		12/9(27/7) 25/9(10/8) 30/9(15/8)		7/ (22
1804 (9)	24/8 (20/7)	27/8 (23/7)	30/8 (26/7)		18/9(15/8)	24/9 (21/8)	27 (24
1806 (11)	4/9 (22/7)	7/9 (25/7)	10/9 (28/7)	27/9 (16/8)	13/9(2/8) 26/9(15/8) 9/10(28/8) 14/10(3/9)	17/10 (6/9)	24 (13

…蘭秋獮表

入長城口	回到北京	備　　註	出典 K＝卷	
			承德府志 K：卷首	十二朝東華錄 嘉慶朝
/10 /9）	18/10 （18/9）	行圍中駐蹕：哈里雅爾、永安湃入古北口時，閱提標弁兵陣操技勇，賞賚有差。	K21，P14—15	K8P8b—11a
/11 /9）	4/11 （16/9）	21/9（2/8）青海輔國公格勒克喇布齋頭等台吉扎木巴勒多爾濟入覲。	K21，P15—17	K8P23b—24a
/10 /8）	11/10 （3/9）	4/9（25/7）以哨內春夏雨多諭停止行圍。 18/9（9/8）哲布尊丹巴胡圖克圖，噶勒丹錫哷胡圖克圖，哈薩克，多索里蘇勒坦，回部伯克和卓木呼里入覲並賜宴。 24/9（15/8）土爾扈特親王車淩烏巴什來覲，有病未能入宴，賞緞匹有差，並命坐車回牧。	K21，P17—19	K9P23b—26b
/10 /9）	15/10 （17/9）	行圍中駐蹕：那爾蘇台梁西山根都木達烏拉。	K21，P19—20	K10P11b—13a
/11 /9）	10/11 （25/9）	行圍中駐蹕：齊爾博庫口、案巴鳩溝口、阿主圖 20/10（4/9）於東哨門建興安大嶺神祠，定每年秋獮經行親詣拈香，其由西崖口進哨之年，行在禮部奏派員致祭。	K21，P20—22	K10P26b—28b

嘉慶皇

年份 西元 (嘉慶)	從北京出發	出長城口	抵達熱河山莊（或駐蹕地）	出發至木蘭圍場行圍	賜隨圍人員、賜宴蒙古王公或賜入覲人員宴食	收圍回熱河山莊（或駐蹕地）	離開山莊或
1807 (12)	21/8 (18/7)	24/8 (21/7)	27/8 (24/7)	17/9 (16/8)	1/9 (29/7) 16/9 (15/8) 27/9 (26/8)	8/10 (8/9)	13/ (13/
1808 (13)	6/9 (16/7)	9/9 (19/7)	12/9 (22/7)	5/10 (16/8)	15/9 (25/7) 4/10 (15/8) 13/10 (24/8) 26/10 (7/9)	22/10 (3/9)	29/ (10/
1809 (14)	28/8 (18/7)	31/8 (21/7)	3/9 (24/7)		6/9 (27/7) 18/9 (9/8) 21/9 (12/8) 23/9 (14/8) 24/9 (15/8)		5/ (26/
1810 (15)	19/8 (20/7)	22/8 (23/7)	25/8 (26/7)	13/9 (15/8)	2/9 (4/8) 13/9 (15/8) 22/9 (24/8) 2/10 (4/9)	5/10 (7/9)	9/ (11/
1811 (16)	7/9 (20/7)	10/9 (23/7)	13/9 (26/7)	3/10 (16/8)	21/9 (4/8) 13/10 (26/8) 21/10 (5/9)	24/10 (8/9)	29 (13

木蘭秋獮表

入長城口	回到北京	備註	出典 K＝卷	
			承德府志 K：卷首	十二朝東華錄 嘉慶朝
/10 (/9)	23/10 (19/9)	行圍中駐蹕：都木達烏拉岱	K 21，P 22—23	K 11 P 7 a—9 b
/10 (/9)	12/10 (19/9)	行圍中駐蹕：巴彥托羅海、薩達克圖、永安湃、波里口。 24/9(1/9) 以陰雨減圍，改由伊瑪圖出哨。	K 21，P 23—25	K 11 P 18 b—22 a
/10 (/9)	19/10 (17/9)	行圍中駐蹕：都木達烏拉岱。	K 21，P 25—26	K 13 P 8 b—9 b
/11 (/9)	5/11 (16/9)	行圍中駐蹕：阿圭圖，都木達烏拉岱，達彥梁北口。 9/10(19/8) 23/10(3/9) 詣興安大嶺神祠拈香。	K 21，P 26—28	K 13 P 23 a—24 a
/10 (/9)	29/10 (19/9)	行圍中駐蹕：永安湃、齊爾博庫口，案巴究溝口。 7/10(27/8) 諭新例蒙古王公台吉射獲牲獸二品以上人員准其在朕前跪獻，三品以下人員俱交杭愛處，惟御前行走之蒙古王公等每日隨扈行圍，實屬奮勉，伊等之胞弟、胞姪、親生子孫均著加恩，不拘品級准其在朕前跪獻牲獸，餘照例行。	K 21，P 28—30	K 13 P 31 a—33 a

嘉慶皇

年份 西元（嘉慶）	從北京出發	出長城口	抵達熱河山莊（或駐蹕地）	圍場行圍出發至木蘭	宴食 或賜入覲人員 賜宴蒙古王公 賜隨圍人員	收獮回熱河山莊（或駐蹕地）	離開山莊或
1812 (17)	24/8 (18/7)	27/8 (21/7)	30/8 (24/7)	21/9 (16/8)	9/9(4/8) 20/9(15/8) 9/10(5/9)	12/10 (8/9)	17/ (13/
1813 (18)	13/8 (18/7)	16/8 (21/7)	19/8 (24/7)	10/9 (16/8)	23/8(28/7) 9/9(15/8) 22/9(28/8) 23/9(29/8)	28/9 (5/9)	3/ (10/
1815 (20)	24/8 (20/7)	28/8 (24/7)	1/9 (28/7)	18/9 (16/8)	5/9(2/8) 17/9(15/8) 26/9(24/8) 6/10(4/9)	11/10 (9/9)	12/ (10/
1816 (21)	9/9 (18/7)	12/9 (21/7)	15/9 (24/7)	6/10 (16/8)	19/9(28/7) 5/10(15/8) 14/10(24/8) 23/10(3/9)	26/10 (6/9)	29/ (9/
1817 (22)	30/8 (18/7)	2/9 (21/7)	5/9 (24/7)	26/9 (16/8)	9/9(28/7) 25/9(15/8) 6/10(26/8) 15/10(5/9)	18/10 (8/9)	22/ (12/

蘭秋獮表

入長城口	回到北京	備註	出典 K＝卷 承德府志 K：卷首	十二朝東華錄 嘉慶朝
/10 /8）	21/10 （3/9）	24/8（4/7）因大雨，橋座被衝，降旨改期啓鑾，30/8（10/7）因雨諭停行園。但仍於9/9（20/7）啓鑾詣熱河山莊。 17/10（29/8）於古北口閱兵，陣操技勇，賞賚有差。 3/10（15/8）回部郡王伯克、甘肅土司等與宴。	K 21 P 31—32.	K 14 P 15 b—17 a
		2/9（25/7）不豫而於戌刻崩逝於熱河山莊。		K 14 P 29 b—30 a

嘉慶皇

年份 西元（嘉慶）	從北京出發	出長城口	抵達熱河山莊（或駐蹕地）	圍場行圍 出發至木蘭	宴食 或賜入覲人員 賜宴蒙古王公 賜隨圍人員	收獮回熱河山莊（或駐蹕地）	離開山莊或
1819 (24)	9/9 (20/7)	17/9 (28/7)	20/9 (2/8)		23/9 (25/8) 3/10 (15/8) 6/10 (18/8)		14/1 (26/8
1820 (25)	26/8 (18/7)		1/9 (24/7)				

從上表所列，我們可得如下幾點的瞭解：

㈠嘉慶帝在位二十五年，其中有十九年曾到避暑山莊，但實際進入圍場行圍者僅有十一次。也就是說有十四年未曾舉行秋獮大典，其因如表列中以一、二、三、十四、二十四等五年以雨多為由，四、五、六等三年則以乾隆帝去世守制為由，八、九等二年以牲畜太少為藉口，十、十九、二十三等三年則因謁祖陵而諭停，二十五年時一到山莊第二天身體即感不適，隨而崩逝。

㈡前述十四年（次）未行秋獮的理由，後十一次的理由易為他人接受，前三次（即嘉慶一、二、三年）以乾隆帝的個性及實際的太上皇掌握實權的情況，而以春秋已高及雨水過多而停圍實太牽強。其眞正原因或許是因白蓮教的爆發，大肆漫延難以收拾而影響乾隆行圍的興緻所致。

衆所皆知，白蓮教大規模教亂爆發於嘉慶元年（一七九六）一月，那時，正是乾隆帝剛剛行完「授受大典」將帝位傳給他的兒子——嘉慶帝的時候。乾隆在位六十年，在中國歷史上僅遜於他的祖父康熙帝（六十一年），在歷代帝王中，他是活得最長的一位（那年已經八十六歲）。他認為，與前代六名年過七十的帝王相比，除了元世祖忽必烈和明太祖朱元璋還有點作為外，其餘四人（漢武帝劉徹、梁高祖蕭衍、唐玄宗李隆基及宋高宗趙構）根本不在話下。他為自己拼湊了所謂「十全武功」，自號「十全老人」，且自詡一生的作為，「較古之英君賢相，赫濯樹勛者，雖不敢云過之，而自審實無不及。」（註二八）

但是，他萬萬沒有想到，就在他演完「授受」喜劇的時候，平地一聲驚雷，白蓮教敲響了他的喪鐘。三年中，雖然照例前往避暑山莊（一切的行儀當然如昔），然而，在這些教亂威脅他統治了六十年的王朝，也戳穿了他粉飾太平的假像，予這位平日喜歡大吹大擂，傲視千古的統治者，實是自信心與自尊心最大的打擊。嘉慶二年（一七九七）八月（農曆），乾隆御制「出山莊北門瞻禮梵廟之作」的一首詩（註二九）詩文如下：

避暑莊居三月多，有秋秋仲景晴和。
勞心軍務及捷信，散志須彌與普陀。
來覲外藩都豫悅，豈知衷曲尚蹉跎。
轉旋祝賴乾坤佑，靖逆安民聽凱歌。

乾隆帝在詩註中說：「近因盼望軍營捷報，心緒焦勞」，「予盼捷之懷，日甚一日，殊難自遣。」可見其焦慮不安而又無可奈何的心情，溢於言表。如此情景，怎會再有木蘭行圍、秋獮大典的雅興?!翌年（嘉慶三年）同樣的又來到避暑山莊。六月中旬（農曆），乾隆沿着避暑山莊松雲峽的石板路到山區去消愁解悶，在松雲峽臥碑處寫下了「林下戲題」第六首（註三〇），詩中寫道：「二豎獲日指，一章捷望穿」，而在詩注中說：「自丙辰（嘉慶元年，一七九六）元旦授璽，心願符初，迄今已閱三年，而訓政勅機，仍未敢一日稍懈。以籌剿教匪，切盼捷章，馳諭催督，殆無虛日。」及至七月，乾隆再次寫了「出山莊北門瞻禮梵廟之作」詩（註三一）部份詩文如下：

「許多梵宇因平遠，何事區中邪教張。

撻伐六軍寧可罷？遷延三載尚如常。

……………。」

這些詩意深深的反映出乾隆對剿滅教匪的急切心態，同時亦反映了他恐懼、惶惑的心情。因此，在這三年中，以雨多而諭停行圍就不足爲奇矣！

㈢出發至避暑山莊的時間，前三年依乾隆朝例於六月下旬起程，十月中旬返京，但自嘉慶七年以後，出發時間延至八月中旬或九月上旬，而返京時間大部份同乾隆朝。因此，嘉慶帝在避暑山莊的時間顯然亦較康熙、乾隆二帝爲少。其因，當是關內社會動亂加多爲主因，至於經常以各種藉口而不定期至木蘭行圍，想來亦是此種因素所致。

第四節　未曾舉行秋獮的皇帝

康熙後的雍正帝，其登基獲取皇位的合法性，向來頗受各方爭議。亦因如此，兄弟樹黨，互相猜忌、攻擊乃是理所當然之常事。所以雍正帝即位後，即忙於宮廷內部統治權力和鞏固皇權的鬥爭。再加上康熙帝長久寬仁政策所遺留下的包袱，使得責任心重的雍正帝亦兢兢業業的專心全力於帝國的整頓。從而使在位十三年的雍正帝，未曾到過避暑山莊，更遑論木蘭圍場的秋獮大典了。然而他對「秋獮木蘭」則始終未忘，他曾經跨耀康熙出巡行秋獮大典的意義：「一人臨塞北，萬里息邊烽。」並且訂下「後世子孫，當尊皇考所行，習武木蘭，毋忘家法」（註三二）的規矩。

嘉慶後的道光帝，雖然在十歲的時候，就開始隨其祖父乾隆帝至木蘭參加行圍，且在那一年就被刻意安排射中一鹿（註三三），以此藉以製造他爲眞命天子的神話。但生性節儉的道光帝，在道光四年（一八二四）正月時，即以直隸地區連續兩年收成歉薄，在青黃不接、民力維艱的藉口下，而下諭暫行停止前往謁東陵，而木蘭秋獮亦在「不可不審度時勢，是爲展緩，……非敢耽於安逸」的苦衷下，暫行停止。（註三四）道光帝在位三十年期間，未曾到過木蘭圍場及避暑山莊。睽其原因，或許是初期回族之動亂，忙於剿撫所致。及至中期後，外國列強窺我愈急，鴉片大量流入，財政日益困難，節儉的道光帝在白銀大量外流的情況下，盡管「木蘭秋獮，原以習勞武，嘉惠蒙古」的成規，未嘗一日敢忘，終在「躬行節儉爲天下先，……且木蘭秋獮亦復量爲展緩，則用益深遠。」（註三五）的藉口下，而未曾舉行。道光十七年十二月，道光帝對熱河避暑山莊駐蹕之所曾有如下之諭旨：「一切殿宇、房間，有閱年歷久修理不易者，毋庸修理。應行收貯各物件妥爲歸併。各廟喇嘛等棲止之所，亦應通盤籌劃，以歸簡易。……應撤看管兵丁，嗣後應如何安置，俾資餬口。……着文慶、耆英等悉心體察，妥議具奏。」（註三六）這些措施，說明鴉片戰爭前的道光帝，即已無心至山莊及木蘭，具有意作善後結束整理的工作，鴉片戰爭後的帝國，在列強大舉東侵，內外交逼、焦頭爛額的道光帝，避暑更難成行，而木蘭秋獮自然成爲絕響矣！

道光後的咸豐帝（一八五一—一八六一），承其父祖統治下已顯衰相的帝國，在整個無法挽回的內憂外患大環境下，加上其本身生性的懦弱，木蘭秋獮因而從未被提及。也就是說，避暑山莊自從嘉慶二十五年（一八二〇）九月，嘉慶帝於「烟波致爽」殿逝世後，一直到一八六〇年（咸豐十年）九月的整整四十年間，清朝皇帝再也未曾到過。咸豐十年（一八六〇）九月三十日，咸豐帝慌慌張張的來到避暑山莊。來得既不是時候，情景也和過去的老規矩不一樣。從前，每逢皇帝巡幸山莊、秋獮木蘭，總要在事前就通諭朝廷內外，確定留京辦事處和隨從王公大臣名單，沿途修橋鋪路，出發時旄旗蔽日，隨從如雲，氣派十足（詳見本文第四章）。這一次，咸豐帝雖然也是厚著臉皮說是什麼「秋獮木蘭」（註三七）。實際上，卻是被英法聯軍的炮火，從北京轟來的，既然是避難，自然就顧不得排場和規矩了。

從咸豐十年（一八六〇）九月三十日到次年的八月二十二日（註三八）近一年之久，咸豐帝一直住在熱河避暑山莊。這是清朝皇帝在避暑山莊住得最久的一次，也是最後的一次。這期間，由於咸豐帝將其弟恭親王奕訢留在北京，且「授爲欽差便宜行事全權大臣，督辦和局」。（註三九）他既無心北上木蘭行圍，因而在山莊的生活，經常以到各廟拈香或是在萬樹園、勤政殿等賜宴蒙古王公大臣作爲消遣。在賜宴的場合中，仍不忘扮演一條龍的角色，其目的無非藉此承繼顯揚其祖先的餘威。但是，面對列強侵略氣焰的時候，卻龜縮得像一條小蟲，衆所皆知的英、法、俄等列強所提予我國喪權辱國的「北京條約」，就是在避暑山莊經由咸豐帝批示的。當時人們對於清廷的昏庸無能和妥協賣國，非常憤慨，有一幅對聯：「柏葉於今難再頌，桂花從此不聞香」（註四〇），給予辛辣的抨擊和諷刺。

大清帝國的皇帝不再巡幸，不再前往山莊，不再行圍及停止秋獮活動的現象，事實上亦反映出帝國國勢的每下愈況。

咸豐帝死後的清帝國，經過一場激烈的權力鬥爭後，出現以慈禧太后及恭親王奕訢爲首的政府。這個政府除忙着應付列強的壓迫外，更要忙着鎭壓太平天國的革命及捻匪的爲亂。同治帝以六歲小兒登基，沒有「巡幸塞外」，更無（不可能）舉行「秋獮大典」，當年（一八六一）十月，清廷下諭停止避暑山莊的修理工程：

諭內閣：熱河避暑山莊，停止巡幸已四十餘年，所有殿亭各工，日久未修，上年我皇考大行皇帝舉行秋獮，駐蹕山莊，不得已於各處緊要工程稍加葺治，現在梓宮已恭奉回京，朕奉兩宮皇太后亦已旋蹕，所有熱河一切未竟工程，著即停止。（註四一）

雖然，這是新皇帝登基時爲了表示節儉的官樣文章，但是，此後慈禧卻用大量的國家經費，經營北京西郊的頤和園，以供自己享受，而避暑山莊即因不再使用任其傾圮，連少量的維護費用也不給了。光緒二十七年（一九〇一），慈禧由西安避難後回北京（指庚子事件西狩事宜），爲了塡充北京遭八國聯軍搶掠後空蕩蕩的宮廷，便將避暑山莊庫房的珍貴物品運往北京。山莊至此，與昔日相比，已不可同日而語矣！木蘭圍場的沒落自然的與山莊相表裏。殘破的山莊與木蘭圍場，正是風雨飄搖的晚清帝國（同治、光緒、宣統）的一個縮影。

第五節　皇帝在圍場、山莊時的行政運作及重大活動

綜觀康熙、乾隆、嘉慶三朝期間，皇帝幾乎每年（？）均要到長城口外的熱河山莊避暑，並到木蘭圍場行圍及行秋獮大典。其所費時間雖各有不同。但大致上，從一、二個月到四、五個月不等。這段時間在北京雖有留京辦事處處理各類章奏事宜。但中央集權的清帝國，其行政運作仍以皇帝爲核心，離開京城的皇帝當然還是牢牢的掌握著最高決策的權力。

因此，皇帝在口外避暑、行圍期間，除了多達數千人以上的八旗兵丁隨從護衞之外，經由皇帝指定的內閣大學士、軍機大臣以及各部負責官員，亦隨同前往，以協助處理軍政事務。大體言之，在山莊「去京師至近，章奏朝發夕至，綜理萬機，與宮中無異」（註四二）的情況下，能如常的與北京留京辦事處二地間順利的達成行政運作。

但是，對於皇帝通過對章奏的批答和頒布「上諭」（指示或命令）指揮全國機構的行動而言，則以特別規定；中央各部門及各省尋常報告（題本），每三天一次由驛站遞送熱河，各地有關重要問題的請示報告（「奏摺」）則由：「著賫摺人前赴行在投遞惟進哨以後，仍照例交留京辦事處，加封轉交內閣隨本呈送」，經批示之後發回留京辦事處，交各衙門處理。（註四三）所以嘉慶帝在「木蘭記」碑文中說：「每歲秋獮，不踰三旬，駐營蒞政，閱本、接見臣工，一如宮中，不致稍曠庶事。」

至於緊急奏章，則按其程限（日行五百里或六百里）隨時遞送，特急軍報則超過六百里，如乾隆三十八年（一七七三），大小金川之役，清軍攻克索洛木的勒烏圍，清軍統帥阿桂命人以八天時間，從七千里外趕到圍場，向乾隆帝「紅旗捷報」。（註四四）

在處理日常政務中，皇帝還特別重視對官吏的任用，「月選官員」知縣以上的文職，守備以上的武職，每年五、六、七月，派吏、兵兩部堂官一人帶至熱河，由皇帝當面查看和提問，稱爲「引見」，而後「察其言動而衡之」，最後決定任用與否。這就是乾隆所說的：「柄不下移，紀綱清肅，臣下不能擅竊威福，當萬世遵守也。」（註四五）至於許多重大決策，如乾隆十九年（一七五四）決定兩路出兵討伐準部之達瓦齊，乾隆五十三年（一七八八）鎭壓台灣林爽文之變，就是在避暑山莊決定的。

康熙、乾隆在木蘭圍場曾經進行過一些重要的政治活動，如：

康熙二十七年（一六八八）六月，準噶爾部噶爾丹汗大擧進犯喀爾喀蒙古三部。八月，康熙帝在圍場的巴隆桑吉斯台急調隨圍官兵，「以其半往張家口外形勢之地以聽調遣」，並調內蒙口北部十七旗，出動七千騎兵保護喀爾喀人民。（註四六）九月三日，康熙帝在圍場穆祿喀喇沁昂阿，調隨圍的火器營兵、前鋒兵赴蘇尼特，增援安親王岳樂，保護喀爾喀土謝庫汗和哲布尊丹巴胡土克圖等政教首領。

康熙二十八年（一六八九）九月，康熙帝在木蘭圍場批准了「中俄尼布楚條約」。（註四七）

康熙二十九年（一六九〇）七月下旬，清軍在圍場北境的吐爾埂伊扎爾圍（今吐力根河上游）集結重兵，八月一日，清軍向圍場以北四十里的烏蘭布通（大紅山一帶）進攻，重創了深入南犯的噶爾丹犯軍。此即清代有名的烏蘭布通之戰。（烏蘭布通：蒙語，紅甕，即今「內蒙古自治區召烏達盟克什克騰旗南境大紅山」。）

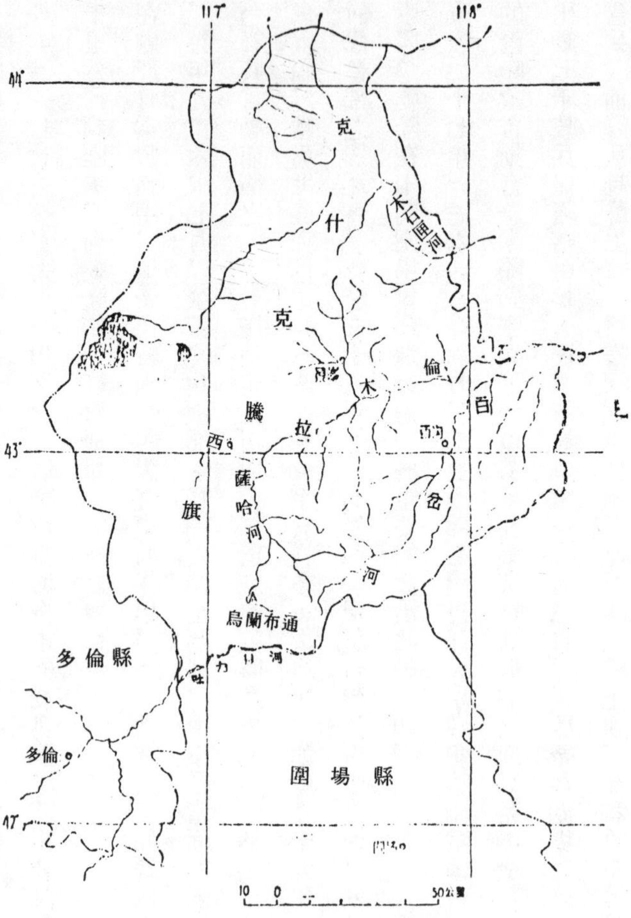

烏蘭布通位置圖

資料來源：清代木蘭圍場文物調查

康熙三十年（一六九一），五月上旬，康熙帝在圍場以西九十里的多倫諾爾（蒙語：七水泊，今「內蒙古自治區錫林格勒盟多倫縣」），召集內蒙古四十九旗、喀爾喀三部的王公貴族，舉行了盛大的多倫會盟。此後，康熙帝多次在圍場召見喀爾喀土謝圖汗等政教領袖，加強了對喀爾喀蒙古的管理。乾隆二十三年（一七五八），乾隆帝改布扈圖口之名爲伊綿峪（伊綿蒙語：會歸，大聚會。布扈圖口在今「圍場縣棋盤山公社」西北）。因乾隆帝在此多次接見過西北厄魯特蒙古四部及哈薩克、布魯特（今柯爾克孜族）、維吾爾等民族的政教領袖。

乾隆三十五年（一七七〇），土爾扈特蒙古不堪沙俄的殘酷壓迫，跋涉萬里，返回該部離開了一百五十三年的伊犂河流域。（註四八）。乾隆三十六年（一七七一）乾隆帝在伊綿峪賞衣冠，賜鞍馬、陳雜技、演馬戲、布圍獵，大擺筵席，歡迎該部赴木蘭圍場覲見的九名領袖。而後在崖口南的張三營行宮，並分別封該部的首領渥巴錫、策伯克多爾濟等三人爲汗和郡王，又封其餘三十九人爲郡王、貝勒、貝子、公、台吉。同時還調撥價值二十萬兩白銀的物質（包括牲畜、茶葉、糧食、布匹、棉花、穹廬、皮裘、毡子）分給該部人民，並給他們安排牧地，對該部編盟設旗，令其捍衞西北邊疆。（註四九）

此外，清帝在避暑山莊和圍場亦花費不少的時間接見各少數民族的王公貴族等領導上層人物。康熙年間，主要是內外蒙古部族，到了乾隆嘉慶年間，厄魯特蒙古、青海蒙古、回族、藏族以及哈薩克和柯爾克孜族等貴族，亦經常被接見。對重要人物的正式接見、加封，在「澹泊敬誠殿」（註五〇）

舉行。但更多的是在「萬樹園」（註五一），每年必定要在萬樹園宴會幾次，並舉行馬技、摔跤、雜技等表演，以招待遠道而來的各族王公貴族。許多沒有出痘（天花）不便於到北京朝見皇帝的蒙古各族和回族貴族，則編入「圍班」，（註五二）輪流到圍場陪同行圍打獵。這些人也都要到山莊參加各種活動。因此，每年夏天至秋天，承德便成了各民族的聚會之所。清廷就這樣透過接見、隨圍、加封、賞賜、宴會以及其他各種活動，而加強了與各少數民族的感情、聯繫，從而鞏固了邊防。

【附註】

註　一　乾隆帝曾於一七七六年（乾隆四十一年）親筆寫了一篇蒐苗獮狩說，引用周禮和爾雅說明其涵義。（見石渠寶笈續篇第七本，頁四〇八六），另御制盛京賦中之「古者蒐苗獮狩之禮所爲昭」句下亦有詳註。（見同前，頁三八一四）。

註　二　熱河志，卷十三，巡典一，頁五下。

註　三　同前，卷二十五，行宮一，頁一下。

註　四　吳振棫撰：養吉齋叢錄，卷十六，頁二上，文海出版社。

註　五　同前，頁一上。

註　六　汪灝在「隨鑾紀恩」中寫道：「七月二十三日（康熙四十二年），聞駕發湯泉（今承德縣頭溝區湯泉），去行宮北門迎候，上從二十里外黃土坎登舟泛熱河，順流而下，扈從十餘，小舟尾隨，午刻入行宮，臣灝等乃入朵殿直廬。」這段紀載，是當時已經有宮殿和城門的證明。（見小方壺輿地叢鈔，第一秩，第四冊，頁二八九。）

註 七 康熙帝在長城口外修建的離宮別苑不僅僅是熱河行宮一處，大體上同時修建的行宮，還有二間房、鞍子嶺、樺榆溝、喀喇河屯、藍旗營、波羅河屯、唐三營。在這些行宮中，喀喇河屯行宮建立的時間略早，在熱河行宮起而代之以前，喀喇和屯行宮的地位亦最爲重要。（見「喀喇和屯與熱河行宮」收錄於「承德避暑山莊」，承德市文物局、中國人民大學清史研究所合編，文物出版社，一九八〇，北京）

註 八 同前註。

註 九 同前註。

註一〇 據東華錄乾隆朝及清史所載。另石渠寶笈三篇第一本，頁二七四所載乾隆重書乙丑（乾隆十年一七四五）仲秋作跋有云：「此乙丑仲秋作也。爾後間歲一至山莊，己巳（一七四九）七月，荏苒五歷星霜矣」，此亦可部份證明此說之可靠。

註一一 東華錄，乾隆朝，卷十三，頁三十下至三十二下，熱河志，卷二十三，頁四下至六上。

註一二 東華錄，乾隆朝，卷三十三，頁二下，正月庚寅條。

註一三 同前，卷三十四，頁十五上。

註一四 同前，卷三十五，頁二十五上至三十五上。

註一五 東華錄，康熙朝，卷十八，頁六上，八月庚午條。

註一六 高宗實錄，卷一一〇六，頁二十八，乾隆四十五年五月庚寅條，諭：「今年係朕七旬萬壽，班禪額爾德尼前來熱河，朝覲筵宴，於過朕萬壽節後，再行進哨，未免太遲，即曉諭各該處，將今歲進哨停止。」

註一七 東華錄，乾隆朝，卷三十七，頁三十四上至三十八上。

註一八　同前，卷四十四，頁十五上至二十三下。

註一九　乾隆御筆，己酉（乾隆五十四年——一七八九）木蘭秋獮詩。（見石渠寶笈續篇，頁二五五六）。

註二〇　木蘭圖，頁二十五——二十六。

註二一　熱河志，卷三，頁三上，「塞上秋」詩中：「三十日佳看易過」句下註：「塞上行圍以三十日爲率。」另乾隆御製木蘭詠（御製詩文十全集，卷九，頁二十一）有「往還期二十日」，句下註明二十一日。

註二二　承德府志，卷頁六，頁十六下。

註二三　熱河志，卷十五，巡典三，頁十七上。

註二四　伊遜喀布齊爾，「清實錄」稱爲伊遜喀卜昂阿，伊遜是漢語「九」的意思，因伊遜河在圍場境內繞幾道彎，喀布齊爾漢語譯爲「山口」，「崖口」。

註二五　承德府志，卷首二十六，頁二上。

註二六　東華錄，乾隆朝，卷三十四，頁十九下至二十上。乾隆四十三年九月，丁未條。卷四十七，頁二十八上，乾隆五十九年八月，己巳條。

東華錄，嘉慶朝，卷一，頁一下，嘉慶元年正月戊申朔條。卷二，頁一上，嘉慶四年正月壬戌條。

註二七　承德府志，卷二十四，頁十五——十六，蠲卹條。

註二八　同前，卷十二，頁十一下，「稱老」。

另見熱河志，卷二十二，巡典十頁四上「八月十三日於避暑山莊行七旬慶典即事成什」。

註二九　這首七言詩，雕刻在長二、五七米，寬〇・九五米的木匾上，目前存掛於普陀宗乘之廟內「萬法歸一」殿裡北面山牆上的東邊。（見「承德避暑山莊」，「太上皇」的哀鳴篇。）

註三〇　松雪峽臥碑上刻有乾隆先後寫的六首詩，統稱：「林下戲題」，第六首即嘉慶三年（一七九八）最後寫的一首。

註三一　同註二九，爲另一塊木匾，掛於西邊者。

註三二　熱河志，卷二十五行宮一，頁四下，「避暑山莊後序」。

註三三　東華錄，道光朝，卷一，頁一上。

註三四　同前，卷三，頁一上，道光四年正月，壬申條。

註三五　同前，卷十三，頁三十上，道光三十年二月。乙丑條。

註三六　同前，卷九，頁十一上下，道光十七年十二月，己未條。

註三七　咸豐帝從九月二十二日（陽曆）從北京出發，路上走了八天，至九月三十日始到達避暑山莊，表面上的說辭是「秋獮木蘭」，實際上卻是逃難。（見東華錄，咸豐朝，卷六十四，頁六上至七上，咸豐十年八月己巳條，丁丑條。

註三八　咸豐帝於咸豐十一年（一八六一）八月二十二日死於避暑山莊。（見東華錄，卷六十九，頁九上，咸豐十一年七月，癸卯條。）

註三九　文宗實錄，卷三二七，頁三十，咸豐十年八月戊辰條。東華錄，咸豐朝，卷六十四，頁六上，咸豐十年八月，戊辰條。

註四〇　籌辦夷務始末，咸豐朝，卷三十四，頁二十三下（總頁二七二二）。近代中國史料叢刊，（五八一）沈雲龍主編，文海出版社。

註四一　穆宗實錄，卷七，頁一，咸豐十一年十月，丙寅條。

註四二　張廷玉等御制恭注避暑山莊三十六景詩恭跋。熱河志，卷一〇八，頁十一上、下，「藝文二」。

註四三　高宗實錄，卷八八六，頁二十二至二十三，乾隆三十六年六月，壬午條。

註四四　熱河志，卷十一，頁六下，七言十首凱歌詩句：「七千里外路迢遙，向十餘朝茲八朝」下註：以八百里加緊軍報，僅僅行八日。

註四五　熱河志，卷十一，天章十一，頁十一下，「閱隄」。卷十二，天章十二，頁二上，「御門引見月官有作」。

註四六　聖祖實錄，卷一三六，康熙二十七年八月，丁卯條。

註四七　美：約瑟夫、斯比塞著，王立人譯：「耶穌會士徐日升關於中俄尼布楚談判的日記」。頁二一三，十月十一日。

註四八　蘇聯：帕里莫夫著：「居住在俄國境內時期的卡爾梅克人（即土爾扈特人）史綱」，第八頁記載：「土爾扈特人在和鄂爾勒克率領下，於一六一八年率部族五萬帳北上遊牧，一六二八年越過烏拉山，一六三〇年到伏爾加河。從一六一八（明神宗萬曆四十六年）到一七七〇年（乾隆三十五年）前後爲一百五十三年。（見袁森坡著：「木蘭圍場」，「文物集刊」，一九八〇年北京。）

註四九　乾隆：「優恤土爾扈特部衆記」碑文，碑藏於承德普陀宗乘之廟。

註五〇　「澹泊敬誠」是山莊的主殿，皇帝過生日，正式接見文武大臣、國內少數民旅王公貴族以及外國使節等所謂「大典」，都在此殿舉行。殿面闊七間，單檐歇山頂，下有高大的石砌台基，整個大殿全爲楠木結構，俗稱「楠木殿」。（見「承德避暑山莊」—「雄奇秀麗的山莊」篇，文物出版社，一九八〇，北京）。

註五一　「萬樹園」在避暑山莊平原區東部（莊內大體區分爲宮殿區與苑景區兩部份，而苑景區又可分成湖區、平原區與山區三部份）。占去了平原區大部分。清帝有時也在這裡接見外國使節，英使馬嘎爾尼就是在這裡受到乾隆帝接見的。

註五二　清廷對待少數民族，除「圍班」外，另有「年班」，「年班」乃是每年年底赴京朝覲，用以誇示繁華，並而達到施恩之目的。

第四章　木蘭圍場的秋獮制度

清帝每年（？）由北京起程到避暑山莊避暑，中間並到木蘭圍場舉行秋獮大典，乃係朝廷之重大活動，所以要有隆重的儀式。如在未動身之前，嚮導官便先期督飭沿途地方官吏清道修路，儲備供應。宗人府和內閣各部院司寺奏請皇帝指定隨從王公大臣及官員。兩翼八旗奏請指定前鋒護軍統領，理藩院則行文蒙古諸扎薩克準備迎候並加強戒備等等。又如行程途中的駐營規制、行圍狩獵的方式、宴會呈技及行圍禁令均有嚴格的規定。此統稱之秋獮制度。這種制度在皇帝重視秋獮活動，以及帝國政權漸進穩固，配合帝國內各種典章陸續完備的情況下而出現乃是必然的。茲據大清會典、嘯亭雜、續錄（註一）、扈從東巡日錄、清稗類鈔（兵刑類木蘭行圍講武條）承德府志、熱河志，及其他相關資料就行前準備工作及隨扈人員、狩獵過程及行圍禁令等分別論述之：

第一節　行前準備工作及隨扈人員

在接到皇帝秋獮的旨令後，總理行營的親王或大臣即奏請任命一名「嚮導官」（承德府志、熱河志記爲嚮導大臣），後者「率各營將校之深明輿圖者，往勘程途。凡御蹕、尖營相去幾許，及橋樑傾圯，道途蕪滓，皆令有司修葺。」（註二）

宗人府及內閣部院要奏請皇帝指定隨從的王公、大臣以及八旗之護軍統領。據嘯亭續錄的記載：「每歲上狩木蘭前時，派扈從王公大臣、文武官員等，習射於出入賢良門。上親閱之，以定優劣。中三矢以上者，優獎有差。」（註三）同時皇帝還指派前鋒護軍統領率領營總三名隨扈御用輜重。參領以下以至護軍人數依情形委任，熱河志、承德府志（註四）對其分組、人數及所司任務有詳細的記載：

1. 參領二人、護軍十五人，司輜重。
2. 參領三人、護軍二十四人，領三旗纛。
3. 參領一人、護軍八人，建幔城（註五）。
4. 參領八人、護軍八十人，頓營幔城。
5. 參領二人、護軍三十人，司蒙古卡倫。
6. 參領二人、護軍二十人，卡倫。
7. 參領四人、護軍一百人，守宿衞帳。
8. 參領十九人、護軍百九十人，司警蹕帳房。
9. 參領八人、護軍百四人，護軍。

10. 參領二人、護軍二十人，司市。

11. 參領二人、護軍八人，司刈草。

12. 參領一人、護軍十五人，三旗。

13. 虎槍營總領各二人、虎槍長七人、副長九人、虎槍兵百六十人，學習虎槍四十人，凡大駕行圍皆從，各司其事。

依嘯亭續錄的記載，虎槍營（或處）係就八旗各營中擇優加以訓練而組成者。皇帝出行時爲引導。在狩獵時，「其部長率伎勇者十人，入深林密箐中，覓虎踪跡，排槍以伺，虎躍至猛，先以槍刺其胸，仆之，謂之遮頭槍，然後群槍攢刺，其頭槍者，賞賚優渥。純廟（乾隆）定制：凡殺虎時，爲虎嚙斃及被創者，照軍營殉難例賜卹。」（註六）。此營係康熙帝於一六八四年（康熙二十三年）所成立的，當時共有四十名殺虎名手（註七），至於大清會典則記爲：「凡行圍，以虎槍十列於前導，遇虎列槍以備，得旨則殪之、或追蹤、或尋山，得虎則具奏以獻。先殺虎者以名聞。凡駐御營必伏弩以禦猛獸。」又「木蘭秋圍，派出三百人隨從。」（註八）

爲了皇帝的安全還特別成立「御槍處」。依嘯亭續錄的記載：「侍衞章京中選火器精熟者數十人爲御槍處。巡狩日相導引，其長服黃緣紅馬袿，餘皆紅緣白馬袿。上合圍時，皆下騎，執火器翼列扈從，以防猛獸奔突。上御火槍，則爭相貳副。」（註九）其實這些人員，就是從平時即設的「侍衞處」中所挑選者。據大清會典的記載：「侍衞處，領侍衞內大臣六人，掌上三旗侍衞親軍之政令。……巡幸率其屬而扈駕。大圍，每旗派侍衞三班，每班十七人，三旗兵一百五十三人，親軍（侍衞下領之兵）一百八十三人。小圍，每旗派侍衞二班，每班十五人，三旗共九十人，親軍一百五十人。」（註一〇）

爲了整個行圍人員的安全，另從前鋒營中指派設立管營大臣以統轄營衆。以護軍統領及前鋒營統領合派管營大臣三人、護軍參領及前鋒參領合派營總三人。派護軍營官五十二人，兵二百九十人。合前鋒營官四人，兵一百四十人，火器營官三人，兵一百人，健銳營官三人，兵一百人，善撲營（註一一）官二人，兵七十人，共官六十四人，兵七百人。（註一二）

同時，還要行文給全國各地的駐防將軍、都統及副都統等，各在所屬之軍官及士兵中，選出人才及武藝優良者，分班遣赴北京，以便參加圍獵。康熙四十一年（一七〇二）從杭州、江寧、西安各召集二十四名在外省生長的滿洲官兵到北京並學習隨圍行走，既得熟練騎射，亦可分別優劣，以備升用。之後，隨圍官兵派遣原隊的駐在地及其人員數額的改變，如下表所示：（註一三）

乾隆四十七年（一七八二）以後於東三省派出學習隨圍人等到來甚早，雖進哨日期較遠，居於京中不無糜貴，因而改爲於七月十九日至二十三日（陰曆）以內直抵熱河。（註一四）

此外，尚有「鷹狗處」及「上虞備用處」：「鷹狗處向在東華門內長街，設總統二人，以侍衞兼之。豢養鷹狗，備蒐獮之用。其牧人皆以世家子弟充之，許其蟒袍緯帽，爲執事中，品之最高者。」（註一五）「上虞備用處，定制選八旗大員子弟爲執事人，司上巡狩時扶輿、擎蓋、捕魚、罟雀之事，名曰上虞備用處，類漢羽林之制。」（註一六）又「尚虞備用處亦曰粘杆處，……聖駕巡幸，本處侍

各地駐防官兵派遣隨圍數額改變表

原駐在地＼派遣年度	康熙四十一年（一七〇二）	同五十年（一七一一）	乾隆三年（一七三八）	同六年（一七四一）	同十七年（一七五二）
杭州	廿四	十六	廿四（內漢軍八）	廿四（第一班）	十六（第一班）
江寧	廿四	十六	十六	十六（第二班）	十六（第三班）
西安	廿四	十六	十六	廿四（內漢軍八）第一班	廿四（第二班）
荊州（湖北）		十六	十六	十六（第三班）	十六（第一班）
京口（江蘇）			八（漢軍）	八（第一班）	八（第三班）
乍浦（浙江）			八	八（第三班）	八（第一班）
天津				十六（第二班）	
青州（山東）				十六（第三班）	十六（第二班）
右衞（山西）				十六（第二班）	八（第三班）
河南					八（第三班）
盛京					廿四
吉林					廿一
黑龍江					十八
熱河				廿四（即在本地預備隨行）	七四（在本地預備隨行）
合計	七二	六四	八八	一七六	二八一

衞均隨鑾輿之旁幫扶差使，天未明以前，並備提鐙差使……。」（註一七）。又根據乾隆之詩（註一八）及嘉慶的諭旨（註一九），滿洲各部落及蒙古諸部均要選派善馳精獵之人員爲「射生手」，以備在圍中執行射獵之任務。

此外，理藩院要行文給蒙古扎薩克王公等，要他們「先時戒備，隨圍執事」（註二〇）。扎薩克等蒙古佈圍兵丁，依乾隆二十年（一七五五）之規定如下：喀爾沁、翁牛特共一千人、敖漢五十人，巴林、克什克騰共一百人、科爾沁一百人，合計一千二百五十人，用以圍場佈圍。又喀喇沁隨圍鎗手十二人，打鹿鎗手四十人，哈瑪爾卅人；哈喇沁、翁牛特、土默特嚮導一百人，長鎗手一百六十人；察哈爾、厄魯特共派巴爾呼八十人，總管二人，皆以供圍場之役。（註二一）赴木蘭隨圍者，大部爲各部落尚未出痘者，以及各部落善騎射者。這些當差人員至嘉慶時，人數及役務均增加，茲依大清會典事例所載列表如下：（註二二）

此外，蒙古之貴族也要侍候皇帝，參加打獵的工作。內扎薩克四十九旗王、貝勒、貝子、公、台吉、塔布囊，分三班，輪流在皇帝面前聽差。「乾清門行走之王、公、台吉、額附等分二班，閑散行走之額附分三班，喀爾喀四部及青海之王、公、台吉分四班，皆隨木蘭。其未分班之厄魯特王、公等聽其詣木蘭請安。各王、公等俱於波羅河屯祇候迎聖駕。」又「乾隆十九年，都爾伯特部來歸，三十六年土爾扈特部來歸，各王公等每年分班於熱河朝覲後，亦令隨圍木蘭，與舊扎薩克等。」（註二三）

從上述參與秋獮的人員中，以皇帝及衆多的親族子孫、王公大臣爲中心外，還包括了八旗之嚮導、

木蘭行圍各旗應派各差表

旗別	管理塔布囊官員台吉	哈瑪爾	圍甲	近侍虎槍手	鳥槍手	虎槍手	嚮導	打鹿鳥槍手	趕杭愛車人	其他	共計
喀喇沁扎薩克王旗	24	10	213	3	2	40	27	13	38	0	370
喀喇沁扎薩克公旗	24	10	213	3	2	40	26	13	35	加管圍章京官員2人	368
喀喇沁扎薩克塔布囊旗	22	10	214	4	2	40	27	14	36	0	369
土默特扎薩克貝勒旗	9	0	80	0	0	0	0	0	35	0	124
土默特扎薩克貝子旗	8	0	80	0	0	10	0	0	32	0	130
翁牛特扎薩克王旗	11	0	100	0	0	30	10	0	20	加管虎槍手台吉1員	172
翁牛特扎薩克貝勒旗	8	0	100	0	0	0	10	0	20	0	138
科爾沁扎薩克王旗	11	0	100	0	0	0	0	0	20	0	131
巴林扎薩克王旗	11	0	100	0	0	26	0	6	23	添鳥槍手6名	172
敖漢扎薩克王旗	5	0	50	0	0	0	0	0	10	0	65
合計	133	30	1250	10	6	186	100	46	269	9	2039

前鋒、護軍、虎槍、健銳、火器、御槍、善撲等各營官兵，再有駐防全國各地抽調之駐防兵及特殊的鷹狗處、上虞備用處、射生手，另外加上內外蒙古扎薩克王公、貝勒、……及佈圍兵丁、當差圍役等人員，其人數之多、規模之大，是無庸置疑的。難怪會有：「一支一萬到一萬二千人的軍隊，在那兒駐紮營生活十五天，要消耗多少糧食飲料、行裝要多少牲口來搬運！」（註二四）的驚嘆。此正符合嘉慶帝在「木蘭記」中說的：「洪帷聖祖，歲幸行圍，諸部雲集。」根據馬賢國神父回憶錄的記載，康熙五十年（一七一一）的行圍狩獵隊伍達到三萬人以上。（註二五）由此我們亦可想像到眞正的行圍場面是相當壯觀的，那種「雷動飇至，星流霆擊」（註二六）的聲勢，實際上就是一場大規模的軍事訓練活動。

第二節　狩獵過程

一、設置駐蹕大營及隨員營房

在十幾天的狩獵過程中，皇帝過着一種眞正的韃靼可汗的生活，此亦可讓其臣屬重溫其祖先的戎馬生活，所有人員均住在韃靼式設備的營帳內。當然皇帝及其扈從人員和軍隊的營帳有種種的不同。皇帝駐蹕大營又稱御營，是由護軍統領所率領的先遣部隊會同武備院、司幄以及工部的官員所紮設的（註二七）。其制：帳殿之外環以幔城，制方、縱（南北）深二十丈六尺，廣（東西）寬十七丈四尺。

內南向，門內樹屏。幔城與屏均製以橫布。幔城之外環以網城，網城設連帳，是爲內城，內城之外復環以連帳，是爲外城。外城之外復間段設警蹕帳，內外城均制圓。網城製以黃繩，距幔城東西南各十八丈、北十五丈。「內城」建幔一百七十五座，啓旌門三：東門建鑲黃旗、西門建正黃旗、南門建正白旗。「外城」建帳二百五十四，啓旌門四：東門建鑲白旗、西門建鑲紅旗、南門一日建正藍旗一日建鑲藍旗、北門建正紅旗。「警蹕帳」四十：東北建鑲黃護軍旗、西北建鑲紅護軍旗、東南建正藍護軍旗、西南建鑲藍護軍旗。（註二八）另停蹕頓營，依承德府志的記載爲：「外設黃幔城，門南向，如大營內城之制，黃幔城中設圓幄一，縱橫各一丈六尺，牆高四尺，門高三尺七寸，濶二尺三寸，前後左右共設帳房八架。」又「看城之制與頓營同」（註二九）。這類有關駐蹕大營方式及佈置的記載，很容易令人聯想到同時乾隆時代的軍營，只是前者較爲複雜而已。例如在描寫乾隆時代征服中亞回教徒的銅版畫之第六及十三幅上的軍營（註三〇）或平定伊犂受降圖及烏什酋長獻城降圖的軍營佈置。（註三一）。參考附圖

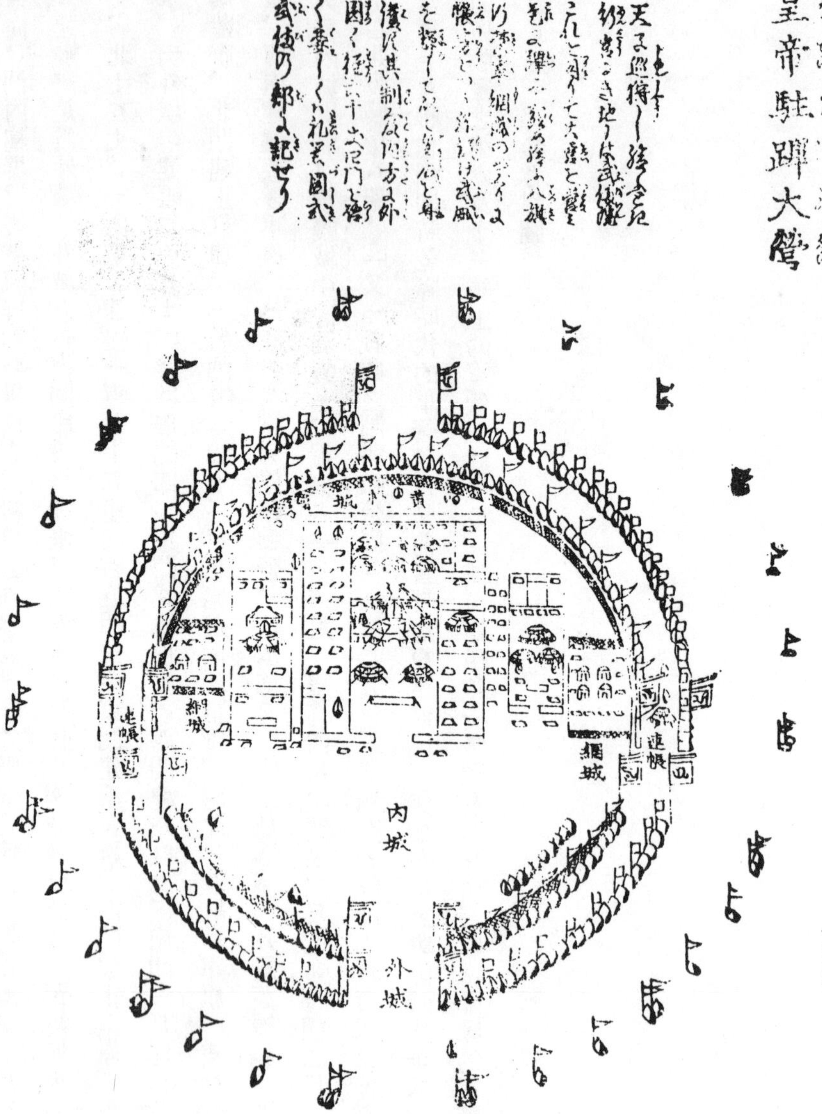

資料來源：雄獅美術七十集頁三四，（一九七六年十二月）。

駐蹕大營圖：此圖：在駐蹕大營前，皇帝端坐於錦墩上，正觀賞蒙古大力士的「相撲」大戲，三對蒙古大力士，正在作劇烈的角鬪。兩側站立的是滿蒙王公大臣。背後有虎槍營衛士及內侍衛，左側的十人就是蒙古的「什榜」樂隊。

駐蹕大營正面的外圍，以帳蓬連接成二道同心圓的圍牆，牆上開有二門，門上各挿有兩面旗幟。門之二邊各有一隊長率領六名佩劍衛士。在第二道帳蓬的裏邊，有繩牆一道，就是「網城」。

資料來源：《木蘭圖》頁 208 ～ 209。

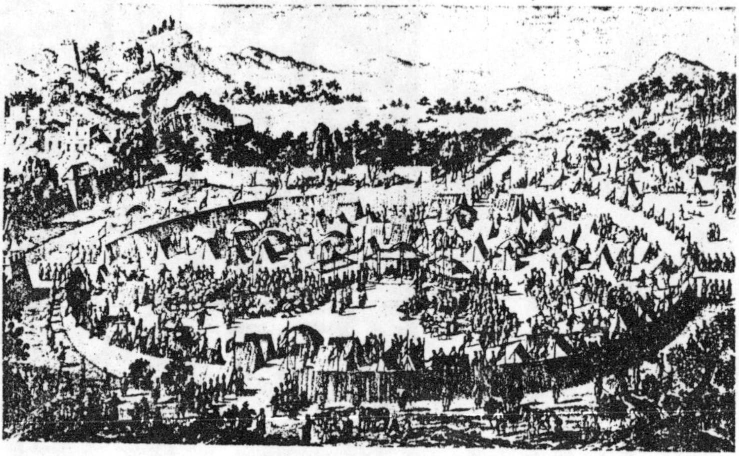

平定伊犂受降圖：

資料來源：

莊吉發《清高宗十全武功研究》頁563。

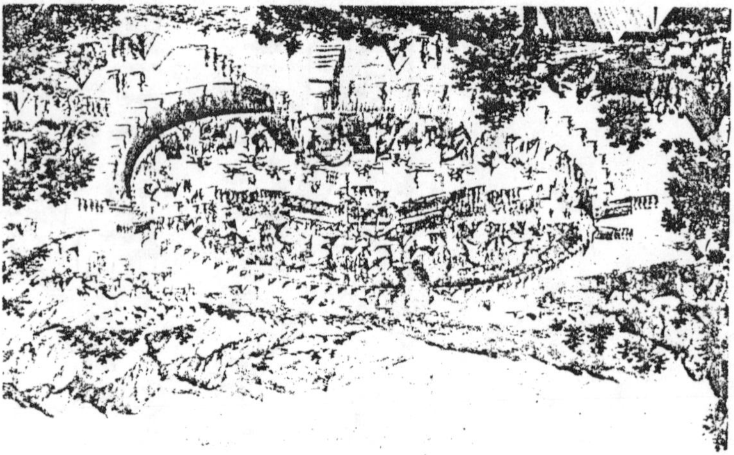

烏什酋長獻城降圖：

資料來源：

莊吉發《清高宗十全武功研究》頁573。

隨扈人員營帳圖：駐蹕大營邊之一景，營帳有二種，一爲圓形蒙古包，一爲六角形普通營帳，每個帳上掛有一物以爲標誌，由這些標誌，人們比較容易在此龐大的營區中找到自己的帳房。

營區另一景，中央有巡邏者，下方牽狗散布者可能是上虞備用處人員。

資料來源：《木蘭圖》頁 206 ～ 207

至於扈從親族、官員和軍隊的營房，嘯亭續錄提到：「御營之前，扈從諸臣，不得駐宿。東四旗在左翼，西四旗在右翼，均去御營百步。扈從人等，各按翼住宿。（帳門）皆北（背）上（指皇帝的營帳）。最前爲王、公、次大臣、侍衛，其次大小官員。扈從人等，皆按旗分品秩，安立行帳。御前大臣，內務府官員人役，均駐北面。」（註三二）承德府志還提到：「外城東旁，設內閣、六部、都察院、提都等衙門官帳。或東面地狹，則設外城南，距外城六十丈。」（註三三）在距離御營二里外設有「前鋒營」，並依地形需要設置「卡倫」，左右豎立飛虎旗幟，「以爲便哨，以禁行人諠囂」，在御營與前鋒營的中間看路途遠近設置一或二處「中營」。（註三四）

至於蒙古各部、各盟旗的營帳在外城，也依次屯列，形成「重門拱衛，星廬環布」的局面。「行營前後嚴巡徼，止夜行，違者論如法。」（註三五）

在行營的卡倫外，設有夜市，每到傍晚，那些隨軍拉駱駝、挑担子、趕大車、擺地攤的各族商販，以及驅趕牛、羊而來的蒙古牧民，進行交易。乾隆曾這樣描寫：「布帳開山市，牛車趁晚墟，入霄景更好，星野朗安居。」（註三六）哨內亦允許市民隨行；因此，每有於路旁設小布帳，揞其前幅溫酒，以饗僕從，過路人亦可沽酒少酌以禦寒。（註三七）有關這些文字的敍述亦可從「木蘭圖」長卷中，擇取有關部份（如附圖）加以補充，以獲較具體之瞭解。

右上角爲方形幔城，它的規模較小，只有一座蒙古包和兩座帳房。幔城後，有五座帳房，其中有一座尚未完全紮好，人們正忙著打釘緊繩。此外，還有人在卸行李，有的打恭作揖，有的在向小販購買食物。

資料來源：《木蘭圖》230。

溪流外的平地上，有一處宿營區，錯落的帳房間，人們三五成群，小販穿梭帳間，正在推銷食物和日用品。

資料來源：《木蘭圖》頁231。

乾隆在一七五八年（乾隆二十三年）所寫的駐在行營詩，（註三八）描寫崖口附近的行營及隨駕人員，以及蒙古隊伍的情形，頗與上列附圖所描寫的相近，茲將語詩抄錄如下，以供賞畫時之一助；

今年獵場向迤東，崖口外即行營駐；曉涼群已換旃冠，背指離宮猶驛路。

輕驄得得進圍界，漸遠村莊多野趣；四十八家率獵騎，櫜鞬供役咸來赴。

牛牟馳圍滿谷中，乳餅馬湩隨意酤；厄魯驚嘆有如是，伊犂較此難言富。

山莊幾日陪宴賞，宮室衣冠非所諭；古來北部輕南朝，今日歸新原勝故。

二、打獵

包括圍獵和哨鹿兩種方法：而圍獵又分小圍與合圍。

㈠小圍：

乾隆廿八年（一七六三）入崖口詩「小試平原騎」句下自注：「每入崖口就平川試行小圍，國語謂之『阿達密』」，一七七〇、一七七一兩年之入崖口及一七六四、一七六六入伊瑪圖口，均談到小圍（亦稱小獵）（註三九）。小圍係皇帝及其隨從抵達木蘭邊緣時所舉行的一種小型圍獵演習。人數不多，一七七五年入崖口詩「例試小圍平甸合」句下自注：「用三、四百人於平甸列小圍。」（註四〇）。因爲是小型圍獵之演習，且人數少，所以通常都是在平野或低岡上進行。這些地區的野獸較少，乾隆帝在一七七五年（乾隆四十年）射得一麈時認爲吉兆，特別命人送到大小金川前線去犒賞遠征軍的將領。

㈡合圍：

「合圍」亦稱大獵，亦是一種最流行及最正式的打獵方法。由數目衆多的趕獸者（蒙古人）形成一大圈，慢慢縮小，把野獸逼到一處預先選好的平坦地，讓狩獵者可以隨意射擊。這種帶有皇室運動和軍事訓練兩重性質的木蘭狩獵，須遵守種種嚴格的規定。有關條文散見於各種典籍中，今據嘯亭雜錄兼參考熱河志、承德府志之記載簡述如下（註四一）。

在五更前，管圍大臣率領蒙古大臣及虞卒（即佈圍人又稱圍牆），並八旗勁旅、虎槍營士卒、各部落射生手，齊出營盤。視其圍場山川大小遠近，（分兩翼）紆道繞出圍場之後，或卅里、五十里以及七八十里，齊至看城。當兩翼前哨在看城之前相會時，便脫下帽子，用鞭子把它高舉着，以蒙古語大聲傳呼「瑪爾噶」（蒙古語帽子也）口號，三次相遞傳呼至中軍。中軍（指揮部）即高舉大黃纛，向看城慢慢前進，並指揮左右兩翼（左翼舉白旗，右翼紅旗）逐漸縮小圍圈，以等待皇帝進入圍中。

圍圈起初有數十里遠，愈縮愈小，把禽獸逐漸逼出深林，到一處距駐蹕大營約二、三里處的平坦的崗阜上。這時在圍圈之外，又由虎槍營士卒及滿蒙各部落射生手等形成第二道圍圈。射生手專射自圍內逸出之獸，而圍內例不准射。皇帝在日出之前，騎馬由駐蹕大營出發。抵達看城時，親自監督廚人準備早餐，以便賜食。乾隆帝在乾隆五十四年（一七八九）於木蘭秋獮時寫了一首「看城賜食有作」的詩，詩中有一段自注對此項節目有所記載：「每在看城傳膳之日，親視調和湯飯，並煮羊炙鹿，以賜御前大臣、侍衞及扈圍之蒙古王、公、台吉、侍衞等。無不懽稱果腹。」（註四二）

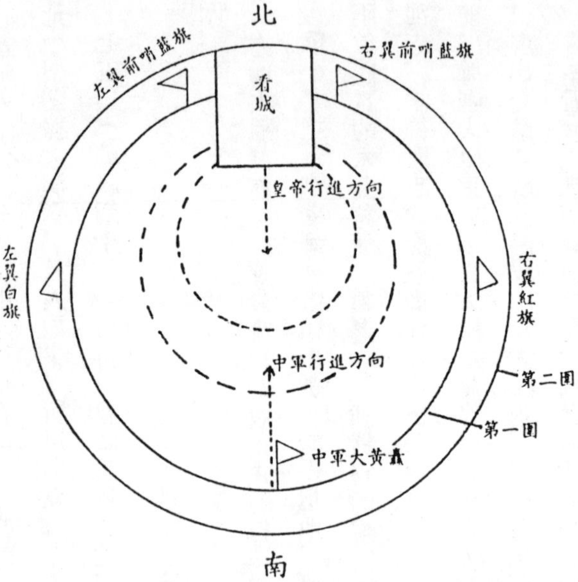

合圍圖解

當圍圈在看城之前合攏時，皇帝便佩帶弓箭，騎馬離開看城。這時那些佈圍的官兵丁等，「皆馬並耳，人並肩」（註四三），形成一道幾里許（?視地方大小而定）直徑的名符其實的「圍牆」。乾隆十四年（一七四九）乾隆帝的一首名爲「獮」的詩對此有非常生動的描寫：（註四四）

山青雲白塞垣青，快試秋圍趁曉晴；淺水穿林銜暗渡，橫岡冒霧落斜行。

雁行左右排千騎，魚貫聯翩認五旌；日暮頒禽喧弗禁，爲因猶足見虞情。

皇帝在大臣、王公、侍衛及親隨之射生手、虎槍手等擁護下，由看城前向中軍前進，到距離中軍約半里處周覽圈內形勢，親自指揮圓圈收縮的快慢。誠如乾隆帝在其一七五六年（乾隆二十一年）的一首「行圍即事」詩部分所說的：（註四五）

兩翼鴻絅隔嶺張，黃麾據勢獨堂堂；如身使臂臂使指，舉網有目目有綱。

此時二、三十里（約？）間的禽獸都被圍在皇帝的左右，隨便他射獵。一般，皇帝都是選最大的雄鹿爲追逐的對象。當皇帝射中時，所有旁觀的滿蒙王公大臣都「莫不歡躍」。要是有老虎出現時，圍牆便停止收縮，等皇帝看了虎鎗營刺虎以後，再聽命而行。康熙、乾隆、嘉慶三帝均曾參加過獵虎的工作，乾隆十九年（一七五四）乾隆帝曾用箭射殺過一隻，自大的他除吩咐宮廷畫家作畫紀念外，還親筆在上面題了一首射虎行的詩（註四六）。另外，要是有熊出現的話，皇帝亦要親身趕去，因爲「獲熊」是很好的兆頭（註四七）。

當圍收至看城前時，皇帝便停止打獵，立馬觀賞王公大臣及射生手逐射。

乾隆帝在一七四九年（乾隆十四年）所寫的「放鹿」詩中，對此段逐獵的情境有所描寫：（註四八）

出谷霜風嚴，冒嶺朝烟霧；合圍廓堂皇，輕騎劇鴻絅。
彌縫無漏罅，呦鹿周陆衆；應弦紛屢踣，疊雙頻命中。
他他已鋪原，祁祁互奔撞；肩怠繁弱張，手疲遊龍鞚。
大庖既云足，頒殺逮僕從；於物誡盡取，多或棄無用。
因命飲飛徒，罷射快一縱；歸林得所樂，失侶懷餘慟。
習武會常來，孳息仍厨供；非希湯網名，儒臣漫陳頌。

由此詩末了的放鹿（註四九）及承德府志中所保存的「行圍儀注」可以知道要是圍內的野獸太多的話，皇帝就要命令撤開一面白圍牆，讓部份獸類逃走。在這時候不許外圍的人對之追射。狩獵結束（御製詩文上稱爲「罷圍」），皇帝回到大營，各部落及八旗軍亦整隊回營。

凡皇帝親自射獲的麞鹿立刻要選擇最好的由驛站以快馬傳至北京，以便獻祭於奉先殿（祖廟）（註五〇），其他獵物由射得者獻給皇帝，再由皇帝分發給王公大臣及八旗將領，讓其屬下分享（註五一）。由上引乾隆詩中之「日暮頒禽喧弗禁，爲田猶足見虞情」句，可知分發獵物時，允許高聲呼叫，以表現其快樂。

上面所述，主要是根據承德府志所載之「行圍儀注」，配合嘯亭雜錄和會典而整理出來的。爲了對行圍的過程能更加深更具綜合性的瞭解，茲將乾隆御製之兩種「行圍四詠」詩選錄一種以爲參考：

1. 撒圍：

塞山萬壑糾，獵士五更行；撒陣常衝黑，成行始質明。

鬣叢度袛席，魚麗辨徽旌；曾不言勞苦，嘉哉奉上情。

2. 待圍：

兩旗合帳殿，千騎列雲涯；試看止齊勢，端稱左右宜。

彌縫休欲速，磬控尙須時；勒馬平岡待，斐然立就詩。

3. 合圍：

周阹笑繁重，善御信何稱；豈有車從獸，何殊屠命僧。

詭馳我所戒，連中衆多能；佗籍無須亟，留資歲歲仍。

4. 罷圍：

地不傷農事，情還聯衆歡；陳牲蔽芳甸，頒獲逮儒冠。

習武毋忘業，暢遊亦戒盤；控弦教憇息，西日在槍竿。（註五二）

㈢哨鹿：

木蘭的滿文原意，如本文開始時所提到的，爲哨鹿。可見此地爲很好的哨鹿去處。哨鹿，因進行時只有皇帝及其近身侍衞數人而已，故其獵法不爲一般人所熟知。因此，身爲親王的昭槤在其嘯亭雜

合圍最後一景圖：此圖左下戶的方形幔城就是看城。城內有一座圓幄和三座帳房，圓幄前左右對站着兩班文臣，城右側整齊地排着六輛黃色鑾輿。城的左右有十個佩劍的侍衛在站崗。城前左右各立八個文臣。其外，又各站立二十個持弓負箭的武官。接下去的騎兵是左右兩翼的前頭部隊。領先者各持一面藍色金龍旗，圍內有十個虎槍營官兵，一字排開，蹲在地上，平持長槍，向場內作嚴密戒備。

資料來源：《木蘭圖》頁247。

進圍射獵圖：此圖右邊顯示，皇帝騎在馬上，探身張弓，正在追射拼命逃走的大公鹿。身後跟隨著一群王公大臣。圍場上，由騎士排成人牆，圍場中有一群鹿，在射生手的追逐下，到處亂竄。

資料來源：《木蘭圖》244～245。

錄中的記載就顯得特別可貴：「上（皇帝）於五更放圍之前出營。侍衞及諸備差人等分爲三隊。約出營十餘里，聽旨停第三隊。又四、五里，停第二隊。又二、三里，將至哨鹿處，停第一隊。而侍從及扈衞之臣，只十餘騎而已。漸聞清角聲揚，遠林呦呦，低昂應和。倏聽槍聲一發，咸知神威命中矣。群引頒聽旨，調遣三隊，以次至上前。」（註五三）。又同書哨鹿條言及高宗深入山中，「命一侍衞舉鹿頭，作呦呦聲，引牝鹿至，急發箭殪斃，取其血飲之，不惟延年益壯，亦以習勞也。」（註五四）可見哨鹿係載鹿頭冠，穿鹿皮衣，吹長角仿鹿鳴，以激怒其他雄鹿，使之衝來角鬥，而再以弓箭或火鎗將之擊斃的一種獵法。其目的之一在取其鮮血飲之，以期壯身延年。

哨鹿在文人筆下中，却充滿神秘的色彩，如姚元之在其「竹葉亭雜記」就這樣寫着：（註五五）

「哨鹿者，著鹿皮衣、鹿角冠，夜半於曠山中吹哨作牝鹿聲，則牝鹿啣芝以哺之。蓋鹿性淫，一牡能交百牝，必至於死。死則牝鹿啣芝草以生之。故哨之以取其芝也。」

上引可靠性如何？姑且不論之，今以乾隆御制之哨鹿四章詩（乾隆二十四年一七五九年作）看看乾隆帝本身對哨鹿的看法：（註五六）

白露雖已過，氣喧鹿鳴遲；天道自南北，一端此可譬。
山莊過中秋，應候呦聲試；哨必有定所，松巖特佳地。
披星出御營，霜坂跋輕騎；一暢尋樂懷，一寓習勞意。

習勞身以先，與衆無不同；仄徑步屴崱，短衣披蒙茸。
叢薄影白月，絕壁下陗風；低語學銜枚，銳進擬襲攻。
回頭語額駙，去歲追賊蹤；誠不負教養，讀書曾深宮。
深宮寧不逸？塞野有底好？繩武貴弗忘，是中有要道。
晏起在所戒，冒冷天將曉；減從四五人，攀陟窮峰嶢。
八叉忽作聲，饕切羊腸繞；一鎗立斃之，今日機緣巧。
緣巧匪恒逢，未勞實鮮味；取佳進慈寧，高擊馳飛騎。
所餘命剝割，野食頒衆暨；人擅屠坦工，斤斧髖髀試。
芒刄固不缺，是謂善乘勢；陡然憶西師，捷音尚待至。

由此詩、哨鹿前後二賦（註五七）以及其他四首同題的御製詩（註五八）可知哨鹿係在陰曆八月中秋左右舉行，只率領四、五個侍衛在星月交輝下由羊腸小徑踏霜登上松巖，以火鎗獵取被哨聲所引來的雄鹿。獵物較佳的一部分立刻派人送給皇太后，其餘就地分給大家野食。哨鹿的目的除了獵味、「尋樂」和「習勞」外，最重要的還是在於「寓戰於獵」。

三、宴會與呈技：

木蘭秋獮包括兩種主要節目，其一爲上述之打獵，而後即爲蒙古進宴，宴中要呈獻「四事」（即呈技），包括：「詐馬」、「什榜」、「相撲」、及「騎生駒」。

㈠宴會：

每年皇帝在木蘭舉行秋獮時，蒙古的卓索圖和昭烏達二盟（註五九）照例在巴雅爾鄂爾袞溝（註六〇）聯合舉辦一次以皇帝爲主客的宴會（註六一）。宴會進行的程序承德府志、熱河志亦有詳細的規定，從參與名單的選定、禮物的進呈、坐次的排位、進酒、敬酒、勸酒、喝茶、賜食……等等。（註六二）

由於儀式的隆重，規矩的嚴謹，因而宴會一次的花費亦相當的驚人。單以蒙古王公所進呈的禮物而言，於承德府志及熱河志所載者如下：

1. 蒙古包六座。
2. 白駱駝十八隻。（註六三）
3. 鞍馬十八匹。
4. 騸馬（無鞍馬）一百六十二匹。
5. 牛十八頭。
6. 羊一百六十二隻。
7. 酒八十一罈。

8. 食品二十七席。

9. 「布庫」（滿語，謂相撲者也）二十人。

10. 「什榜」（蒙古樂隊）九十人。

11. 「騎生駒」二十人。

12. 生駒無定數。

13. 呈技馬（會表演特技的馬?或「詐馬」用的?）二百五十四。

至於宴會進行的程序如下：在宴會前好幾天，理藩院官員就要把蒙古諸部王公的「職名單」呈請皇帝，就中選定一人以備在宴會中向皇帝「進爵」敬酒。

宴會那天，武備院的人要把蒙古王公所進貢的蒙古包和帳房在行宮（即駐蹕大營）門外紮設好（註六四）。同時，還要把所獻的駱駝、馬匹及牛羊等列於通路的左邊。

當皇帝大駕蒞臨時，理藩院的官員就要引導蒙古王公台吉等跪在地上迎接。等皇帝在「帳殿」的寶位上坐上坐定後，理藩院的官員才帶領那些預定坐在帳殿內的王公進入殿內，分別坐在左右的位置上。其餘的蒙古貴族也就坐於帳殿前面左右分設的蒙古包中。

皇帝喝茶時，王公們要站起來，行一叩禮。皇帝吩咐諸王公飲茶時，他們又要叩頭，跪著把茶喝完，才可以復坐。

皇帝開始吃飯用茶時，侍候進膳的官吏就要把盛好蒙古人所獻美酒的爵交給那位被皇帝預先選定爲進爵者的蒙古王公，然後由後者恭恭敬敬地呈送到皇帝的面前。當皇帝接了爵時，他要立刻退回原位，跪在地上，一叩頭，此時衆人亦隨着跪叩。皇帝喝完酒時，進爵者就要站起來，到御座前接爵。侍候進膳的官員在皇帝的命令之下，賞酒給進爵者，後者要跪在地上飲，喝完又要叩頭，再站起來復座。而後，皇帝賜給蒙古貴族飯食，由侍衞輪番勸酒。這時，「綽爾齊」（蒙古語，指胡笳奏曲人）和「什榜」的樂人按節目演奏以侑皇帝進膳。

餐後，皇帝喝茶時，要表演「相撲之戲」。最後，再觀賞蒙古王公子弟「騎生駒」。結束後，皇帝回行宮，諸王公等又要跪送。

乾隆帝於一七八九年（乾隆五十四年，亦即最後第二次的行圍）在蒙古王公等進宴時，曾即席寫了一首充滿回憶的詩，並親加注解（註六五）。詩、注分別錄之如下：

塞嶺秋暄紅間綠，諸藩備宴效尊親；

穹廬進酒重孫壻，詐馬臨場丗次人。

左右顧憐鮮等輩，支持幸尚有精神；

天花示喜霏微落，那學維摩不著身。

「憶自乾隆辛酉（乾隆六年，一七四一年，亦即第一次木蘭行圍）行圍木蘭，爾時扈從者科爾沁親王羅卜藏滾布，喀爾喀親王成滾扎卜，喀爾沁郡王依達穆扎卜，巴林郡王琳親，敖漢貝勒羅卜藏等，皆皇祖（指康熙帝）之孫行，與朕同輩，年亦相齒。自二十年後，次第凋謝。茲行圍，侍宴者皆子孫或曾孫輩矣，長年何慶之有！」（「左右顧憐鮮等輩」句下之注）。另在「穹廬進酒重孫壻」句下還有注：「席間進酒者喀爾沁王曼殊巴匝爾乃皇次孫綿恩之壻，則予之重孫也。」

這詩與注，不但可使人對蒙古進宴一事得到較生動的印象，而且還可以獲得一些有關蒙古與滿室關係史的補充資料。

另外值得一提的是乾隆帝對蒙古貴族首領的進酒感到非常的驕傲（事實上亦很符合他的個性）。乾隆二十六年（一七六一）他所寫的木蘭行圍即事雜詠八首（註六六）中之一對此有充分的反映：

黃幕高張面翠崚，筵開灑馬錦雲騰；
呼韓上壽尋常事，漢史嗤他大艷稱。

(二)呈技：

「呈技」乃是宴會中及宴會後喝茶時，所進行的娛樂節目。關於宴會中的娛興節目，承德府志「蒙古進宴」條上只提到蒙古樂隊（什榜）、相撲和騎生駒三種。但依乾隆在前引詩「詐馬臨場卅次人」句下的自注：「每年塞宴，蒙古王公等設詐馬、什榜、相撲、教駣（即騎生駒）四事，以表敬候覽。乾隆六年至今歲已四十次矣」，可知娛興節目中尚有「詐馬」的表現。今將四事分述如下：

1.詐馬：

乾隆帝在他的詩中曾多次提到詐馬（註六七）其中以一七六〇年（乾隆二十五年）所作的塞宴四事詩，對詐馬的節目有詳細的描寫（註六八）。在詐馬詩前的序上他說：

「詐馬爲蒙古舊俗，今漢語俗所謂『跑等』者也。……於進宴時，擇名馬數百，列二十里外，結束髮尾，去羈韁，馳用幼童，皆取其輕捷致遠。以鎗聲爲節，遞施傳響，則衆騎齊騁，騳駥山谷，騰躍爭先，不踰晷刻而達。掄其先至者三十六騎，優賚有差。所以柔遠人，講武事也。」

可見詐馬就是蒙古式的賽馬。詩中對詐馬的描寫亦相當生動，值得一讀：

名王詐馬存遺風，獻筵備陳表敬恭；廿里以外列駿驄，置郵傳命聽發蹤。
宣教施銃星火紅，連聲遞令頃刻通；砰磕萬雷忽落空，翩若驚鴻逸若龍。
雲屯飈欻倒呂洪，旁唐閃霍復春容；振陵駭谷躪阜崈，平沙草軟淨墖塳。
駃提束尾綰其鬉，輕方致速騎以童；捷足獨出傑且雄。選三十六惟良駥，
按第行賞務從豐；只孫古俗想像中，和樂還因寓詰戎。

2. 什榜：

「什榜」，乾隆在其詩文中亦數次提及（註六九）。尤其是上引的塞宴四事詩前之序中對它的源流及所用樂器均有所說明，茲抄錄如下：

「什榜，蒙古樂名，用以侑食，今俗所謂「十番」。或因此楊萬里詩有「全番長笛橫腰鼓，一曲春風出塞聲」之句。蓋樂曲名「番」，本塞外語而傳譌耳。

其器則笳、管、箏、琶、絃、阮、火不思（註七〇）之類。將進酒輒於筵前鞠躬奏之，鼓喉而歌，穌羅赴節，有太古之遺焉」。

至於奏樂時的情節及曲調之美，乾隆在詩中曾著意加以描寫：

平原擇向圓幕張，酪酥乳酒湘黃羊；名王捧觴起上壽，較漢公卿禮數詳。
渾撥四（註七一）、火不思，曲長朔管如鞭吹，鳴羽發徵氣內運，叩角動商響外披。
初奏君馬黃，大海之水不可量；繼作善哉行，無貳、無虞、式轂友朋。
誰云朔漠無古樂，絕勝鄭衞爲新聲。
我惟中外一家，用聯上下情；亦不侈談有虞氏，四裔之樂舞于庭。

乾隆本人通達蒙古語言（註七二），對所奏樂曲的了解相當深入，因此，在詩中連所奏的曲名也加以記載。

3.相撲：

相撲，乾隆在其蒙古進宴詩中也稱之爲「角觝」（註七三），或「撲跤戲」（註七四）。他在其「相撲詩」（上引塞宴四事詩之第三首）前之序中對其裝束、撲法，以及與厄魯特撲法之不同有所解釋：

「相撲之戲，蒙古所重，筵宴時必陳之。國朝亦以是練習健士，謂之『布庫』，蒙古語謂之『布克』。脫帽短褠，兩兩相角，以搏踤仆地決勝負。勝者勞以酒。厄魯特則袒裼而撲，雖蹶不釋，必控首屈肩至地乃爲勝。彼嘉其壯，賜之羊臛，則拱臂探掬，顧盼呿呑，聲若飲歠。其舊俗如此，因以示惠云」。

詩中描寫蒙古和厄魯特相撲之不同以及壯士嚼食肥羊的情形非常詳細而有趣：

健兒揎袖短後衣，席前相撲呈雄嬉；押拖拗拉矜拎掑。踁踱踢踞踙且踜。
乘間伺怠出以奇，恧然蹎蹶力不支，勝者賜酒跪飲之。別有厄魯均新附，
其撲法乃異舊部；露身赤脚惟著袴，撇捩跳踔空拳赴；失計忽仆伏地據，
騰跳翻作康王跨；兩肩著地頭倒豎，方得謂之決勝負。勝者揚揚意實歡，
負者反求微靦顏。宣傳典屬呼來前，上方肥羊出厨盤；長截碩臛如舉山，
七箸不設俾恣餐。誰識不足君所言，快哉大嚼眞壯觀；豈對屠門空望懸，
跪振雙臂攫且搏。右哆左噏直下咽，倏似長鯨吸百川；意氣自若殊昂軒，
均合染指果腹便；小哉食肥張齊賢，是蓋衞拉舊俗傳。示恩獎勇一試旃，
食罷命前面詢焉，弗茲食者閱十年。

蒙古的相撲後來變爲滿清皇帝所喜愛的比賽之一。依昭槤之嘯亭續錄，「善撲營」條下的記載：

「定制選八旗勇士之精練者爲角觝之戲，名『善撲營』。凡大燕享皆呈其伎，或與外藩部之角觝者爭較優劣，勝者賜茶繒以旌之。純廟（乾隆）最喜其伎，最著名者爲大五格、海秀，其名皆上所能呼。有自士卒拔至大員者，以其勇鷙有素也。和相當軸，令巡捕營將士亦選是伎。後文遠臯（甯）任金吾，奏罷之」（註七五）。茲附清初及現今蒙古地區之相撲圖片以爲本段敍文之參考。

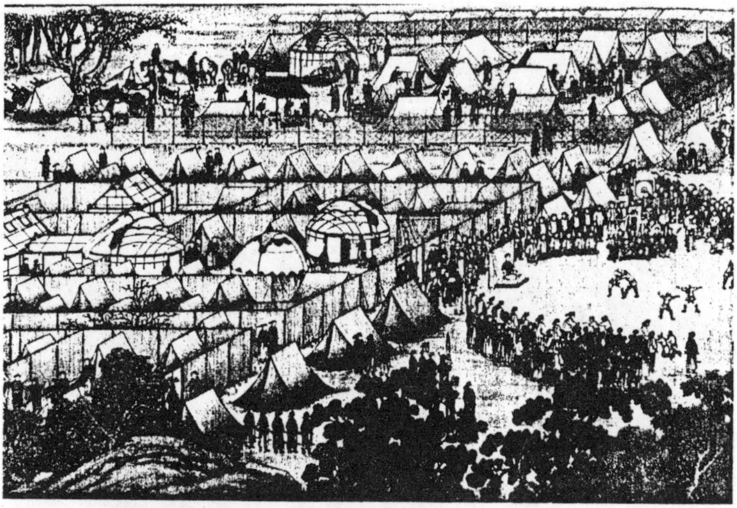

善撲圖：皇帝端坐於錦墩上，觀賞大力士的「相撲」之戲。左側十人爲蒙古「什榜」樂隊。樂隊後面有一群箭手帶着箭靶子，似在待命上場表演，廣場二邊還有賽完的三組蒙古力士、跪在地上領受獎品。

資料來源：《木蘭圖》頁209。

今蒙古地區之袒裼相撲，場內選手賣力爭鬥，場外觀衆吶喊助威，氣氛熱鬧異常。

資料來源：《中華民國蒙藏風光》頁29，蒙藏委員會編印。74.10初版。

內蒙古地區之袒裼相撲，脫帽短褲，雙方皆着長靴。相互撲鬥，以壓倒對方為優勝。

資料來源：《萬里長城》頁二一〇，喜年來出版社，七十三年十月二十五日出版。

蒙古角力一景

4.騎生駒：

「騎生駒」又稱「教駣」（註七六），即馴馬也。亦是蒙古人在宴會中所獻四種娛與中的最後一種。

乾隆在其塞宴四事（上引）教駣詩序上對騎生駒有所說明：

「教駣攻駒，周禮雖載，然後世僅知攻駒，而不能教駣。蒙古則熟習其法，謂之『騎額爾敏達騂』。馬三歲以上曰達騂，額爾敏則未施鞍勒者也。每歲扎薩克於所部驅生馬多群至宴所，散逸原野。諸王公子弟雄傑者，執長竿馳縶之，加以羈韝。始則怒騁駥趯，或豨突人立，嘶齧靁殷。馭者騰趕而上，控掣自如，須臾調良，率得名馬」。

詩中對「騎生駒」的情形有很精彩的描寫；茲全錄於此，以便與附圖對照後收相得益彰之效：

二歲爲駒不勝鞍，三歲爲駣始堪教；夏官庾人早失傳，未若朔漠存古調。
扎薩獻宴必備觀，分群別色陳平原。氈廬賜食較撲罷，按轡一覽同名藩。
名藩子弟皆吉服，上馬執竿好結束。毆來萬錦欻披前，光采陸離紛奪目。
薄言駉者有譎皇，騂騏騮駱駰騢黃；縶之維之取傑驁，紲絆未及先跳梁。
齕草飲水本天性，鞿鞚乍拘自覺病；驚軼狂擲詎能無，處之以暇堪力勝。
牽來蹀躞人爭騎，驀跨那待羈靮施；擢足軒立忽落地，翻身騰羈捷於飛。
盡態極變不可狀，騂突雄驅若翻浪；毛龍逸虎旋就馴，人有餘閒據馬上。

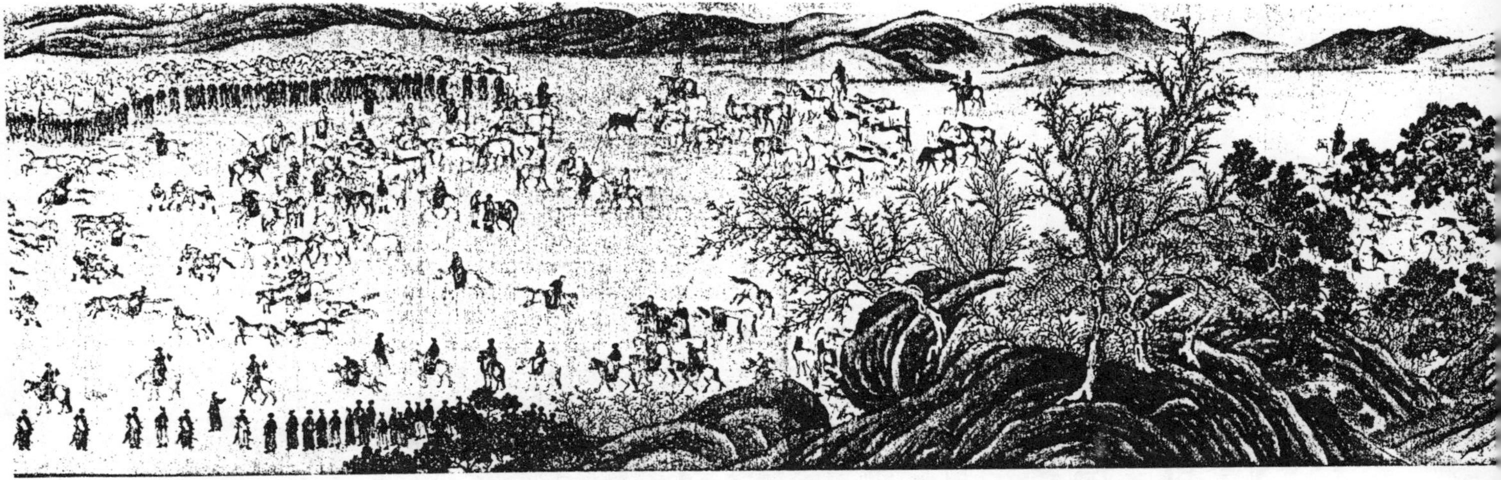

「騎生駒」（即馴服野馬，乾隆稱之為「敎駣）人牆所圍成的廣場中，到處是野馬。蒙古王公的青年子弟在廣場中大顯身手；有的飛馬持竿正在套捕野馬；有的已用繩子圈住，但野馬拚命掙扎；有二、三個人按住一匹野馬，正在裝鞍；有騎在亂蹦亂跳的野馬上的……

資料來源：《木蘭圖》頁224～225。

此係「騎生駒」場面的另一景。場中熱鬧如前圖。但兩側的戒備非常森嚴，因爲比較靠近皇帝立馬觀看處的緣故。下房的「停蹕頓營」係由兩座蒙古包和七座帳房構成。

左方有一道半圓形的黃幔城。城內正中設帳殿一座。兩翼各有兩座蒙古包。此處，卽蒙古王公向皇帝「近宴」的地方。

左下角，有一群青年貴族，手持皇帝御用的刀槍弓箭，係「上虞備用處」的人員。

資料來源：《木蘭圖》頁226～227 。

馳騁寧供耳目娛，駃騠騄耳中掄諸；憑閱考牧悟至理，不教而成事所無。

對於蒙古王公貴族的隨圍、進宴、呈技以及皇帝的賞宴，乾隆帝在一七六〇年（乾隆二十五年）所寫的蒙古王公等進宴即席得句（註七七）一詩，有綜合而生動的描寫，茲錄之如下：

木蘭歲歲秋獮舉，東道名藩許獻芹（註七八），
帳設崇岡菊節度（註七九），席聯新部雁行分（註八〇）。
湯羊美勝八珍膳，詐馬催來千錦群；
諸伎畢陳行賞罷，一家和樂萬方聞。

皇帝為了答謝蒙古的進宴，在獮期中隨時宴賚那些隨圍的蒙古貴族（註八一）。到了獮季結束還有一次慶功宴。根據乾隆帝的敍述，「每歲獮罷出哨第一程，東道則於此張三營，西道則於阿穆呼朗圖，賜從獮之蒙古王、公、臺吉等，及所部兵丁等食，並頒賞緞疋銀兩有差，令其各歸所部」（註八二）

第三節　行圍禁令

滿清皇帝的行圍，固然是承襲着祖先狩獵的習性並具演武之意義。但至康熙時，似已形成制度化，尤以木蘭的秋獮制度。最顯著者，其以皇帝親自統率，由其親衞、各地駐防官兵及蒙古王、公貴族、

官兵甚而歸服外族隨扈。此已非早期其他圍場的地方性，而是全國性甚而可說具國際性。如此規模龐大的大活動，各種禁令及紀律應是被特別重視的。早在太宗天聰六年（一六三二）時即已強調「蒐苗獮狩，原以講習武事，必紀律嚴明，然後人不敢犯」（註八三）的精神。次年（一六三三）十月，出獵中的太宗在開原對隨獵大臣官員軍事的諭令：「凡行獵處，有擅入圍中着，貝勒罰良馬一匹，甲喇額真罰銀十五兩，旗長罰銀十兩，閑散人罰銀九兩。離伍退後者，與入圍同罪。遇榛葦而規避不入者亦罪之。見野豬成群不驅入圍內而向外逐射者亦罪之。見猛獸在易射之地則往告貝勒，在險地則令原派勞薩等入捕之。其餘閒散厮卒，宜令在後。有射中麝鹿帶箭走入圍中即告於所在貝勒，准其追尋，不告而私尋者罪之。」（註八四）

另外，在太宗崇德二年（一六三七）閏四月時，渡遼河行獵時，有護軍統領哈寧噶、巴都禮等，率獵人前後離伍行，太宗怒責之，曰：「爾等皆熟悉畋獵之人，凡獵必先整圍場，然後併力合圍，乃可獲獸。今爾等漫無紀律，或前或後，何獸之可得耶，此皆該管章京懦弱；不能約束之所致，今姑寬宥，後再如此，定治以重罪。」（註八五）

從上所引，顯示出太宗時訂有非常詳盡的行圍規則，同時亦可看出在狩獵時，先要整頓圍場，然後向前合圍，要求嚴謹規律的行爲，嚴禁破壞團體的紀規，絕不容許個人肆意的行爲。同年（一六三七）三月之行獵，即因以圍場中斷獸逸，而罰瓦克達阿格、和爾本、塔海及昂阿昂邦等人所乘之馬入官（註八六）。

大清會典有言：「旣至，行在兵部頒行圍禁令」，又規定「禁隨駕官兵踐禾稼、擾吏民」。營總負巡警之責，「嚴譏察、止夜行，違者論如法」（註八七）行圍禁令在大清會典事例上亦有詳細的記載，如：

順治初年訂：「圍場隨獵官兵人等，如有行走不齊，前後雜亂以至呼應不靈者，該管官罰俸一個月，馱獸覓箭遷延落後者，鞭三十。……越衆騎射擾亂圍場者，該管官之馬入官。……隔山間射箭者鞭三十，追銀五兩。……」。「扈從都統統領副都統等，各率所屬官兵，按旗以次隨行。」

康熙二十一年諭：「圍獵不整肅者，照例懲治。」二十二年諭：「圍獵之制貴乎嚴整，不可出入參差，令左翼官在左，右翼官在右，統轄而行。宗室公等毋得越圍場班次或在後逗留，如在後逗留則衆人停待，圍場必至錯雜，統圍大臣須嚴加管轄。」又定：「畋獵時，每護軍三人，令一人負旗，二人射獸，向內射獸、沿圍射畢即回本隊，向外射者，獲獸取箭畢，即馳至圍場，遷延落後者，鞭三十，彼此匿獸鞭八十二，搶奪柴草鞭八十，追還柴草，該管官罰奉一月，盜鞍轡鞭韂等物，鞭八十二，罰銀三兩，……」。（註八八）

康熙二十二年（一六八三），康熙帝命令每年以一萬二千人的規模分三班赴木蘭行圍，而規定各部院的官員亦必須參加而能「達到圍獵整嚴」。（註八九）到了二十三年（一六八四）更要全國各省的駐防官兵，分別挑選，以參加行圍習武。（註九〇）。

從上所引，顯現出康熙帝承襲父、祖之狩獵遺規，甚而加以發揚，訂定之禁令更具軍事性質，此當然是因時代環境變遷所使然。及至其孫輩更克紹其裘。從乾隆六年（一七四一）乾隆帝第一次舉行木蘭秋獮所下之諭令：「……昔我皇祖每歲舉行（秋獮），所經由道路及一切事宜，皆有章程，朕今歲踵行，悉尊舊制。……隨從人等，有恣意需索及強買物件不按時價者，著直隸總督，不時查參，毋得容隱。」（註九一）。充分的證明康熙一朝的木蘭秋獮制度，行圍禁令已具，且被其後代奉爲神聖的家法而須奉行不輟。

乾隆、嘉慶二朝除嚴謹奉行康熙所遺之禁令外，更時時針對各種情況的發生而對行圍禁令再予增加或重申，茲據大清會典事例所記，擇錄如下：（註九二）

乾隆八年（一七四三）諭准：「隨駕行圍官兵跟役，或偷其主馬匹衣物，或偷他人馬匹衣物逃走，以及爲竊盜者，交行在步軍營嚴加查拏。被獲者照行軍例加倍治罪。自行在逃走人等，如有失察，係在何處出入，即將該汎官兵比尋常放過逃人之例，加倍治罪。」十年諭：「巡幸所過地方，特簡大臣，嚴查隨往官兵人等，不許蹂躪農田，滋擾百姓。……如有不遵禁令，傷及田禾者，即行參處。」三十九年諭准：「因行獵蹂躪人田禾者，係官罰俸一年，如係王、貝勒、貝子、公等，交宗人府議處，平人鞭八十。」又准：「放鷹人役，搶奪民物，姦淫民婦者，拏交刑部治罪。其委爲頭目之官及委爲從之官，係知情故縱者革職，如止於失察者，將委爲頭目之官降二級調用，委爲從之官降一級留任，罰俸一年。」

嘉慶八年（一八〇二）諭：「隨圍之大臣、扈從王公及各衙門堂官，……如有擅離大營，不敬謹遵照者，著總理行營大臣隨時查明參奏。……」十六諭：「隨從之王公大臣官員等，俱著在大營住宿，毋得私住下營。……凡遇隨圍，非奉特旨施恩准在下營住宿，概不得違例自便。」

固然，木蘭行圍的過程中，是含有娛樂的性質，然而清代的皇帝似乎均爲避免娛樂遊玩之嫌。因此在各種旨令中，幾乎都是在強調木蘭秋獮乃是「寓獵於習武」爲目的。所以在官方文獻上，此類的記載多得不勝枚舉（如熱河志、承德府志等等）。亦因爲如此，所以在整個木蘭秋獮過程中，對行軍、駐蹕、安營、布圍、合圍、射獵、罷圍及哨鹿的出哨，以及進宴禮儀，甚而娛興節目的進行等等，都有一定的程序與嚴格的規定，這種種情形多少反映出當時的軍事、政治及社會等各種曲章制度的內涵。

【附註】

註一　大清會典完成於康熙廿九年。東華錄，卷十一，頁五，康熙廿九年四月丁亥條。

嘯亭雜、續錄，爲禮親王昭槤（一七八〇—一八三三）撰著，身爲親王有機隨圍，所記者較爲眞實珍貴。

註二　大清會典，卷六一，大狩，頁七上。卷八十八，嚮導處。

嘯亭續錄，卷一，頁三十三下，嚮導處條。

亦卽熱河志（卷四十八，頁九下）、承德府志（卷首廿六，頁廿）所云：「掌除道、清軌、度地、建營之事」。

註三　嘯亭續錄，卷一，頁廿二下，射布靶條。

註四　熱河志，卷四十八，頁九下。

承德府志，卷首廿六，頁二十。

註　五：大清會典，卷六一，頁七：「行營駐蹕，護軍統領，營總一人，率護軍參領、護軍校、護軍，先涖其地，度地廣狹，以立御營」，所指略同。

註　六：嘯亭續錄，卷一，頁三十二上、下，虎槍處條。

註　七：蕭一山，清代通史，第一冊，頁五六七。

註　八：大清會典，卷八十八，頁十五—十六，虎槍營條。

註　九：同註六，頁三十二下，三十三上。

註一〇：大清會典，卷八十二，頁一—三。侍衛處條。

註一一：善撲營爲康熙所成立的。康熙即位時年僅八歲，順治遺命以索尼、蘇克薩哈、遏必隆和鰲拜四大臣共同輔政。他於六年（一六六七）親政後即以善撲勇士智擒一向專橫的鰲拜。這段故事在清史稿聖祖紀上有所記載：「上久悉鰲拜專橫，特慮其多力難制，乃選侍衛拜唐阿年少有力者，爲撲擊之戲。是日鰲拜入見，即令侍衛等捂而繫之，於是有善撲營之制，以近臣領之。」此外據竹葉亭雜記中的記載：（卷一，頁一）帝居宮中，每選滿州小兒善撲者戲於前，鰲拜以康熙童心好弄，益輕侮不介意，至是入見，遽爲所擒。」「善撲」滿州語謂之「布庫」，蒙古習俗重此。善撲營每巡幸皆照例隨扈，除備宿衛外（如遇安設大營，則於北面設堆撥二分，與護軍一體進退），於筵燕蒙古部落時，則呈技。見大清會典，卷八十八，頁十七，善撲營條。

註一二：大清會典，卷八十七，頁五，前鋒營條。

註一三：大清會典事例，卷七〇七，頁廿三—廿六，兵部行圍條。

註一四：同前，頁廿六。

註一五：嘯亭續錄，卷一，頁三十一下，鷹狗處條。

註一六：同前，頁三十二上，上虞備用處條。

註一七：大清會典，卷八十八，頁十六，尚（上）虞備用處條。

註一八：乾隆三十七年（一七七二）有「射生手」詩。詩前有序云：「國語（滿語）及蒙古語皆謂之默爾根。選善馳能命中者爲之。圍中射獸則命若輩隨蹤獲取。」其詩中有句：「射生手，射生手，諸部人中無不有。」見承德府志，卷首十二，頁十二上。

註一九：嘉慶廿二年（一八一七）九月上諭：「每年由盛京、吉林、黑龍江官員兵丁內揀善獵人員三十名隨扈進哨，射獵牲獸，原恐伊等技藝漸至生疏，是以令其隨圍演習。」見承德府志，卷首三，頁廿三。

註二〇：承德府志，卷首廿六，頁十七下。

註二一：熱河志，卷四十八，頁十下。

承德府志，卷首廿六，頁二十一。

註二二：大清會典事例，卷九八三，頁四—六，理藩院條。

註二三：熱河志，卷四十八，頁十上。

註二四：木蘭圖，頁二十六。

註二五：馬國賢神甫回憶錄，京廷十三年，十四章。引自袁森坡著：「木蘭圍場」。文物集刊，一九八〇年，北京。

註二六：高士奇著：松亭紀行，小方壺輿地叢鈔，第一秩，頁二五〇上。

註二七：嘯亭續錄，卷一，頁二下，御營制度條。

註二八：大清會典，卷八十七，頁五。

熱河志，卷四十八，頁五上、下。

註二九：承德府志，卷首二十六，頁十六下至十七上。

熱河志，卷四十八，頁六上。

大清會典，卷八十七，頁五至六之記載爲：「頓營之制，幔城縱廣各二丈。……行圍看城之制與頓營同。」看城即收圍之處，亦叫等城，等待圍之至也。（見石渠寶笈續篇第五本，頁二五二六）

註三〇：木蘭圖，頁三十八。

註三一：莊吉發：清高宗十全武功研究，附圖版一及十三。

註三二：嘯亭續錄，卷一，頁三上，御營制度條。

註三三：承德府志，卷首二十六，頁十五下至十六上。

註三四：同註三三。

註三五：大清會典，卷六十一，頁八上。

註三六：熱河志，卷四十五，頁十三下，乾隆四十一年（丙申，一七七六）作木蘭雜詠詩。

註三七：熱河志，卷八，頁九下，題錢維城雪景詩句：「布帳邀途觱酒暖」下注。

註三八：乾隆御制詩文十全集，卷八，頁十二。

註三九：熱河志，卷四十五，頁八下、十一下。卷四十六，頁九上。

註四〇：同前，頁十二下。

註四一：嘯亭雜錄，卷二，頁六下至八下。

熱河志，卷四十七，頁二上、下。

承德府志，卷首二十六，頁十八上至十九下。

註四二：石渠寶笈續篇，第五本，頁二五五六至二五五七。此外乾隆在丙申（一七七六，乾隆四十一年）所作的「木蘭雜詠」（見註三六）亦云：「等城近咫尺，曉往便傳餐；調鼎或親視，厨盤協衆歡……」。亦可作爲參考。

註四三：嘯亭雜錄，卷二，頁六下至七上，「木蘭行圍制度」。

註四四：石渠寶笈續篇，第四本，頁二三一八。此外乾隆尙寫了很多以「獮」爲題的應景詩，參閱承德府志，卷首十一、十二，及熱河志卷四十七，其中有一部份爲描寫在雨、雪、霧等不良天候下的狩獵情形。

註四五：熱河志，卷四十七，圍場三，頁八上至八下。此外乾隆帝尙有很多行圍卽事詩。另承德府志，卷首十一、十二，亦有很多類似記載可供參考。玆錄乾隆二十四年（己卯卽一七五九）的「圍中」一詩（卷十一，頁二十一下）爲例：

圍中選勝坐翠垠，嘉樹爲蓋莎爲茵；
時看足底飛白雲，風吹落葉左右紛。
目不見俗心無塵，我豈長林樂隱淪；
頗覺巢由不我擯，隔川忽過蒼鹿群。
園遠未致驚迸奔，擇肥命中施花神；
立斃其肉實鮮新，奔走蒙古及索倫。

舉火卽析山之薪，割生炙熟不逡巡；
鸞刀手試嘗其膹，呼前分賜飽德均，
上下和樂胥歡欣；由來古俗匪自今，
景宗小哉安足論！（景宗見遼史本紀）

註四六　石渠寶笈續篇，第二本，頁八七八。乙亥（一七五五）己卯（一七五九）又各作一首射虎行（見熱河志卷四十七，頁八上及十上）。茲將前者抄錄如下，以供參考：

虞人來報虎負嵎，羽林親率往麑諸；
度岡絕壑不數里，榛叢早見藏於兎。
銛鎗如雲周遭布，眈眈有猛無處逃；
忽然挺走衆辟易，欲往前山據深樹。
安吉驄如鬪虎騮，籋雲一策飛鳥愁；
追奔肯使牛哀逸，夏服在右烏號柔。
馥然中要只一矢，炳文高架駝峯紫；
戹魯齗舌頌威稜，笑謂今朝偶然耳。
（御製詩二集，卷五十九，頁二十三）

此外，石渠續編（第六本，頁三〇四三）還著錄了郎世寧所畫的一卷天威服猛圖，描寫乾隆在秋獮時，用神虎鎗殺虎的一幕，可惜沒有註明年代。此外御製詩文十全集卷十二，頁十一及熱河志卷四十七、頁三上，還有一首叢薄行，記敍乾隆之衞士擊斃一母虎及其一子後，又生擒其二子的經過，同書卷十八，頁六尚有永安湃圍場殪虎一詩描寫乾隆以火槍獵虎之事。關於乾隆所用的火槍可參閱「虎神槍記」一文，載承德府志，卷首五，頁六下至八上及熱河志，卷四十六、頁二上、下。

註四七　康熙與乾隆一起獵熊的故事發生在康熙六十一年（一七二二）。那年是康熙最後一次狩獵。那時年僅十二歲的乾隆亦被要求跟在身旁。熱河志，卷四十六，頁五上對乾隆帝「於永安莽喀作」詩後注：「壬寅（一七二二）秋，予隨皇祖（康熙）幸木蘭至永安莽喀，圍中有一熊，皇祖御火槍中之，熊伏不動久之，皇祖謂其已斃，命御前侍衞引予去射之，予甫欲上馬，而熊突起奔前，皇祖御虎鎗殪之，事畢入武帳，皇祖指予顧溫惠皇貴太妃曰伊命貴重，乃以射熊事告之。」另外乾隆有兩首關於射熊的詩（載承德府志，卷首十一，頁二下及卷首十二，頁八下至九上），其中「射熊行」較值得一讀：「虞人來報熊咆林，佽飛親率崇椒尋；倏胂群逐出叢樾，一箭要害洞中深。馥馬肆地目精散，對駞有力馱難任；復報翠微出其子，駐馬掩博觀勇士。須臾子路入檻籠，手羆足躪寧虛揣；畜之虎圈暫貸生，平原不射非所擬」（上引，卷首十二，頁八下至九上及熱河志，卷四十七，頁十三上）。

註四八　念德府志，卷首十一，頁六上。熱河志，卷四十七，頁五上下。

註四九　此外乾隆尚有丁丑（乾隆二十二年一七五七）的「放鹿」詩（承德府志，卷首十一，頁十八下及熱河志卷四十七，頁九上）、己卯（乾隆二十四年一七五九）的「放鹿行」詩（同卷，頁二十四及同卷頁十）及壬寅（乾隆四十七年一七八二）的「於巴顏岳樂放鹿之作」（卷首十二，頁二十三上）。

註五〇　嘯亭雜錄，卷二，頁二十六下，薦薪條。

註五一　連文臣射到獵物也要呈送給皇帝。例如戴衢亨「任修撰時，隨從木蘭，射鹿以獻，純廟（乾隆）大悅，曾賦天章以紀焉。」（嘯亭雜錄，卷一，頁二十三上，文臣射鹿條。）又乾隆四十年（一七七五）入崖口詩「通接軍書便賜將」句下自注：……卽以所射之麀分賜在大小金川作戰之將領阿桂、豐昇額、明亮等，因「初圍獲雋爲成功獲勝之兆」爲一例外。（見熱河志，卷四十五，頁十二下）。此外，乾隆帝亦送其獵物給他的母親。（己卯卽一七五七年所作「哨鹿」詩中句：「取佳進慈寧」。見熱河志，卷四十八，頁四下至五上）。

註五二：錄自熱河志，卷四十七，頁五下至六上，承德府志，卷首十一，頁九，爲壬申（乾隆十七年一七五二）所作。此外癸酉（乾隆十八年一七五三）同題的四首五言詩（承德府志，卷首十一，頁十二，熱河志，卷四十七，頁六下至七上）亦相當能反映行圍的實況，玆一併錄之，以供參考比較：

(1)撤圍

秋令木蘭獵，年來率按行；
伐齊既以習，紀律亦因明。
據嶺排群伍，沿蹊致兩旌；
詎徒恣從獸，要寓詰戎情。

(2)待圍

中軍例徐進，猶在白雲涯；
選勝居其要，乘閒酌所宜。
層巒疊嶂際，翠柏紫楓時；

隱若山靈詔，依然合有詩。

(3)合圍

如星之拱所，擬月以圓稱；
嶺碧遙拖柳，峯圖迴矗僧。
周遮群效力，馳射各呈能；
靈囿天然闢，朝家奕世仍。

(4)罷圍

素志常銘內，臨歡戒極歡；
息教歸布帳，招底藉皮冠。
炊熟地爲竈，割鮮草作盤；
披星仍迨曉，晏起敢三竿。

註五三 嘯亭雜錄，卷二，頁八下，木蘭行圍制度條。

註五四 同前，頁九上，哨鹿條。

註五五 竹葉亭雜記，雜記三，頁四下。

註五六 石渠寶笈三篇，第二本，頁一一三五。
熱河志，卷四十八，圍場四，頁四下至五上。

註五七 哨鹿前後二賦是乾隆皇帝自鳴得意之作，他在木蘭秋獮期間，有空就重加書寫，以致於在石渠寶笈續、三編上就着錄了多件。賦中對哨鹿的時間、方法及用意均有所描寫，玆全抄於此，以爲上引哨鹿四章詩之補充：

哨鹿賦有序

賦者，古詩之流。詩以言志，其有不能盡言之志，賦可以申之。我皇祖昔喜哨鹿，朕沖齡隨侍，習聞其事。年來乃親試爲之，嘉其有合於聖經。顧古人無賦之者，故不愧無文。其辭曰——：

伊白露宵中之候，正伊尼孳尾之時。生不息焉，洪鈞運而誰測；物雖蠢也，氣機至而咸知。故三序（春夏冬）則牝牡各從其類（謂牝隨牝群，牡逐牡侶），惟中秋斯牝牡各媲其妃（謂牝各分群而匹牡）。強有力者，不惟挾兩而累十；弱無能者，或乏獨匹以相隨。或依林而命侶，或據嶺而分畿，或悍害而傲衆，或謹守而自持，或豪斂而攘彼，或竊取私其。萬態紛其莫窮，一以音而宣之。於是虞人善因聲以察情，爰體情以斆聲。喜金風之颯爽，値玉宇之晶明，霜重而不言其冷，露濃而那覺其零，陵嶮巇而如登袵席，冒蒙茸而不異戶庭。慮吾遊之晏起，虞原獸之怠鳴（鹿迨晨則懶鳴，哨亦不進，故哨鹿者恒於未曙前卽往），夙戒僕而奚從，欣戴月而披星。舍彼寬衣，宜玆短服，荷長哨於左肩（以木爲哨鹿之具，呦呦以鳴），出象首于右簏（象鹿之首，人戴之，則鹿不疑），躐嶒陟崟，沿谿穿谷，攀蘿兮豈辭胼手，履石兮何妨尰足。蓋以暢玆心神，詎惟饕其口腹。於焉蹴乎崔嵬，軼彼嵾嵯，上干丹颯之讞，下視白雲之隈，上風饕切之避忌，陽林晃耀，則紆迴就叢薄之蔽翳，反獺裘而毪毪，衆條理焉畢會。乃得傑雄之爭匹者，呦跟蹌而徐來，角八叉兮巍巍，耳雙聳兮濕濕；挺強項兮莫攖，矗靈鼻兮善齅。始赫侶兮自閑，乃妬異兮矜急，既縱縱兮疾赴，復鷩竄兮少戢，蓋屢試兮絕猜，遂銳志兮直入。爾其動林無形，匪風有響，適其將至，撇爾懼往，奮角思觸，瀏睨爭長，則在夫能哨者善達變以隨機，比用中而執兩，或激其怒兮使進，或示以弱兮令放，惟察情之喜怒，乃應聲而低仰，蓋用心于既專，斯通靈而不爽。既然矣，無動無慮，不徐不遽，驀壓合之前陳，陡應叱而少住。屛營收息，量卑揣高，傍斗窺星（鎗上施星斗，所以審高低），度分以毫，審度發機，馥焉中膏，命處擇肥，登于大庖。若夫多疑旁剔，既進中止，膽劣心狷，狐猜狼覷，未交戰而長跳，颮叢樾而如駃，則亦比之窮寇之莫追，又何必焚林而盡取哉。

蓋嘗研精哨鹿之理，而知五德焉：取一以新，匪二以頻，仁也；逆者斃之，去者寘之，義也；爰登籩簋，爰蝦福履，禮也；招之卽至，獲之卽遂，智也；呼哨以進，射宿凜訓，信也。如是者，蓋有合於聖人之洪道，而又豈潘岳耽盤流遁之所誡，相如子虛上林之所嘲也哉。

後哨鹿賦

或問：「哨鹿之時、之法、之義，蓋已蘊眩前賦矣，若夫冒凜冽之霜晨，衝蒙翳之林薄，踐昨蕚之巉峯，涉沮洳之幽壑，十哨未必一來，十來未必一獲，獲乃心忻，失則興索，多見其勞，鮮聞其樂，則何不張堂堂之圍，按徐徐之度，收籍籍之富，兔皇皇之遽，而故爲是寒征而曉作者，何哉？」

曰：「吁！是何言耶？是何言耶！見土障葛燈，而嗤爲已過者，非忘其先也？逸則淫而勞則思，季氏之婦猶聞之，固可弛其愓乾耶？」

或曰：「愓乾者，蓋不若是矣，意者愼大寶、居法宮、屛九御、接三公、劭農政、熙天工，豈謂當卽鹿於隍中耶？」

曰：「子知其一，未知其二，坐，吾語汝，賦以見志。若夫高談堯舜，深處廟廊，文恬武嬉，內弱外強，熟不喜夫逸體，而庸詎知其頽綱也哉？且也身歷其難者，告之以人之難而知；而不知人之餒者，方謂何不食肉糜也。

是以神區天闢，後法先垂，詰戎習衆，謹度節時，圍以示正，哨以出奇。得之艱者趣斯永，躬其勞者樂亦隨。

蓋理境之當窮，可絜矩而深思也。於是秋本蕭辰，塞尤淒所，宵風定兮林靜，曉風上兮山岨。漉漉者姤羣，俟俟者攜侶。邅彼斷斷之蹊，如或殷殷而佇。吹長哨以通情，似應聲而答語。去亦弗追，來亦弗拒，則有強者捍捩，弱者趦趄，猜者飄瞥，怯者踟躇，慷慨者拼性，昏瞀者模糊，雖人情之萬態，亦奚有以異諸？緣韄物來，獲一勝百，其來也，亦惟去之是慮；其獲也，夫何失之足惜。去與來，固難期之儻然；失與獲，亦無定之屢易。吾因以參如幻於現前，愛景光而爲適也。

爾其問夜宵衣，據鞍策馬，萬帳燈明，七萃聲寡，是則始出營而覽離奇晃耀之狀也。若夫炬影漸遠，夜色猶暝，峯嶺纔分，林樹未形，乍如夢遊玉樓十二仙人京。乃其曉蟾初吐，或半或圓，隔葉瀲露，度水翻瀾，又如虹橋可躡，徑欲造廣寒。高山出雲，雲去山在，變幻頃刻，步移觀改，則何異夫黃山之海。赤烏扶桑，霧斂氛開，玫瑰韎韐，熊熊回回，又奚數其初陽之臺。于焉入深樾、凌崇巒，密容單騎，疎見線天，千年落葉，鱗祴谷塡，色作黃金，風吹不翻，臭如沉水，履若罽氈，壇佪乎，靜嶺乎，忽訝夫身入布地之園，而伊尼之羣，方且左右前後，與人周旋，失兮獲兮，勞兮樂兮，率已相忘於無何有之禪矣」。

問者茫然不知所謂，憮懼跼蹐，唯唯而退。

前賦成於己巳（乾隆十四年一七四九年）之秋，癸酉（乾隆十八年一七五三年）復爲後賦。向曾命筆書之，分裝卷冊，茲復合書成卷，聊誌樂事，非欲規模赤壁也。甲戍（乾隆十九年一七五四）夏御筆。（錄自石渠寶笈續編，頁八七一至八七三）。

註五八　見承德府志，卷首十一，頁五上、六下、十上及二十三上。其中一七五二年的「哨鹿十韻」（頁十上）最值得一讀：「凌曉出帷城，羽林簇隊行；歷登千障廻，俯視萬燈明。宿處蹤將遠，虞人技各呈，扈隨留次第，翳伏展長聲。纔辨林分色，俄聞鹿答鳴；最嫌心卞急，要在氣和平。強弱微窺勢，去來仍體情；從禽非浪漫，付物有權衡。連獲何須詡，偶空亦豈怦；豪遊眞絕勝，一覽衆嵐情」。

註五九　卓索圖盟包括：喀喇沁和土默特二部。昭烏達盟包括：翁牛特、敖漢、奈曼、巴林、克什克騰、阿魯科爾沁、喀爾喀和札嚕特等八部。見熱河志，卷四十八，頁十下。

註六〇　巴雅爾者，蒙古語謂喜，鄂爾袞則寬也。……每與蒙古王公等備宴於此……，以其地寬敞可詐馬也。」見乾隆御製詩文十全集，卷二十八，頁十九。

註六一　舊時他們要請皇帝「公宴」和「家宴」各數次。乾隆皇帝爲了表示體卹，而命令爲一次舉行。見承德府志，卷首廿六，頁二十一下至二十二上。熱河志，卷四十八，頁十上。

註六二　同前，頁二十二至二十三及頁十一。

註六三　依乾隆四十一年（一七七六）御製於巴雅爾鄂爾袞溝蒙古王公等進宴即席得句之「仍看列就九駝白」，可見到這一年白駱駝的進貢已減半。在注中乾隆還說白駝「爲蒙古最尊重，嘉貢雖不收，喜其徵瑞也」。（御製詩文十全集，卷二十八，頁十九下）。此外乾隆一七六三年所寫的「蒙古王公等進宴即席得句」詩中有「九白駝牽吉兆呈」（承德府志，卷首七，頁十九下），可見他是相信白駱駝爲吉兆的。此外白色的鹿類也被視爲難得的瑞祥。一七五二年在圍中曾活捉了一隻白麀，乾隆特賦詩以誌喜，詩前有序云：「昨秋蒙古臺吉畢里袞達賴以白麀進，嘉其應時獻壽，曾爲之圖而紀以詩。今行獮塞上，於巴顏河落圍中，復生致此，毛色純潔，性特馴擾，同陸所僅見也，拈吟紀實，匪侈祥符」（見承德府志，卷首十一，頁九下）。但在「蒙古遊牧記」喀爾喀總敍中所記之獻「九白」之禮的九白爲白馬八，白駝一。

註六四　乾隆在其一七六三年所寫之「蒙古王公等進宴卽席得句」中有「大野涼秋皜日晶，筵張黃幕傍行營」句，與此吻合（見承德府志，卷首七，頁十九下）。

註六五　此詩爲御筆已酉木蘭秋獮詩五首中的第二首，載石渠寶笈續編，第五本，頁二五五六。

註六六　御製詩文十全集卷十八，頁五。

註六七　例如，乾隆在一七七六年所寫的巴雅鄂爾袞溝蒙古王公等進宴卽席得句（御製詩文十全集，卷二十八，頁十九）亦提到塞宴四事，注中又言及詐馬之事。此外，在承德府志，「天章」中亦有不少描寫蒙古進宴之事的，其中亦多次提到詐馬（見卷六，頁十七上，二十一上，二十二上，二十九上及卷八，頁七上）。

註六八　載於承德府志，卷首十一，頁二十六下至三十上。

註六九　見承德府志，卷八，頁七上。

註七〇　火不思爲蒙古樂器，四絃，似琵琶而瘦。桐柄梨槽。半冒蟒皮。通長二尺七寸有奇。元史作「和必斯」，長安客話謂之「渾不似」。（轉引自木蘭圖，頁一二七）

註七一　卽火不思的不同譯音。（同前）

註七二　熱河志，卷四十七，頁十六上。

註七三　例如乾隆癸亥（一七四三）作「賜蒙古王公等宴」詩中有「娛觀陳角觝」句。關於秦漢時代的角牴戲，以及清末民初的相撲，請參考黃節華著「中國古今民間百戲」（臺北、商務、人人文庫，一九七二），頁十五到二十二。

註七四　見承德府志，卷首六，頁十七上。

註七五　嘯亭續錄卷一，頁三十三上。

註七六　乾隆在其詩中亦常提到「教駣」，除下文所要言及之塞宴四事詩外，尚可參見承德府志，卷首六，頁十三上；卷首七，頁十九下及二十六上。

註七七　載御製詩文十全集，卷十九，頁三。此外乾隆還有很多詩描寫蒙古王公進宴，請參考承德府志，卷首六，頁十七上，二十九上；卷首七，十九下，二十二下，二十六上，三十一下等。

註七八　原注：舊例木蘭行圍，扎薩克盟長等進公宴、家宴凡數次。朕命合數宴爲一，所貢之馬駝牛羊並卻不納，既以聯中外一家之情，兼寓體恤之意云。

註七九　原注：是日重九。

註八〇　原注：隨圍之都爾伯特親王策凌烏巴什等，回部郡王霍集斯伯特等並命預宴列坐。

註八一　乾隆有不少「御製詩」關於賜宴蒙古王公之事，請參考承德府志，卷首六，頁八下，十二上，十四上，十八上，二十一上，二十一上，二十一下，二十二上；卷首七，首十九下，二十九上。

註八二　引自御製詩文十全集，卷三十三，頁四上。乾隆還有一首重九日張三營行宮賜蒙古王公及行圍人宴並金幣有差詩以紀事（同上，卷八，頁三）值得一提。

罷圍依例犒筵加。
施惠兼因答歲華；
耐可行宮逢九日，
雅宜應節見黃花。

朱提分賜一千騎；（原注：一千二百獵騎，舉成數耳）

文綺均頒卌九家；（原注：俗所謂四十九家王子者也）

蘇對何妨頻令預，（原注：是日哈薩克使者亦預宴）

由來澤欲不遺遐。

此外，乾隆還有三首詩描寫張三營賜宴之事，見承德府志，卷七、十一上、二十六上及三十一下。

註八三　大清會典事例，卷七〇七，頁九，行圍禁令條。

註八四：太宗實錄，卷十六，頁十八，天聰七年十月，癸已條。

註八五　同前，卷三十五，頁五，崇德二年閏四月，丙辰條。

註八六　同前，卷三十四，頁三十四，崇德二年三月，癸丑條。

註八七　大清會典，卷六十一，頁七下至八上。

註八八　大清會典事例，卷七〇七，頁十二至十三。

註八九　聖祖實錄，卷一〇八，頁十，康熙二十二年三月，戊午條。

註九〇　同前，卷一一五，頁十至十一，康熙二十三年四月，乙丑條。

註九一　大清會典事例，卷七〇七，頁十四。

註九二　同前，頁十五至二十二。

第五章　木蘭圍場的功能

木蘭秋獮是滿清皇室所舉行的最重要活動之一，除此之外還沒有其他事件，在「一個多世紀中」（註一）每年固定佔用皇帝及其屬下貴族如許多的時間（包括來回路程至少花費一個月）。其勞民傷財理所當然外，而一般平民被迫修路造橋、供應肉菜、糧草及薪柴，隊伍踐傷禾苗，地方官吏更藉機敲搾勒索，弄得民衆焦頭爛額也是必然的，是以民間有諺曰：「皇帝之莊眞避暑，百姓仍是熱河也。」（註二）話雖如此，但其卻具有積極的政治與軍事作用。又清帝爲達到這政治與軍事的作用，定期巡幸、秋獮木蘭，而於沿路設置行宮，爾後擴大成爲有名的熱河避暑山莊，成爲滿清皇帝的行政中心，爲少數民族覲見的場所，又爲適應各少數民族的生活、宗教信仰以及以宗教羈縻而有外八廟之出現。山莊、外八廟的出現是經過幾十年的經營，配合著木蘭秋獮相輔相成，除相互發揮著政治、軍事的作用外，亦帶動了長城口外經濟、社會人文的變化，同時亦促成文化、宗教及藝術的交流。本章擬就從木蘭圍場的秋獮活動對軍事、政治、文化、經濟、宗教及藝術等方面所產生之功能加以論述之。論述內容一以木蘭圍場本身的秋獮活動所產生的軍事、政治作用外，並論及因秋獮活動所遺留下之文物對歷史文化的研究價値。另以山莊及外八廟的設置除扮演政治的作用外，並論及帶動地區的經濟繁榮、人文景觀的變化及宗教、藝術的交流等等。玆分述如下。

第一節 軍事的功能

談到木蘭圍場對於軍事上的功能，似有過於主觀強調或是一廂歌功似的說法，且有意忽略了滿洲人從其祖先遺傳下的狩獵嗜好及娛樂性質。事實上，木蘭圍場秋獮活動的娛樂性質實不容低估。因爲康熙、乾隆二帝對此道的愛好與精擅是無可置疑的，數量衆多又彼此吻合的文獻如東華錄、熱河志、承德府志及大清會典及會典事例等等記載了他們不止在木蘭按期狩獵，而且也在他處圍場（尤其在南苑圍場）進行同樣的活動。

但是狩獵的娛樂性質，仍然被康熙、乾隆、嘉慶三帝所堅持的「習武」功能所掩蓋住。而魏源聖武記亦有「分班扈獵、星羅景從、霆驅兩合、天子親御王弧、止齊步伐、三驅田禽、寓綏遠於訓武」（註三）的記載。

康熙帝誠如前述自木蘭圍場設置後，數十年間都到圍場舉行秋獮大典，直至晚年仍堅持不輟，其目的除使蒙古王公大臣「畏威懷德，悉主悉臣」（註四）緊密地團結在清政府周圍，擴大並加強清帝國對付俄羅斯、準噶爾兩大帝國的政治基礎外，另以「安不忘危、訓玆貔虎」、「博犀兕以作氣，冒風雪以習勞」（註五）的意志，透過行圍達到「秣馬厲兵、教營伍、練攻戰，激勵獎士、申明賞罰」的目的。就因爲這樣堅持不懈地進行訓練，而大大提高了滿蒙兵長途跋涉、吃苦耐勞的軍事素質和行軍野戰、摧鋒挫銳的攻擊能力。康熙二十四年以戰迫和俄羅斯，二十九年大敗準噶爾之烏蘭布通之戰，卅五年又敗之之昭莫多之戰，尤以後二者，即是清軍利用行圍打獵對地形熟悉及訓練有素而獲致輝煌戰果（註六）。

康熙六十一年（一七二二）聖祖曾經這樣總結了木蘭行圍的意義和作用：「從前有以朕每年出口行圍，勞苦軍士條奏者，不知國家承平雖久，豈可遂忘武備。前噶爾丹攻破喀爾喀，並侵擾我內地扎薩克至烏蘭布通，朕親統大兵征討，噶爾丹敗走。後又侵犯克魯倫，朕統兵三路並進至昭莫多剿滅之。今策妄阿喇布坦無端侵犯哈密地方，朕徵發阿爾泰及巴爾庫爾兩路兵進剿，策妄阿喇布坦聞之心胆俱碎，乃遣策零敦多卜等潛往西藏，刧掠毀壞寺廟，土伯特地方已被殘蠹。朕又遣大兵前往，擊敗策零敦多卜等，復取西藏救土伯特於水火之中，我兵直抵西藏立功絕域，此皆因朕平時不忘武備，勤於訓練之所致也。若聽信從前條奏之言，憚於勞苦，不加訓練，又何能遠至萬里之外而滅賊立功乎？」（註七）

乾隆帝在乾隆六年（一七四一）二月決定舉行他即位後首次木蘭秋獮時，所下的一道御旨中，對行圍的政治和軍事作用，有非常詳細明確的說明；據高宗實錄載：「……古者春蒐、夏苗、秋獮、冬狩，皆因獵以講武事。我朝武備超越前代，當皇祖（康熙）時，屢次出師，所向無敵，皆由平日訓肄嫺熟，是以有勇知方，人思敵愾。若平時將狩獵之事，廢而不講，則滿洲兵弁，習於晏安，騎射漸至生疎矣。皇祖每年出口行圍，於軍伍最爲有益，而紀綱整飭，政事悉舉，原與在京無異（註八）。至巡行口外，按歷蒙古諸藩，加之恩意，因以寓懷遠之略，所關甚鉅。皇考（雍正）因兩路出兵，現有徵發，是以暫停圍獵，若在徹兵之後，亦必舉行。況今昇平日久，弓馬漸不如前。人情狃於安逸，亦不可不加振厲。朕之降旨行圍，所以遵祖制，整飭兵戎，懷柔屬國，非馳騁畋遊之謂……。」（註九）此次行圍結束後，乾隆帝亦降一道諭旨給蒙古扎薩克諸王、貝勒、貝子、公、台吉等貴族，說他們「自太祖、太宗時，歸仁向化，與滿洲一體效力，皇祖、皇考眷愛爾等，無異滿洲，教養兼施，百有餘年，朕此次行圍，行列整齊，皆爾等教訓有方所致，朕甚嘉焉。著加恩賞賚銀幣有差。」（註一〇）明顯的，木蘭秋獮的用意，除在訓練滿洲八旗外，同時還具有籠絡及控制那些草原地帶遊牧民族的政治作用。十六年八月，乾隆於木蘭作的九首詩中有云：「……單于讓牧場，朝家置靈囿；深戒武備弛，于焉習獮狩；……帳殿張雁塞，毳服蒙龍光；嘉賓式燕喜，乳酒湘黃羊；錫爵洽衆歡，湛露流霞觴；……。」（註一一）此亦可見其對政治及軍事作用的再肯定。

我們從秋獮制度來看，由紮營的採取軍事方式起，及至賜宴賚賞結束止，打獵的全部過程都組織得像戰爭上的進攻一樣。如果從哨鹿的過程，我們更可體會出「寓戰於獵」學習少數進攻以寡勝敵的野戰訓練。乾隆廿四年（一七五九）御筆哨鹿四章中有云：「……披星出御營，霜坂跋輕騎；一暢尋樂懷，一寓習勞意。……叢薄影白月，絕壁下陗風；低語學銜枚，銳進擬襲攻。……晏起在所戒，冒冷天將曉；減從四五人，攀陟窮峯嶠。……」（註一二）由此詩可知哨鹿之目的除了獵味、「尋樂」和「習勞」之外，最重要的還是「寓戰於獵」。此哨鹿詩中，另有「回頭語額駙，去歲追賊蹤；誠不負教養，讀書深宮中。」四句。額駙者乃固倫額駙色布騰巴爾殊爾也，乾隆廿三年隨將軍兆惠遠征回疆，追噶爾咱忒賊人恩克圖至庫隴奎地方，以力戰受傷被命回京。茲隨圍哨鹿，天甫黎明亦正是同他去年襲賊的時刻。（註一三）此際，再聯想到前文述及木蘭駐蹕大營與出征西域軍營類似情形，眞可謂「學隨圍以致用也」。教養方式何其多，隨圍過程中予以各種不同之考驗亦是方法之一。而皇帝藉此機會以判斷屬下之才略，就以騎射而言，即可分別優劣，以備升用。（註一四）例如：從征西域、金川、台灣諸役、戰功彪炳、詔封五等的海蘭察，即因機智，隨扈木蘭，而被訓練成「才俊」（註一五）。其他如：豐昇額係御前大臣，奎林、福康安、普爾普等，皆御前侍衞出身，有機隨扈木蘭行圍，而又均爲金川戰役成功的將官（註一六）。相反地，皇帝亦淘汰那些不稱職的貴族、軍官。乾隆十八年九月諭：「今日行圍隨從侍衞率多怯懦，甚或有畏縮不前者，身爲侍衞於行走之處，理宜爭先奮勉，不失滿洲舊習，今徒步山林即如此怯懦，若遇軍陣尚何足觀。豐安係揚古利額附之孫，朕因念及伊祖屢經施恩，用至於領侍衞內大臣，當感朕恩法祖效力，且身任管轄之責，不能以身表率侍衞，反畏縮不前。朕前尚且如此，則平日又何能管轄侍衞耶。豐安着革去領侍衞內大臣、副都統公爵。……再揚桑阿朕念伊父用至侍衞領班領副都統，伊係隨護之人，並不奮力前進，尤屬非是。著革去侍衞領班領副都統。……隨從侍衞田國恩，着革去侯爵。」（註一七）又諭：「德保人既平庸，射箭亦復生疏，全無

滿洲舊風，不勝侍郎之職，著革去侍郎。」（註一八）

從上所述，我們即可瞭解乾隆帝何以能在短短的四年時間（乾隆二十年—二十四年）以犂庭掃穴之氣勢，二平準噶爾，一定回疆，把今天的整個新疆地區納入版圖。此固然承襲聖祖餘威，然在雍正「十三年中未經舉行，八旗人員，於扈從行圍之事，一切生疏。」（註一九）的情況下，實因乾隆以武備不可廢施，官弁不可怠惰為戒而於平素之際，勤於行圍以校獵軍行，始而獲致的勝利。高宗實錄載：「我皇祖聖祖仁皇帝臨御六十一年，惟恐八旗之衆，承平日久，躭於安樂，不知以講武習勞為務。是以省方問俗，校獵行圍之典，歲頻舉行。聖壽既高，猶不肯稍自暇逸，其所以為萬世子孫計者，意至深遠。……朕臨御以來，思紹前徽，早夜兢兢，罔敢稍懈。如此年來，戡定準夷，兩路用兵，我滿洲大臣官兵等，皆能踴躍奉命，克奏膚功。亦由躬親整率，習之有素，是以臨事赴機，人思自效，即此亦其明驗矣。」（註二〇）。在隨扈行圍的八旗官兵中，以東三省及京兵為數最多，經過層層考驗後甚為高宗所倚重。如乾隆三十二年出征緬甸的遠征軍共計二萬六千五十名中，京城滿兵三千熱河厄魯特兵五十人外，「另從熱河遴選侍衞、拜唐阿共五十人」，但到次年遠征軍增至二萬八千三百四十名時，而滿蒙兵即佔一萬陸千三百四十名。（註二一）另乾隆三十六年第二次金川之役，聞及溫福兵敗，高宗認為皆由於未用滿兵之緣故，而後悔不已（註二二）。

清高宗在位六十年，晚年自詡的「十全武功」乃是後四十年經由四處征伐，綏服外敵，清掃內亂，將士登高山，履溪澗，上冰原，下熱地，歷沙溪，渡海洋，深入敵境數千里而締造出來的。在這「十全武功」中，東三省及滿蒙官兵參與八次（註二三）。確實勇猛異常，對開疆擴土、曠世武功、立功厥偉。何以從康熙初年「三藩之亂」的胆怯儒弱，而至乾隆「十全武功」卻勇猛異常。最直接的關鍵應是木蘭圍場的地理條件，皇帝的親率行圍配合嚴整的軍事校獵及野戰訓練。頻頻舉行而培植出來的成果。

第二節　政治的功能

滿清皇朝治蒙政策諸多（註二四），以本文前述之進宴賞賜而言，似着重於攏絡、懷柔的推恩爲主，但事實上，從行獵的過程中亦達到威服的目的。北方遊牧狩獵民族，包括蒙古、滿洲人，自古以來有一種傳統—即首領在狩獵中，運用其權力，而附屬者要在參加該項活動時鞠躬盡瘁。這種傳統被康熙、乾隆靈活地當作一項政治制度而加以運用。皇帝在打獵時，集合皇子（註二五）、滿蒙的貴族以及中亞、青海等地的部落首領，欣堂讚嘆皇帝的高超精擅的射獵本領（註二六），而後又讓他們在皇帝所刻意排演的豪華及具威勢的宴會中，不知不覺地服從於滿清帝權下。一個人遭受正面武力的攻擊雖處於弱勢，但至少會有某種反擊抗拒。但是如果接受細水長流滲透式的攏絡，施恩則易心悅誠服毫無抗拒的被其控制。木蘭秋獮的過程正是清皇帝以恩威並濟，雙管齊下，再配合其他的封爵、互婚、盟旗隔離的政策，使內外蒙古扎薩克徹底臣服，牢牢控制。不僅成爲清帝國的北方屏障，同時亦是開疆擴土的得力幫手。如外蒙之三音諾彥部，對清帝國平服準部，貢獻最多。此乃因受爵、賜婚較他部獨優之故（此亦爲清室刻意培植以爲牽制而達到較易控制之目的）。是以聖武記云：「本朝外藩勛戚之盛，外蒙古推三音諾彥部。」（註二七）。三音諾彥部首領策凌，先世爲元太祖第四子子孫，世居喀爾喀賽（三）音諾彥部，原屬隸土謝圖汗（喀爾喀四部之一），康熙時，準噶爾汗噶爾丹東破喀爾喀四部時，策凌弱冠負祖母單騎竘關降。康熙帝憐之置宿衞授輕車都尉爵，且賜第京師尚純慤長公主洊封郡王。（註二八）雍正三年（一七二五）始由朝命析十九扎薩克與之，別爲一部（註二九）。其地位純由清帝給與，對清自極恭順。策凌、成衮扎布父子二人亦經常隨高宗於木蘭行圍，優渥有加（註三〇），且賜封超勇親王，與車布登扎布父子兄弟三人，相繼出任定邊左副將軍（即烏里雅蘇台將軍），爲外蒙各部之實質領袖。雍正、乾隆二朝對準噶爾用兵，均爲要角人物。至於其他各部落亦同，均爲康、雍、乾三朝西北用兵主力之一。嘉慶帝曾言：「當年本朝開創時，凡略地攻城，率皆滿蒙同心宣力，克奏厥功。」（註三一）即令咸同年間西北回亂，蒙古各部雖已積弱不振，同治帝仍言：「現在賊氛愈急，關外除蒙古以外，更無可調之兵。」（註三二）

從上所述，蒙古各部，實與清帝國有密切之關係，兩者合作無間，結爲一體。嘉慶帝之言固非虛語，而同治帝實是在內外交迫的情況下，感念蒙古人同甘共苦的肺腑之言。然如此花果，不得不歸功於他們的祖先所刻意經營的結果。首先追溯到清世祖順治所云：「我國家世世爲天子，爾等亦世世爲王，享富貴於無窮，垂芳名於不朽，豈不休乎？」（註三三）。康熙克紹父志，以行圍加意攏絡施恩而有：「昔秦興土石之工，修築長城，我朝施恩於喀爾喀，使之防備朔方，較長城更爲堅固。」（註三四）長遠預期的目標。雍正更以保大清即須保蒙古爲其征討準噶爾之具體理論，認爲：「準噶爾一日不滅，則蒙古一日不安，邊境一日不寧，內地之民一日不得休息。」（註三五）。乾隆繼承父祖遺意，時時透過行圍進宴的機會以達此目的。乾隆二十年（一七五五）在木蘭所寫的詩中，「於興安作」（註三六）一首，對他的利用打獵以達到攏絡蒙回的意圖有很恰當的自白：

大幹崇盤盤，靈區結木蘭；
山惟向北迥，節應當秋寒。
獵場深益佳，興安眞興安；
林有落葉松，獸多大角源。
鹿鳴哨可志，雁飛俯以看；
漠南昔王庭，海西今材官。
相於奉時獮，樂志餘清歡；
念茲匪易致，永言思其艱。（註三七）

北方遊牧狩獵民族受天候、地形影響，重視移動，因而養成重視紀律，以團體爲重，服從領導，專事戰鬥的軍事狩獵生活。在遼時誠如前文所述，狩獵已被看成一種軍事訓練。這種傳統亦見之於金和元以及後起之滿洲女眞。由傳統而來的，亦被傳統規範的木蘭秋獮，因而也具有某些宗法方面的性質。在上文已經提到皇帝親自射獲的獵物要用快驛立刻送到北京獻祭祖先外，其實每年秋獮大典出發打獵開始和結束都要祭告北京的祖廟—奉先殿（註三八）。因此，狩獵之舉，一方面使人感覺到皇帝本人和他的祖先連繫一起，而肯定了他正統的性格，一方面讓那些滿洲貴族在此最純粹的傳統活動下集合，使清帝及滿人這些外來統治中原的所謂「神聖」性質獲得穩固，從而完成政治、宗法兩種目標的結合。透過這種宗法儀式，皇帝權力在政治上的無上性和宗法的代天性而得到加強。這種宗法性的傳統於康熙數十年的秋獮大典中確立而成神聖的「家法」。其子孫完全繼承了這種看法，雍正、乾隆和嘉慶一再強調木蘭秋獮爲其神聖的「家法」。甚至在提到這兩字時，他們還在「家」字前空一格，以示其神聖不可侵犯。雍正雖然不到木蘭行圍，但仍要他的後世子孫「習武木蘭，毋忘家法」（註三九）。

至於乾隆，在其一生六十年的帝位內，更是念念不忘家法，以致此「家法」兩字充斥於其御製詩中。尤其在乾隆十四年（一七四九）木蘭行圍即事雜詠八首中之：「幼齡侍祖沐含飴，親見習勞力不衰，敢以古希事安養，勉修家法萬年貽。」（註四〇）四句充分顯示乾隆完全繼承了康熙的看法。四十年後（一七八九）在「巴顏和樂行圍作」一詩的「中祀躬親此意同」句下的註解中，乾隆云：「若木蘭行圍，乃恪遵家法，已四十巡於茲矣！」（註四一）。同年獵畢，離開木蘭時，又在其「出崖口作」一詩的「擬臨觀教效前規」句下的註解說：「予年十二，侍皇祖行圍。維時詢之御前諸臣，知皇祖圍中弗乘騎者已數年矣。今秋連舉十三圍，馬上命中，不減昔時，仰邀天眷，更加優厚，後歲即不欲乘騎。然秋獮令典，我朝家法所貽，予未致政以前（註四二），不敢自逸。屆時仍擬率皇子及孫、曾、元等，進木蘭，令皇子等行圍。予於看城臨觀，或坐而引弓射獸，倣傚前規（註四三），是亦伊古所無之盛事。」（註四四）。

此詩除透露了康熙、乾隆晚年秋獮的一些眞相（註四五）外，所顯示的仍是對其「家法」的堅持。

這種思想觀念在嘉慶帝於一八〇二年（嘉慶七年）第一次舉行木蘭秋獮時（註四六），亦被強調：「……習武守舊規，家法重典册，上蘭舉秋畋，敬承永不易。」（註四七）。在其「木蘭記」裡有：「……敬循舊典，歲詣木蘭行圍，自知騎射遠不及我皇考於萬一，然此寸心不敢不彊勉，實不敢怠惰偷安，稍辜三年朝夕之茲誨，是以率諸皇子及近支孫曾輩行圍習獵，而諸部落仍昔左右趨扈。……夫射獵爲本朝家法，綏遠實國家大綱。……木蘭秋獮，爲億萬斯年世世子孫所當遵守……。」（註四八）。可見嘉慶帝雖射獵不及乾隆、康熙，然其堅守宗法家規及攏絡、綏服蒙古諸部落的心志意圖實超越乃父乃祖。

在上述中，我們已一再的強調木蘭秋獮大典過程中，對軍事政治的功能。而秋獮大典前後路經地方而對吏治的影響，亦是值得一提的。雖然，皇帝在秋獮大典的前後，在路過地區固然產生了某種程度的騷擾，而予百姓有如處在「熱河」的情形發生。但賢明（？）的皇帝亦在此過程中，在所經之地，用他的眼睛觀看百姓的生活，用他的智慧判斷地方的政情，無形中達到考察吏治的目的。康熙帝對此曾經意味深長地說：「臣下之賢否，朕處深宮，何由得知？緣朕不時巡行，凡經歷之地，必咨詢百姓，是以知之。凡居官賢否，惟輿論不爽。果其賢也，問之於民，民必極口頌之。如其不賢，問之於民，民必含糊應之，官之賢否，於此立辨矣！」（註四九）若發現怠忽職守，未能勤勉效力或逡巡退後，不奮勇前往的官吏，一般都能革職懲治（註五〇）。同樣地，若發現傑出的將才，則不論其出身即擢拔重用。如出巡喜峯口外時，見三屯營副將殷化行，富於謀略，遂擢升爲總兵，有名的昭莫多之戰，殷化行臨機應變，多謀善諫，是獲取這次戰爭勝利的主要實際決策人之一。（註五一）

乾隆帝的巡幸，或許比不上康熙「問之於民」那樣的親切徹底，但可想像的，多少予地方官吏有警惕作用。東華錄載：「……至於巡幸，則聖祖時歲凡數出，不特稽古省方，用彰盛典，良亦我國家習勞之舊制，雍正四年，皇考曾降旨以武備不可廢弛，官弁不可怠惰爲戒。然十三年中，未經舉行，八旗人員，於扈從行圍諸事，一切生疏，近年稍覺嫺熟，亦事之不可不行者。且以吏治而言，直隸較優於外省，豈非常經巡省之明效乎！」（註五二）這段記載，明顯的反應出巡幸、秋獮大典的軍事功能外，而對地方吏治的影響亦是不容否定的。

第三節　歷史文化的功能

木蘭圍場作爲清朝康熙、乾隆、嘉慶三代前後一百四十年間（一六八一——一八二〇）的一處重要活動場所。至今仍留有大量的歷史遺跡和文物，如：乾隆年間留下的六塊四體文字石碑和嘉慶十二年

（一八〇七）立的「木蘭記」碑。這些遺物宣揚了清代大滿族主義和皇權至上的思想，炫耀了清代以武功開國，以行圍習武守成的過程。其內容雖不乏封建、專制糟粕，但仍可作爲研究歷史文化的實物資料。茲分述如下：

㈠乾隆「於木蘭作」詩碑：

「於木蘭作」詩碑位於今圍場縣石桌子碑梁溝與隆化縣碑梁村交界處碑梁碑頂「御路」東側，即原卜克圍場卜克達巴罕之顛平坦處。是清帝行圍由西廟宮進入木蘭圍場卜克大嶺的最高點。「於木蘭作」詩碑包括碑頂、額、身和座四部分，現分別保存在碑梁附近林內，碑身高二、八二米，寬一米，厚〇・六二米。此碑建於乾隆十六年（一七五一），和東廟宮之「入崖口有作」詩碑同時，唯刻後歷有增補，皆以詩記事，分四部，乾隆手書漢文。正面「於木蘭作九首」，「乾隆辛未秋八月御筆」，辛未是乾隆十六年（一七五一），碑之右側刻乾隆「過卜克達坂即事成什」五言律詩一首，「已卯季秋上澣御筆」，己卯是乾隆二十四年（一七五九）；碑之左側刻乾隆「過卜克達坂疊舊歲韵」五言律詩一首，「庚辰季秋上澣御筆」，庚辰是乾隆二十五年（一七六〇）；在碑陰又刻乾隆「過卜克嶺行圍即景四首」。（註五三）碑文以詩記事，描述了清初開闢木蘭圍場的意義，強調要力戒武備廢弛，加強習射之重要。（註五四）但以「過卜克達坂即事成什」和「過卜克達坂疊舊歲韵」兩首詩，內容較爲重要。茲錄之如下：（註五五）

過卜克達坂

常歲迤東獵，迤西此重尋；
廿圍倏蕆事，二豎待成擒。
纘武惟勤已，運籌更悉心；
貞符如卜克，願即遞佳音。

過卜克達坂疊舊歲韻

去年出哨過，今歲進圍尋；
果協貞符吉，早傳逆賊擒。
敢誇無事日，益勵有孚心；
翠柏丹楓處，遙聞呦鹿音。

這兩首詩前後呼應，時間恰好與平定大小和桌木（即詩中提到的二豎）的時間相吻，記述了乾隆二十五年平定新疆大小和卓木叛亂的事件。這是清代繼乾隆二十二年（一七五七）平定準噶爾部阿睦爾撒納叛亂之後又一次重大事件。碑文中所反映的正是這一史實。

㈡**乾隆「入崖口有作」碑**：

位於東廟宮對面南山坡上，全碑保存完好，由碑頭、碑額、碑身、碑座四部分組成，通高四、九五米，碑座下砌高約一米的方形台基，碑頂爲四脊式，雕四龍戲珠，碑額每面浮雕雙龍，額正南、正北中部刻漢滿篆文「御制」二字。在須彌碑座正雕出金剛和蓮花。碑身四面用滿、漢、蒙、藏四體文字書刻。南面爲漢文，爲乾隆手書「辛未（一七五一）秋八月木蘭秋獮入崖口有作」。北面爲滿文、西爲藏文、東爲蒙文，皆同一內容。（註五六）碑文記述了清帝歲行秋獮之典，是爲了重視習武，以垂祖訓，同時吟咏了這裡的險要形勝和壯麗的山川情景。（註五七）

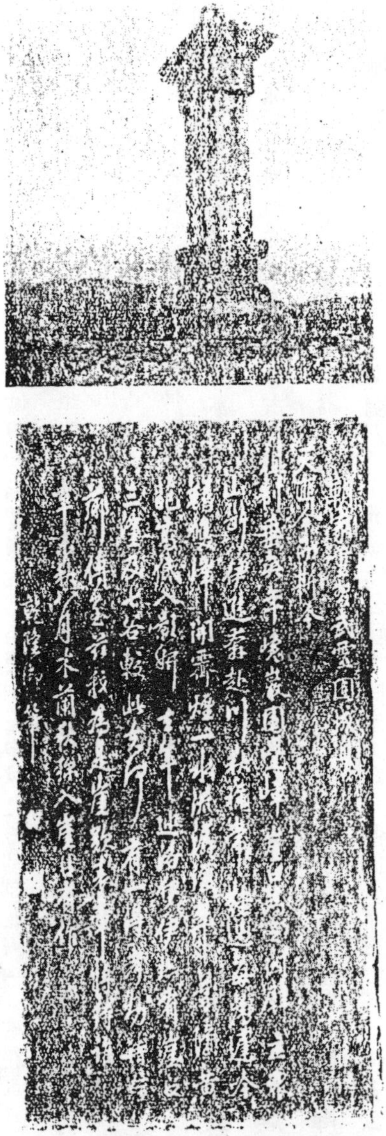

乾隆《入崖口有作》碑

上：碑　下：碑文

資料來源：「木蘭圍場文物調查」（文物出版社一九八〇年北京）

㈢乾隆「古長城說」碑：

乾隆「古長城說」碑位於圍場縣岱尹梁之北，屬原達顏德爾吉圍場山梁上。爲乾隆十七年（一七五二）建立，今存碑身，高二、三米，寬一、三五米，厚〇、五米，碑文滿、漢、蒙、藏四體文字鐫刻，正面漢文爲乾隆手書「古長城說」，「乾隆十七年歲在壬申秋九月御制並書」。（註五八）碑文中指出：「木蘭自東至西延袤數百里中，橫亘若城塹之狀，依山連谷，每四五十里輒有斥堠屯戍舊跡，問之蒙古及索倫，皆云：此古長城也。……」（註五九）。乾隆帝所指的古長城，就是燕、秦長城遺址。因此，「古長城說」碑文對於研究圍場的歷史具有重要的意義。

經近年的調查，斥堠屯戍舊跡，確爲燕、秦時期所築長城。（如圖）並於長城址內外發現同時期城垣十餘座。另根據近年來的考古發現，在圍場的岱尹、九號、龍頭山、掌字、大興永等燕、秦長城遺址周圍有大量的燕國銅器、兵器、明刀、鐵器、陶器出土。如在克勤溝公社圍字大隊六隊，曾發掘一個繩紋陶　，內裝一四八斤燕明刀。在朝陽地公社大興永大隊，還出土了重二八、一五公斤的秦代鐵權，上刻秦代通行的小篆：「二十六年，皇帝盡幷天下，諸侯黔首大安，立號爲皇帝，乃召丞相狀、綰（按：指隗狀、王綰）法度量，則不壹，歉疑者皆明壹之ロロ」。這些文物證明，從西元前三百年起，燕、秦先後就在這裡設置了郡縣，（註六〇），也就是說早在兩千多年以前的燕秦時期，長城以北廣大地區就已正式列入中國版圖，一直施行有效的主權管轄。「古長城說」碑成爲我們研究燕、秦時期長城情況，提供了有力的依據。如近人黃麟書撰著：「秦皇長城考」是書第八章「秦皇長城今地全貌」有詳盡說明。（香港珠海書院民國四十八年初版）

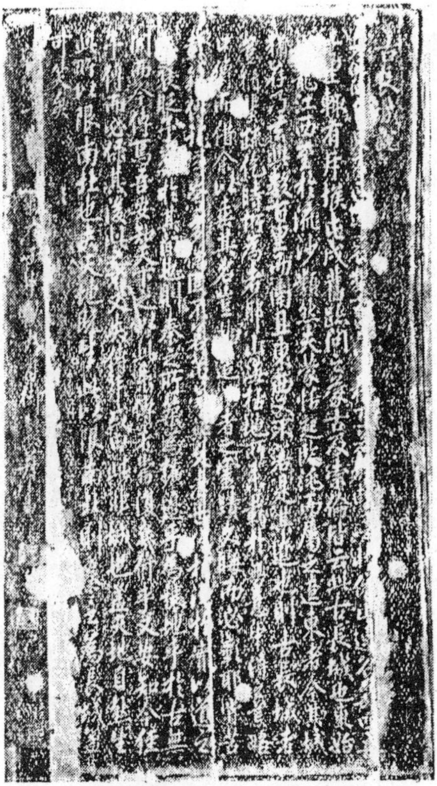

乾隆《古長城說》碑碑文

岱尹梁燕秦長城遺址

資料來源：《木蘭圍場文物調查》

㈣乾隆「虎神鎗記」碑：

乾隆「虎神鎗記」碑位於圍場縣月亮講，原屬岳樂圍場，在圍址內西溝南山坳平坦處。現碑體已分兩處存放，保存基本完好。「虎神鎗記」碑建於乾隆十七年（一七五二），由碑頂、碑額、碑身、碑座四部分組成，通高在四、五米左右，碑文用滿、漢、蒙、藏四體文字鐫刻，正面是乾隆手書「虎神鎗記」、「乾隆十七年歲在壬申秋九月御制並書」。（註六一）

碑文記述了清帝歲幸木蘭行圍，蒙古諸部，雲集扈從，巡狩塞上，四十九旗、青海、喀爾喀等隨圍射獵，用虎神鎗殪虎之事，碑文還提到了「國家肇興東土，累洽重熙，惟是詰戌揚烈之則，守而弗失……」通過了行圍肆武而達到鞏固國家領土完整和統一情況。（註六二）「虎神鎗記」碑反映的行圍盛況，提供了乾隆斯時與少數民族往來、聯繫的歷史內容。

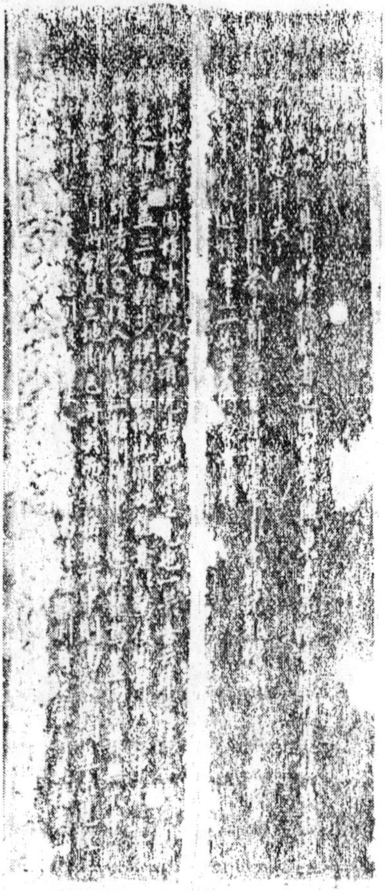

乾隆《虎神鎗記》碑文

資料來源：《木蘭圍場文物之調查》

(五)乾隆「永安莽喀」詩碑：

「永安莽喀」詩碑位於圍場縣腰站公社碑亭子大隊，屬於原永安莽喀圍場。乾隆三十九年（一七七四）建立，今碑身存一部分。其形制、大小，大體與「入崖口有作」碑相似。由碑頂、碑額、碑身、碑座四部分組成，碑身鐫刻滿、漢、蒙、藏四體文字，正面漢文，乾隆手書「永安莽喀」、「乾隆甲午仲秋月二十日御筆」。（註六三）碑文內容爲：

第一圍場猶近邊，麇麌萃獸已樊然；
諸藩扈是兒孫輩，列爵稱非左右賢。
馳愛平岡策紫駿，中聯四鹿控朱弦；
部旗常例笑何謂，六十纔過曰老年。（註六四）

這首詩除了乾隆帝吹虛自己雖已年過六十仍「馳射如常」的情形外，亦描寫紀述了蒙古諸部隨獵扈從、馳於平岡之上的歷史事實。

(六)乾隆「永安湃圍場殪虎」詩碑：

乾隆「永安湃圍場殪虎」詩碑位於圍場縣塔鎭公社要路溝大隊，屬原永安湃圍場。此碑建於乾隆二十六年（一七六一），是以七言古詩的形式寫成的。碑之形制和「入崖口有作」碑相近，因頂身分存異處，推測通高當在五米左右。在碑身周邊刻有龍鳳花紋，碑文以滿、漢、蒙、藏四體文字書寫，正面漢文，乾隆手書：「永安湃圍場殪虎」、「辛已秋九月御筆」，辛已是乾隆二十六年。在碑側又鐫刻乾隆「永安湃圍場作」詩一首，「乾隆壬寅秋八月御筆」，壬寅爲乾隆四十七年（一七八二）（註六五）。碑文除記述了厄魯特蒙古、回部貴族首領扈從隨圍、射獵殪虎之事外，並強調與這些少數民族感情之融洽，顯揚大清帝國無上的權威。（註六六）

㈦嘉慶「米蘭記」碑：

嘉慶「木蘭記」碑位於東廟宮伊遊河西岸的山脚下，隔河與對岸山巔的乾隆「入崖口有作」碑遙遙相對，形制也相近。通高四、四米，碑頂作四龍戲珠，碑額鐫滿、漢文「御制」兩字，須彌式長方座上雕覆蓮圖案，碑身南爲滿文、北漢文，保存基本完好。漢文爲嘉慶手書「木蘭記」，時爲嘉慶十二年（一八〇七）（註六七）。

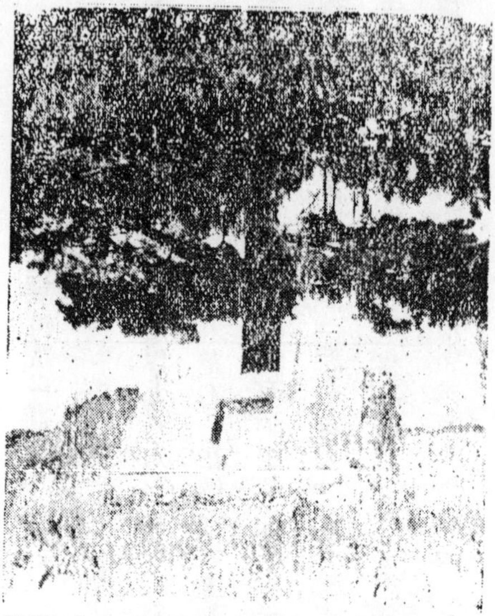

乾隆《永安湃圍場殪虎》詩碑碑頂

資料來源：《木蘭圍場文物之調查》

此爲記載木蘭圍場的一塊內容比較完備的碑文，其全文如下：（註六八）

木蘭者我朝習獵地也，舊爲蒙古喀喇沁翁牛特部落游牧之處。周環千餘里，北峙興安大嶺，萬靈萃集，高接上穹，群山分幹，衆壑朝宗，物產富饒，牲獸蕃育，誠詰戎講武之奧區也。洪維聖祖歲幸行圍，諸部雲集，神武聿宣，德化深洽，遂獻斯地，開億萬年之靈囿焉。皇考敬法前謨，自乾隆辛酉（按即乾隆六年一七四一）歲舉秋獮大典，內外扎薩克，群拱環衞，聖恩深厚，誠心感戴，暨平定西域，杜爾伯特、土爾扈特、青海、烏梁海、回部，歸化嚮風，分班隨獵，咸瞻天弧，所發無不命中，永矢畏懷之忱，誠常作皇清之藩服，倚歟盛哉。予小子景仰皇猷，宿聆庭訓，敬循舊典，歲詣木蘭行圍，自知騎射遠不及我皇考于萬一，然此寸心，則不敢不強勉，實不敢怠惰偷安，稍辜三年朝夕之慈晦，是以躬率諸王子及近支孫曾輩，行圍習獵，而諸部落仍如昔日，左右趨扈，益仰考澤感人之深彌殷五內之孺慕矣。夫射獵爲本朝家法，綏遠實國家之大綱，每歲秋獮不踰二旬，駐營、蒞政、閱本，接見臣工，一如宮中，不致稍曠庶事，豈耽于盤游，貽五子之譏哉。蓋人之身，舍勞就逸易，戒逸習勞難，承平日久，漸恐陵替，守成之主不可忘開創之艱，承家之子豈可失祖考之志，木蘭秋獮，爲億萬斯年，世世子孫，所當遵守，毋忘之常經，敬闡我考避暑山莊序之深意，述予承先啓後之誠衷云爾，是爲記。

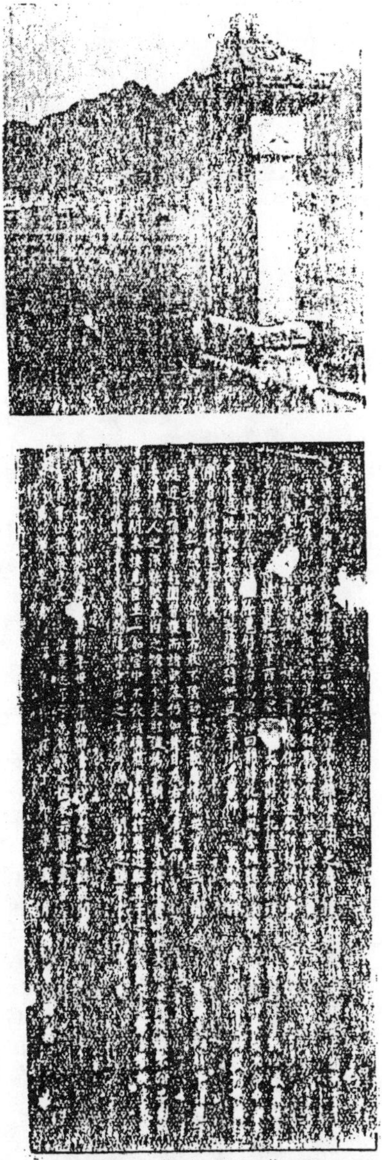

嘉慶《木蘭記》碑

資料來源：《木蘭圍場文物調查》

這篇碑文的記述，從清初開闢木蘭圍場作爲清廷習獵地，經過康熙、乾隆兩代，特別是乾隆歲舉秋獮大典以來，內外扎薩克、杜爾伯特、土爾扈特、青海、烏梁海、回部等國內各民族貴族、領導上層分子到木蘭圍場分班隨獵，反映了當時國內各族人民空前團結的盛況，不只是研究木蘭圍場歷史的重要實物文獻，亦爲研究清代滿族與各民族間相互關係的重要資料。

上述的碑文均分佈在木蘭圍場境內，康熙時的重大政治、軍事活動亦在周邊地點發生，其過程與木蘭圍場的關係密不可分，茲爲更能清晰瞭解，特以地圖標示康熙時政治、軍事活動及各碑刻之地理位置，以供參考。

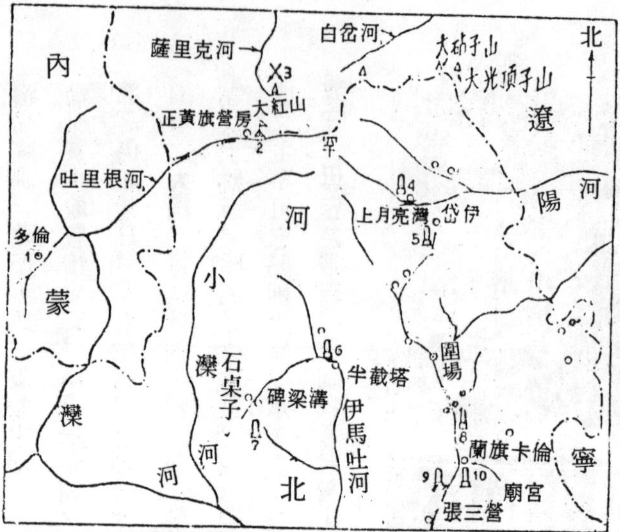

圍場縣清代碑刻分布示意圖

1. 康熙三十年（1691）多倫會盟地點
2. 康熙二十九年（1690）福全軍連營地點
3. 康熙二十九年（1690）烏蘭布通之戰地點
4. 「虎神鎗記」碑
5. 「古長城說」碑
6. 「永安湃圍場殪虎」詩碑
7. 「於木蘭作」詩碑
8. 「永安莽喀」詩碑
9. 「木蘭記」碑
10. 「入崖口」碑

從本文第二章所述木蘭圍場設置的動機及本章前述之軍事、政治及歷史文化的功能中，我們很明顯的看出清代從康熙到乾隆，對邊防的處理，是一種突破傳統的積極做法，即摒棄了前代修建長城分兵戍守的軍事隔離手段，代之以懷柔結好各邊疆部族，而使之心悅誠服、邊疆自固的方法。由於木蘭圍場的設置，而有了「習武綏遠」爲目的獵場和練兵場，透過秋獮巡幸，可與邊疆民族圍獵比武，共襄盛舉而達到武力征服之外懷柔及連絡感情的目的。

由於有了木蘭圍場，而後配合適應木蘭秋獮活動而有承德避暑山莊的建立。避暑山莊在康熙、乾隆、嘉慶時代扮演着相當重要的角色，它初步建成後，康熙帝每年「幾乎」都有一半的時間駐蹕在此。乾隆及嘉慶亦「幾乎」每年到此「巡幸」、「避暑」及處理政務。他們來時，除了大批隨從王公大臣、軍隊等到圍場圍獵比武、訓練軍技外，同時亦由蒙古王公貴族及其他少數民族貴族輪班陪同打獵。另外有關邊疆或國內的許多重大問題，亦曾在此（木蘭圍場及山莊）進行處理。從本文第三章皇帝秋獮表中亦可看出當時我國漠南、漠北、青海、新疆（包括巴爾喀什湖以東以南廣大地區）的蒙古族、回族、哈薩克族、柯爾克孜族和藏族等的統治領導貴族都曾隨圍而後到避暑山莊。（或先至山莊朝覲而後隨圍）。

爲了提供至山莊的少數民族王公貴族的居住，同時又爲使這些遠道來覲者，不因生活條件變動而感到食宿不便，或宗教儀式上的困難，因而採取所謂的「因其教、不易其俗」的懷柔政策，配合山莊的經營，同時亦陸續修建了有名的外八廟。外八廟在建築體制上，與山莊實爲一體。如果說木蘭圍場

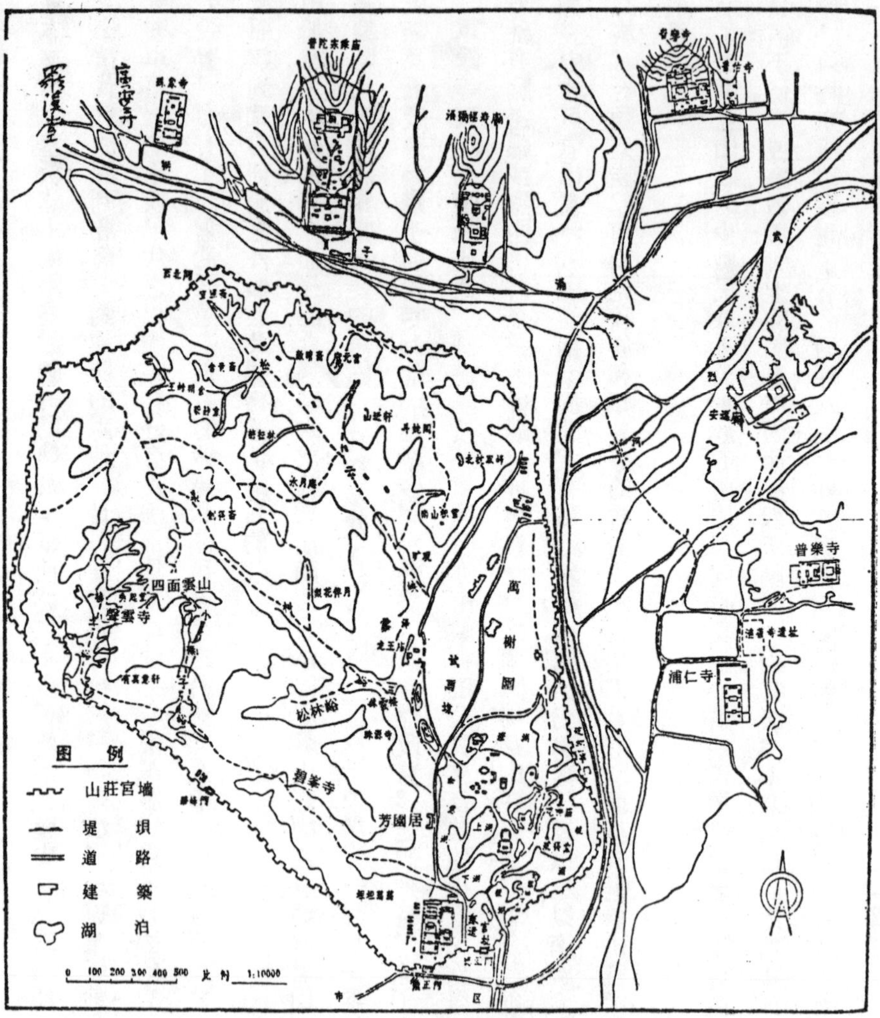

承德避暑山莊、外八廟總平面圖

資料來源：
《承德避暑山莊》（文物出版社 1980 北京）

的秋獮有其軍事、政治的用意，而山莊及外八廟的興建則是落實此用意的成果。

避暑山莊與外八廟可以確定是因木蘭圍場設置後，配合秋獮活動，落實軍事、政治功能而陸續經營修建的。二者的修建，除在政治上扮演了重要角色外，亦因其規模、技術、位置佈局……等等而產生了經濟、宗教、文化藝術等等的功能。今擬續就以山莊的經營帶動經濟繁榮為主題、以外八廟的修建帶動宗教、文化藝術等交流為主題（事實上二者均對各方面產生影響，從本文各章節中，間亦提及）分述如後，以為木蘭圍場所產生功能的再補充說明。

第四節　經濟的功能

清朝皇帝赴木蘭圍場行圍的大規模軍事政治活動，而促成了長城口外一系列行宮的建立。這首先是因為清帝及隨行的行在內閣，六部等政府部門的臣僚、滿蒙王公貴族，都需要在途中休息、打尖、住宿，每年往返支帳蓬、架蒙古包，既擋不住狂風暴雨的襲擊，亦遠不如住固定的宮苑寬敞舒適，能迅速解決食宿問題。其次，行圍用的大量蒙古包、被褥、儀仗、武器、賞賜品和補給品，也不能年年往返搬遷，耗費龐大的運輸力，這樣就需要建立行宮保管和儲積。同時，清帝需要在塞外避暑，并利用避暑機會召見、宴賞蒙古王公，向他們傳授統治經驗，並進行對他們的考核，同時亦共商籌劃邊防的措施。所以，清帝不僅在沿途修了較小的「茶宮」，稍大供吃飯飲食的「尖宮」，帶有宮苑兩部份的「住宮」，而且需要在口外修建供消暑避夏及處理軍政事務、民族問題的大型「行宮」，這座行宮，開始叫熱河行宮，以後熱河行宮又發展爲規模宏大的避暑山莊，成爲清廷處理北方民族問題的重要場所。

熱河避暑山莊始建於康熙四十一年（一七〇二），完成於乾隆五十七年（一七九二），經過了九十年悠長歲月的經營，（註六九）山莊共佔地五百六十萬平方米（八千四百餘畝），山莊周圍環繞「虎皮牆」（也叫「亂石牆」），隨山勢而起伏，因地形而變化，氣勢宏偉，長達十公里。（註七〇）清代曾設重兵看守，在宮牆的四周，原來設有四十座「推撥」（守衛兵營房），每推撥駐有士兵十名，園內還有看營兵五百名，園外亦有大批駐防軍。南面有三個門，中爲「麗正門」、東邊「德滙門」、西邊「碧峰門」，門上都有面濶三間的城樓。東北有「惠廸吉門」（或稱「北門」），西北有「西北門」，另有「流杯亭門」、「倉門」等專用門。（註七一）境內分宮殿區和苑景區兩大部份，苑景區又可分爲湖區、平原區、山區三大部份，其中宮、亭、台、樓、榭、山林、湖島，鱗次櫛比，不勝枚舉。康熙五十年（一七一一），康熙帝以四字題名「烟波致爽」等三十六景，一七五四年（乾隆十九年），乾隆帝又以三字題名「麗正門」等三十六景，即通常所說的「乾隆三十六景」，連同康熙題名的三十六景合稱「七十二景」。（註七二）茲將七十二景列表如後：

七十二景名稱（※爲現存者）

一、康熙題三十六景：

1. 烟波致爽※　2. 芝徑雲堤※　3. 無暑清涼※
4. 延薰山館※　5. 水芳岩秀※　6. 萬壑松風
7. 松鶴清樾　8. 雲山勝地　9. 四面雲山
10. 北枕雙峰　11. 西嶺晨霞　12. 錘峰落照
13. 南山積雪　14. 梨花伴月　15. 曲水荷香
16. 風泉清聽　17. 濠濮間想　18. 天宇咸暢
19. 暖流喧波　20. 泉源石壁　21. 青楓綠嶼
22. 鶯轉喬木　23. 香遠益清　24. 金蓮映日※
25. 違近泉聲　26. 雲帆月舫　27. 芳渚臨流※
28. 雲容水態　29. 澄泉遶石　30. 澄波疊翠
31. 石磯觀魚　32. 鏡水雲嶺　33. 雙湖夾鏡
34. 長虹飲練　35. 甫田叢樾　36. 水流雲在

二、乾隆題三十六景：

1. 麗正門　2. 勤政殿　3. 松鶴齋

4.如意湖 5.青雀舫 6.綺望樓
7.馴鹿坡 8.水心榭 9.頤志堂
10.暢遠台 11.靜好堂 12.冷香亭
13.采菱渡 14.觀蓮所 15.清輝亭
16.般若相 17.滄浪嶼 18.一片雲
19.苹香沜 20.萬樹園 21.試馬埭
22.嘉樹軒 23.樂成閣 24.宿雲簷
25.澄觀齋 26.翠雲岩 27.罨畫窗
28.凌太虛 29.千尺雪 30.寧靜齋
31.玉琴軒 32.臨芳野 33.知魚磯
34.湧翠岩 35.素尚齋 36.永怡居

清皇室原來生活在東北白山黑水之間，本來就有着遊牧爲生的傳統和騎馬射獵的習慣。入關以後配合邊防政策設置木蘭圍場，除滿足其傳統嗜好外，亦因古北口外的涼爽氣候，且距北京不遠，因而選擇風景優美的承德，別具匠心的修建行宮，既可避暑，又可騎馬射獵，更方便從事多項政治活動。根據承德府志所載，其位置極佳，外連沙漠，內拱神京，其序曰：「由都城東北出古北口，山川綿互，越數百里而承德，爲之都會，外連沙漠，控制蒙古諸部落，內以拱衞神京，列聖以時省方駐蹕，烏桓蕃服奔走來同，秋獮講武，舉行典禮，文物聲名，視內部爲尤盛。」另據熱河志載：「山莊爲秋獮巡蒞之地，自西事肇始，暨武功告成，諸部款關，遠人納賮，仰流鱗集，咸萃茲土。我皇上德威遐暢，懷柔綏馭之方，踰越景牒。」（註七三）

如意湖

資料來源：《萬里長城》頁109。

水心榭

資料來源：《萬里長城》頁110。

從上二引，可體會出木蘭圍場與避暑山莊二者之相互關係是何等密切，對於邊疆少數民族的政治綏服、懷柔是扮演着何等重要的角色。而其中之「文物聲名，視內部尤盛」表面上似有誇大說辭之嫌，然細細體會之，在衆多少數民族集聚於皇威之下，各自表現其民族文物習俗特色的情況下，想想那種盛景，事實上一點也不跨張。這現象同時亦反映出皇帝「每年」至此二地的長時間、大規模活動，而必然的使這一地區的經濟產生快速的繁榮與發展。

避暑山莊的修建前後經歷了九十年，所耗費的大量人力、物力、財力，已經無法精確計算，僅從故宮檔案中查到的部分資料，即足以令人咋舌。如楠木殿（註七三）建成後改建過一次，用銀七萬一千五百餘兩，近十八萬四千個工（註七五）。乾隆二十六年（一七六一），「熱河殊源寺內依照北京萬壽山寶雲閣銅殿式樣，建造殿一座」，用銅四十一萬餘斤，工料銀六萬五千餘兩。（註七六）乾隆三十六年（一七七一），修永佑寺舍利塔（如附圖），用銀二十萬九千餘兩。（註七七）乾隆四十三年（一七七八）修文園獅子林（位湖區）用銀七萬六千餘兩。（註七八）乾隆四十六年（一七八一）山近軒（註七九）宮門大殿的部分工程，用銀三萬餘兩，廣元宮殿宇房間工程，用銀六萬六千兩。（註八〇）乾隆四十七年，修烟雨樓（註八一）用銀三萬五千餘兩；建戒得堂內中之大殿，用銀三萬八千兩（註八二）。這些工程絕大部分都是在有了七十二景之後修建的，多數工程花費的銀子遠遠超過了當時承德府全年商稅和地畝稅的總和。如果我們聯想到七十二景的興建，其所花費之人力、物力就眞難以想像了。前後九十年的修建時間，修建後又持續不斷的擴充、改建、補修。其平時所需的人力、

舍利塔

資料來源：《萬里長城》頁一一六。

物力已是可觀，再加上每年皇帝的巡幸及大批隨扈人員的到來，我們不難體會出，從北京經熱河地區至木蘭圍場一帶的人文景觀將會產生重大的變化。

最明顯的，是人口的增加，單以承德府爲例，乾隆四十七年（一七八二）的統計數爲：戶八九七九，而人口數爲四一四九六人。而至道光七年（一八二七）時，戶一六三三九，人口數則爲一一〇一七一人。短短的四十五年間，人口增加數幾達三倍（註八三）。這種結果，在一個承平社會以及統治者有意採取封關及隔離政策的情況下，是很不容易出現的。

隨着人口的增長及避暑山莊的修建，承德成爲口外一大都會，市井繁華。「井邑紛塡有賣蒸」，除賣零食小吃及各種商品之外，也有供皇室統治者揮霍消費的酒樓茶肆。行人雜沓市井喧囂，每年皇帝住在避暑山莊期間，一大批隨行的王公大臣、各類官員，以及詞臣文士和其他人員來到熱河。這批人自己亦帶有大批的隨從和仆役，如一七八〇年（乾隆四十五年），乾隆之侄豫王來時，帶有福晉（王妃）三人，「從者三十餘騎，皆金鞍駿馬，帽服鮮侈。」（註八四）康熙的外孫來承德時，「所帶僮僕三十餘人，衣帽鞍馬豪侈。」（註八五）其他各少數民族的王公人物的侍從也達數十百人不等，而六世班禪來承德時，隨從者竟達千餘人。每到夏季，如此之多的各類人員是擁到熱河，除有府邸的諸王大臣外，有時還將熱河文廟、麗正門西的關帝廟充作臨時官邸也不敷需要。一些豪華的客棧也就應運而生。每當皇帝舉行慶典時，參加人員蜂踴而至，是以塵土飛揚，人擁馬擠，「一對紅橋尖漠漠，諸王車轂斗風雷。」，晚上山莊散會後，宮外人聲鼎沸而成「車如流水馬如龍」，（註八六），這些記載，反應了當時清室統治者的生活情景。至於山莊之外的承德市區，更顯現出奇特、畸形的繁榮面。當時人記載：「買賣街在山莊西，最稱繁富，南北雜貨無不有。」（註八七）「左右市廛，連亘十里。」（註八八）更令人注目的是，在繁囂的大街上，「商賈輻輳，酒旗茶旌，輝映相望，里閭櫛比，吹彈之聲，徹夜不休。」（註八九）這些比比皆是的酒樓，修飾得極其華麗，但見「酒旗飄揚，綠欄行空，金匾映日。」有的榜聯上寫着：「神仙留玉佩，公卿解金貂」；有的寫着：「名馳塞北三千里，味壓江南十二樓」。當時最著名的酒樓有：「流霞亭」、「裘翠樓」，從早到晚，「樓下車騎若干，樓上人聲如蜂鬧蚊沸。」（註九〇）當時有云：「熱河酒樓繁華，不減皇京，壁上多名人字畫。」（註九一）熱河酒樓可與北京相比，固然是誇大的形容，但亦充分說明了熱河地區的繁華。

從長城口，經避暑山莊而至木蘭圍場一線上的畸形繁榮，當然須要有衆多人口定居始能支持，這些人口中，一爲上層統治階層以及前述隨之而來的商人。以統治者而言，以皇室的山莊爲中心外，一些經常隨皇帝來避暑山莊的王公大臣，亦佔據了居住環境良好的高敞地段，蓋起了豪華的府第。康熙時，雍親王胤禎的藩邸在獅子園。誠親王允祉也建立了自己的樓閣花園。康熙的舅舅佟國維的府邸相傳在佟山東坡，佟山並因此得名。乾隆時，宰相權臣和珅的府邸在麗正門外以東，在麗正門東南，隔間相望的有齊王府、鄭王府。今西大街有常王府（或稱莊王府），在市中心稍南有羅王府。（註九二）甚至一些品級不高的辦事官員，也擁有規模宏大的房舍，例如負責監修布達拉廟的官員之一的三格，自稱：「熱河現有住房三十八間，地六頃九十畝。」（註九三）而一些蒙古王公亦因年年到熱河而修建了府邸，這就如乾隆所說的：「四十八旗王公等以執役歲久，此間或有置邸者。」（註九四）就這樣，以皇帝爲首的統治貴族和官員，盤踞了最好的地方，而占地面積亦最大。

另外，爲了滿足皇帝出巡及其一群在山莊的需要，從順治元年（一六四四）起，就在長城口外建立了皇莊，到了康熙四十二年（一七〇三），熱河下流滙入灤河，這些河流旁皆有皇莊。（註九五）康熙末年，在古北口外，皇莊已達八十三所，雍正七年（一七二九），內務府丈量出口外各莊頭壯丁私自購墾土地三十萬畝，增置糧莊五十三所。（註九六）乾隆十五年（一七五〇）口外皇莊共有土地六千四百零四頃（六十四萬多畝）（註九七）。而莊丁及其家屬約四萬人（註九八）。內務府在避暑山莊正門西設置了熱河倉，可貯存糧食萬右以上。口外皇莊每年交給熱河倉的糧食約二萬右，雜糧折銀共五千六百兩。乾隆以後，皇帝及其大批隨從在避暑山莊時吃的「御米」，大部分是熱河倉的倉米。

從前述的統治者、王公貴族、商人及皇莊壯丁家屬外，另外絕大多數還是下層的勞苦百姓。這些百姓原來都是口內的農民，固然是由於口內土地不斷集中、賦稅繁苛、或遇災荒而不得不携兒帶女的移居口外。熱河志所載：「……避賦避災離里閈，墾原墾隰藝桑麻；漸無爲養因無禁，中外由來久一家。……」（註九九）爲最佳寫照。但熱河地區山莊的興建以及秋獮活動，因而帶動人口向外流動，是不容置疑的。康熙四十六年（一七〇七）的記載：「……今巡行口外，見各處皆有山東人，或行商、或力田，至數十萬人之多。」（註一〇〇）單是山東就如此多，加上直隸、山西等地就可想而知了。這些人來到了口外，以本業務農的從事開墾工作爲主體乃是自然的。但是因山莊的興建而需大量的勞工以及技術性工作者，再加上皇室及大批隨從每年的木蘭秋獮活動而帶動產生的行業，這些人就業的機會就更多了。充當工匠、佣工或供人驅使，爲人役夫者自不待言，有爲蠅頭小利而奔走的小商小販亦無所不有。當然配合四面八方的人口交流及城市各層次人口所需而從事手工業者更不計其數。但總體而言，帶動口外熱河地區農業的發展最爲顯著。以土地的墾種爲例：康熙九年（一六七〇）以前，這一地區開墾的土地爲數不多，康熙十年後始行開墾。（註一〇一）經過幾十年後，到了乾隆六年（一七四一），據統計，熱河東西共有旗地二百萬畝，另據高宗錄所載：「……又古北口至圍場一帶，從前原無墾地，因其處土壤肥腴，水泉疏衍，內地之民願往墾種，而料糧甚輕，故每年開墾升科者三千餘頃（三十餘萬畝）。」（註一〇二）口外土地的墾闢，主要就是從山東、直隸、山西等百姓移居這一帶的辛勤農民努力的結果。到了乾隆三十年以後，已經是「墾遍山田不見林」，「非木蘭獵場禁地皆不可行圍矣。」（註一〇三）隨着土地的日益開墾，產量逐年上升，口外糧食自給有餘，每年有若干萬石糧食接濟口內的需要。（註一〇四）

值得注意的是，隨着農業經濟的發展，一些蒙古王公貴族，亦逐漸將牧地改種糧食，採取收地租的生產方式。熱河志載：「內扎薩克今亦大半種藝，並招致農民收田租之利矣。」（註一〇五）這種情形，充分說明由於經濟繁榮，生產方式的改變，而使當地社會人文景觀亦產生變遷。至於在避暑山莊內，則因皇室貴族奢侈的享受，使原本林木茂盛、花卉品種繁多的園林，再經刻意的自外地引種，而更添自然情趣。如：有引自五台山的金蓮花，又有沙漠龍堆的敖漢荷花。由於山莊的特殊條件，荷花一直到深秋還大放異彩，當時曾稱：「荷桂同插」，爲一時之勝。最遲有的開到農曆十一月間，確實「一年無時不看花」了。又有許多江南花草，也在山莊園林中生根開花，例如桂花、牡丹、蘭草等。（註一〇六）康熙時，曾把興安嶺一帶的一種顆紅色味甘的野果，引種到山莊，取名「草荔枝」，並作爲一種珍品，每當秋後果實時，適福建一帶的進貢荔枝亦到，而餲渴生津，幾至伯仲之間。乾隆時期，曾從南疆移植了一種無子的綠葡萄，名「奇石蜜食」。（註一〇七）這些情況，說明了自然景觀亦因皇室生活情趣所需，被刻意的培養下而產生變化。這種變化亦需有長時間的持續（亦即每年有山莊的避暑，木蘭秋獮活動）、適應而後才能定型。

由於人口的增加，農業的發展，支持了熱河地區經濟的進步繁榮，進而促成承德這個城市的興起。尤其在皇帝駐蹕熱河以及木蘭秋獮期間，使市面更呈現出畸形的繁榮，物價飛漲、商人趁機漁利的情形。（註一〇八）但不容置疑的，由於四面八方的少數民族前來參與盛會，因而使這一地區亦漸而成爲各民族之間經濟交流的中心，許多蒙古族的駱駝商隊就經常來到這裡，與漢族進行貿易。乾隆帝（一七五三年）有一首題爲「槖駝」的詩，生動清晰描繪了蒙古族的駱駝商隊，經過沙磧河川來到熱河的情景，茲錄之如下以爲本節之小結：（註一〇九）

種繁鄯善多封牛，食少任重其性柔；
畜中良產內地鮮，謬稱馬狀羊爲頭。
塞程槖載無過此，色有蒼白或黃紫；

而今市販亦知用，鈴聲替戾行連尾。
圖鳴嗜柳不肯前，長繩穿鼻騎以牽；
征囊百務一身具，蹄胝背腫誰則憐。
鵝頸低昂過磧川，圖展塞景胡瓌傳；
避風跑泉語乃誕，少見多怪理實然。

第五節　宗教、藝術的功能

所謂外八廟，是指座落在承德避暑山莊東西和北面山麓上的一批喇嘛廟，共有寺廟十一座，因分八處管理，又在避暑山莊之外，故稱「外八處」，俗稱「外八廟」。（註一一〇）外八廟是自康熙五十二年（一七一三）至乾隆四十五年（一七八〇）陸續修建的。這十一座寺廟分別於山莊東、武烈河東岸，自南而北，有「溥仁寺」、「溥善寺」（已不存）、「普樂寺」、「安遠廟」，在山莊東北、松樹嶺南武烈河北，有「普寧寺」、「普佑寺」（已不存），在山莊正北，隔獅子溝，自東而西，有「須彌福壽之廟」、「普陀宗東之廟」、「殊像寺」、「廣安寺」（已不存）「羅漢堂」（已不存）。

外八廟修建的時間，大體上與山莊同時，其第一座寺廟，溥仁寺，始建於康熙五十二年，完成於次年（一七一四）（註一一一）。而須彌福壽之廟建於乾隆四十五年（一七八〇），是建造最晚的一座，前後經歷六十多年的營建。而這段時間正是清代大爲開疆拓土、籠絡蒙、回、藏等少數民族最成功的階段。這些寺廟的興建以及現存的許多文物，或直接或從一個側面，反映了清廷和這些少數邊疆地區少數民族的關係。從外八廟營建動機、過程及其工程之浩大，而後帶動的社會人文景觀變遷，充分顯現出外八廟在清初配合木蘭秋獮、山莊避暑駐蹕時，除具有重大的政治影響外，亦在宗教、藝術上扮演了相互交流涵化的功能。以下即根據「熱河志」、「承德府志」以及其他相關資料闡述外八廟的興建背景，而透過這項敍述說明其在政治的影響外，並進而證明其在宗教、藝術方面，產生相互交流、涵化的功能。

一、溥仁寺與溥善寺

溥仁寺位於武烈河東岸的山麓下，在避暑山莊東南約三里的地區，依山而建。溥善寺則在溥仁寺後約百步之處，在地勢上兩寺實爲一體。因溥仁寺在前，俗稱前寺，溥善寺在後，俗稱後寺（現已不存）。這兩寺據載：是於康熙五十二年（一七一三）康熙六十萬壽，而由蒙古諸藩前來朝賀，聯合上奏，要求修建喇嘛剎宇爲祝壽而建者。（註一一二）事實上，康熙帝亦有感熱河爲中外之交，邊疆民族薈萃之地，每年秋獮駐蹕與諸部臚歡，而塞外諸部多信奉黃教，若能在山莊駐蹕附近修建一座黃教寺廟，則可使遠道來朝者不因生活條件的變動而感不便。這正是「因其教，不易其俗」的柔遠手段。正如溥仁寺碑文所載：

「康熙五十二年，朕六旬誕辰，衆蒙古部落，咸至闕廷，奉行朝賀，不謀同辭具疏陳，懇願建刹宇為朕祝釐。朕思治天下之道，非奉一己之福，合天下之福為福；非私一己之安，偏天下之安為安，柔遠能邇，自古難之。我朝祖功宗德，遠服要荒，深仁厚澤，淪及骨髓。蒙古部落，三皇不治，五帝不服，今已中外無別矣！論風俗人情，剛直好勇，自百年以來，敬奉釋教，並無二法，謹守國典，罔敢陨越，不識不知，太和有象，朕每嘉焉。鑑其悃誠，重違所請，念熱河之地，中外之交，朕駐蹕清暑，歲以為常，而諸藩來覲，瞻禮亦便，因指山莊之東，無關于耕種之荒地，特許營度為佛寺。」（註一一三）

康熙帝這項決定，實為一極高明的懷柔手段，他利用喇嘛教作為統治的工具，來籠絡塞外尊崇黃教的邊疆民族。溥仁寺內有巨碑兩通，其一為康熙撰寫的「溥仁寺碑記」。溥仁寺現今只存正殿，內供三世佛和二侍者，兩側有十八羅漢像。這是外八廟中建造年代最早的寺廟。乾隆帝深刻體會到康熙帝營建溥仁寺、溥善寺的用心，況其又是一位遇事喜歡追踪其祖康熙的人，因而於乾隆年間，先後又興建了九座廟宇。

二、普寧寺與普佑寺

普寧寺，在避暑山莊東北約五里獅子溝之處。因有巨大的千手千眼菩薩像（實際只有四十二隻手），當地民衆稱為大佛寺。普佑寺則在其東南隔約一里之處。兩寺興建的時代雖相差五年，但實為一體，普寧寺仿西藏三摩耶廟之式，有典型喇嘛風格，普佑寺中諸佛亦皆仿西藏塑像而成。（註一一四）

普寧寺興建於乾隆二十年（一七五五），這一年五月，清廷平定了準噶爾達瓦齊叛亂，解決了自明代至清初達四百年的西陲邊患。（註一一五）十月，乾隆帝巡幸熱河，在避暑山莊款宴來降的衞拉特四部（準噶爾、都爾伯特、輝特、和碩特）的貴族，幷分別册封四部首長以汗、王、貝勒、貝子、公等爵位。因爲他們信奉喇嘛教，又爲了紀念這次卓越的武功，並仿聖祖於康熙三十年（一六九一）在多倫諾爾歡聚漠南、漠北、蒙古各部之後建滙宗寺以資紀念的先例（註一一六）下令「依西藏三摩耶廟之式」，興建此廟以爲紀念。廟內碑亭中有滿、漢、蒙、藏四體文字畫寫的「普寧寺碑文」記其事。碑亭裡現存有另兩塊同樣用上述四種文字的「平定準噶爾勒銘伊犂之碑」、「平定準噶爾後勒銘伊犂之碑」，分別記述了清廷平定達瓦齊、阿睦爾撤納叛亂的經過。（註一一七）

除了炫耀武功之外，普寧寺的建立當然也與振興黃教的懷柔政策不可分。在準噶爾平定前三年，亦即乾隆十七年（一七五二），高宗曾派兩名官員、一名畫師、一名測繪師到西藏三摩耶寺實地勘測和繪圖，做好了仿建的準備。（註一一八）由此可證乾隆帝的別具用心，在平準部之前已做好善後準備，利用黃教以拉攏蒙古諸部；三年後，準噶爾果然告平，當四衞拉特入覲之際，而特令依西藏三摩耶廟之式營建普寧寺，並在寺旁建「妙嚴室」以居之。（註一一九）這種做法當然能討好蒙古諸部，而寺名爲「普寧」是取意「永永普寧」之意，希望從此之後自雪山葱嶺以逮西海恒河的人民，永安其業。（註一二〇）

普寧寺的主體建築是十分奇特而又宏偉的「大乘之閣」，內供大佛。大乘之閣及其四周的一組建

普寧寺大乘閣

資料來源：《萬里長城》頁119。

普寧寺一景

資料來源：《萬里長城》頁一一八。

普寧寺內之千手千眼觀世音菩薩

資料來源：
《萬里長城》頁119。

築物是根據佛教宇宙觀修建的，有「日殿」、「月殿」，還有白塔數座和象徵所謂的「四大部洲」、「八小部洲」等建築。大乘之閣體量宏偉，高達三十六米之多，聳立在須彌座台基上。在體型的組合上，大乘之閣採用了漢族建築的樓、閣、殿、亭等多種形式，正面外觀爲六層，向上逐漸有很大的收分，頂部四角各有呈方亭形的攢尖頂，爲一大方亭形攢尖頂，顯得極爲錯落復雜，造成顯著的縱向感。因閣內供「千手千眼菩薩」，高二十七米二十八厘米，頭頂一尊小佛。全身四十二隻手，每手一隻眼睛，持一巨器。大佛造型勻稱、優美，衣紋飄帶流暢，質感很強，面部頗富表情，表面飾以金箔，是一件難得的大型木雕藝術品。據工程人員鑑定，重量在一百二十噸以上，約用木材一百二十多座立方米。大乘之閣的前後左右，有喇嘛教的小型建築，包括四個喇嘛塔，四個重層白台（象徵四大部洲）和兩個矩形白台（象徵太陽和月亮），這是佛教宇宙觀的表現。這些建築擁着大乘之閣，造成非常富麗的空間變化。「普寧寺碑」中說，此廟是「依西藏三摩耶廟爲之」，指的就是這一部份。普寧寺是外八廟中至今保存最完好的一座。（註一二一）

三、安遠廟

安遠廟位於武烈河東岸的高地上，在避暑山莊東北山麓，距普寧寺東南二里許。據熱河志載：乾隆二十四年五月因準噶爾達什瓦部遷居山下，故於二十九年（一七六四）特敕建安遠廟，使達什達瓦部有所依皈。（註一二二）事實上在乾隆年間來歸的邊疆少數民族並非僅有達什達瓦一部；早在乾隆十八年（一七五三）冬，都爾伯特台吉策凌等率衆來歸（註一二三）；次年秋，輝特台吉阿睦爾撤納、和碩特台吉班珠爾都爾伯特等亦各率數萬人來歸。（註一二四）乾隆二十年春，清軍分兩路進兵，擒達瓦齊，平準噶爾，全疆底定，伊犂駐以將軍，回部各駐參贊大臣，烏魯木齊則設都統，與屯耕種，台站相通。到了二十四年，又有達什達瓦不招自來，徙居於熱河，（註一二五）致使乾隆中葉後，漠北出現一片祥和的景象，於是在乾隆二十九年清高宗特令仿伊犂固爾扎廟，興建安遠廟。（註一二六）故安遠廟俗稱伊犂廟。（註一二七）

固爾扎廟，座落在伊犂河北岸，是漠北最具規模的喇嘛廟。每屆盛夏，蒙古諸部咸集膜拜頂禮，規模極盛。自準噶爾肇事以來，肆掠焚刼，清軍數度進剿，終使固爾扎廟焚毀。到了乾隆二十年，準噶爾平定，舊藩新附，絡繹鱗集，隨後又有達什達瓦徙居熱河。這些塞外民族在歸順以前，多在固爾扎廟進行禮拜，故清高宗特令仿固爾扎廟的舊制建安遠廟，企圖在熱河重建昔日固爾扎廟之盛況。（註一二八）熱河志有載：「蒙古素奉黃教，而伊犂之固爾扎廟莊嚴特盛，尤其所尊禮者。因倣其製，建安遠廟於此，每歲駐蹕山莊，舊藩新附，絡繹鱗集，俾之瞻仰斯廟，益增歡喜，以示柔懷遠人之意，非祇闡揚象教也。」（註一二九）又在乾隆三十年（一七六五）安遠廟瞻禮書事中，高宗更是毫不隱晦自己的意圖說：「予之所以如此者，非惟闡揚黃教之謂，蓋以綏靖荒服，柔懷遠人，俾之長享樂利，永永無極云。」（註一三〇）可見乾隆帝爲了處理與厄魯特蒙古的關係，特尊重其信仰，的確是費盡了心機。

安遠廟的主體建築爲普渡殿，是一座三層建築，底層採用西藏堡壘式的建築形式，但沒有藏式的梯形盲窗，上二層爲重檐歇山頂。三層黑色琉璃瓦的殿頂，背襯着遠處的群山和藍天，烘托出宗教的莊嚴肅穆氣氛。殿內第一層供大型木雕地藏王像，第二層原來放置乾隆打獵用的衣物和武器等。殿內以佛家故事爲題材的壁畫滿牆。今天，壁畫雖然有些陳舊剝落，但仍歷歷可觀。（註一三一）

安遠廟

資料來源：《中華民國蒙藏風光》頁60，蒙藏委員會編印，民國74年。

四、普樂寺

普樂寺，在武烈河東岸，是繼普寧、安遠後在避暑山莊東北二里許所建的黃教寺廟，俗稱圓亭子。（註一三二）建於乾隆三十一年（一七六六），次年八月竣工。普樂寺的興建，並不如普寧、安遠的興建有固定的紀念事件，但從乾隆御製之「普樂寺碑記」文中所載：「……惟大漠之俗，素崇黃教，將欲因其教不易其俗，緣初構而踵成之。且每歲山莊秋巡，內外扎薩克覲光以來者肩摩踵接，而新附之都爾伯特及左右哈薩克、東西布魯特，亦宜有以遂其仰瞻，興其肅恭，俾滿所欲，無二心焉。……」（註一三三）這段話充分說明普樂寺一如前述諸廟仍擔負著政治、宗教的使命。其目的仍然是爲了團結，綏撫蒙、回以及哈薩克、布魯特等各少數民族。

普樂寺是一座漢式建築，其前半部與一般佛教寺廟並無差別，但宗印殿屋脊正中的琉璃塔，殿內天花板用喇嘛教六字眞言圖案，左右配殿的金剛塑像反映了喇嘛教的特點。普樂寺的主體建築—「闍城」的形制頗具特色，是一個用磚石砌築的三層方形高台：外（下）層牆內原有一圈廊房（現已不存），從外層的前後均有踏道分左右上達到中間一層，中層牆上有雉堞，類似城牆，四角和四邊正中均有琉璃喇嘛塔。中層的南北有單條踏道登上上層，上層圍以石欄杆，台上建有圓形殿座，內外各有柱十二根，上覆重檐圓頂，稱爲旭光閣，外形似北京天壇祈年殿，但規模略小。旭光閣內中央，在圓形石制須彌座之上，建一少見的大型立體「曼陀羅」模型，中間供奉上樂王佛銅像一尊。旭光閣藻井造型優

普樂寺　　資料來源：《萬里長城》頁120。

美，雕刻細膩，金光燦爛，具有很高的藝術價值。（註一三四）普樂寺所以採用這種形制，乾隆帝在「普樂寺碑記」中特別說明，是出自內蒙古喇嘛教領袖章嘉活佛的主意。（註一三五）由此亦可看出當時蒙古族與滿族關係之密切。

五、殊像寺

殊像寺，是避暑山莊北現有三座廟中最西的一座，建於乾隆三十九年（一七七四），次年完工。先是，乾隆二十六年，高宗陪同他的母親到山西五台山燒香。五台山有「殊像寺」，寺內有文殊像。回北京後，命人按樣刻石像，并略仿殊像寺建「寶相寺」於北京香山，以供奉之。承德殊像寺就是照「寶相寺」修建的，而其殿堂樓閣大體仿照五台山的殊像寺。這個

廟的喇嘛都習滿文，乾隆帝指令他們，用了十八年的時間，翻譯了三部滿文大藏經。（註　三六）

六、普陀宗乘廟

普陀宗乘廟，在避暑山莊之北獅子溝北坡。這是一座具有特殊藝術價值的寺廟建築，由近四十座佛殿、僧房組成，是外八廟中規模最大者，占地二十二萬平方公尺，氣勢雄偉，十分壯觀。（註一三七）據熱河志載：「乾隆三十五年，舊藩新附，溥慶臚歡，命倣西藏布達喇都綱法式，創建茲宇。」（註一三八）普陀宗乘就是藏語布達拉的漢譯，因而俗稱小布達拉宮。其實，清高宗早有倣建布達拉宮之意，在乾隆十三年（一七四八）已派遣兩名官員、一名畫師、一名測繪師前往拉薩測繪臨摹。（註一三九）乾隆的這項舉動當然有其特殊的政治目的；布達拉宮是西藏政教領袖達賴喇嘛居住的刹宇，也是天下黃教依皈之所在；到了乾隆三十五年（一七七〇），天下底定，命倣布達拉宮法式建普陀宗乘廟，就是企圖以熱河取代拉薩，使之成爲「藩服皈依之總滙」。（註一四〇）

根據普陀宗乘廟碑文的記載，該廟的修建是爲了迎接萬壽節慶。乾隆是一個遇事喜歡追踪他祖父康熙的人。乾隆三十五年（一七七〇）是他六十歲生日，三十六年則爲皇太后紐鈷祿氏八十大壽。這使他想起了：「曩者康熙癸巳（康熙五十二年），爾群藩叩祝皇祖六旬萬壽，請構溥仁一寺」（註一四）的往事。認爲：「自舊隸蒙古喀爾喀、青海王公台吉等，曁新附準部、回部衆藩長，連軫偕徠，臚歡祝嘏」。也就是說這些少數民族的王公貴族，到承德爲他慶祝六十大壽的時候，應仿效康熙營建

普陀宗乘廟

資料來源：《中華民國蒙藏風光》頁 61，
蒙藏委員會編印，民國 74 年。

溥仁寺的故事。於是先期下令「營構斯廟」，而築成規模如此宏偉的寶刹。（註一四二）正當廟成，大漠南北、天山南北、青海高原等地的各部王公部族首長齊集朝賀萬壽慶典、舉國歡騰之際，又適逢久居俄國的土爾扈特部傾心歸順，重回新疆，其汗渥巴錫並至承德普見乾隆。一時盛況空前，高宗龍顏大悅，欣然命筆，寫成「普陀宗乘之廟碑記」、「土爾扈特全部歸順記」及「優恤土爾扈特衆記」等三篇碑文，用滿、漢、蒙、藏四體文字，分別刻在普陀宗乘之廟碑亭內的三塊石碑上，以資紀念。（註一四三）

普陀宗乘廟依山坡建築，山門南向，進山門後，迎面有碑亭一座，亭中即立着前述三塊石碑，碑亭以北是五塔門，高十餘米，有拱門三個，上建喇嘛塔五座，形式各異。五塔門以北，是琉璃牌樓，爲乾隆時期通行式樣。從山門至琉璃牌樓，嚴格依據中軸線建築，形成較爲均齊的配置。琉璃牌樓以北的建築物，則依據逐漸高起的地形，自由散置，三十餘座白塔、僧房、五塔白台和單塔白台等藏式建築，高低錯落地分布在山坡上，形成長方形的極富變化的平面布局。在這一群白台建築的北面正中，聳立著普陀宗乘廟的主體建築大紅台。

大紅台充分利用了自然地形，在山丘上，使這組建築參差有致。大紅台的正面，其下是大白台，高近十八米，下部使用花崗岩石料，上部是磚砌，壁面有三層盲窗，窗爲紫紅色，壁面爲白色，紅白相間，色彩鮮明。在大白台之上矗立着高達二十五米的大紅台。在大紅台的中線部分，從下到上有佛龕六個，均裝飾有黃紫相間的琉璃幔幃。佛龕左右，排列窗戶七層，達於台頂，最下一層爲漢式長方

普陀宗乘之廟內的碑亭
資料來源：《承德避暑山莊》頁126。

形窗，上六層均爲藏式梯形窗，有的是眞窗，有的是盲窗。整個台高四十三米，寬六餘米，莊嚴宏大，背褓深廣的藍天，輪廓分明。

大紅台爲平頂，內外均有女兒牆，上面配置有漢式的樓亭殿閣。大紅台內有重擔攢尖的「萬法歸一」殿、卷棚歇山頂的「洛伽勝境」殿和高三層的戲台，還有文殊經境、千佛閣等建築。文殊經和千佛閣，均已坍塌，但乾隆三十五年撰寫的「千佛閣碑記」，用滿、漢、蒙、藏四種文字鐫刻的方碑一座，至今猶存。大紅台這一組建築，

《土爾扈特全部歸順記》碑

資料來源：《承德避暑山莊》頁127。

《優恤土爾扈特部衆記》碑

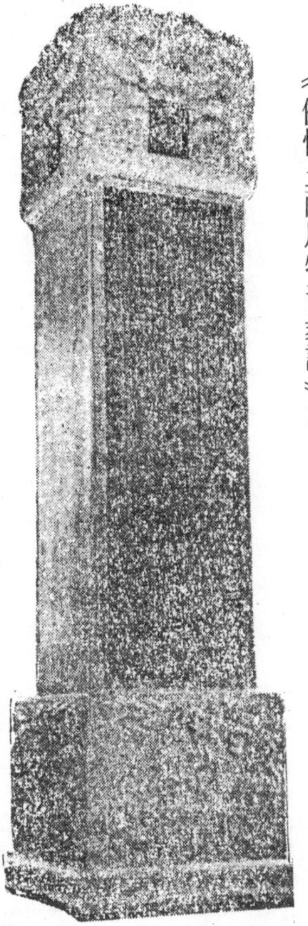

資料來源：《承德避暑山莊》頁128。

由於充分利用自然地形，在外觀上因而參差錯落，頗富變化。其中的萬法歸一殿及其四周的群樓（群樓已倒毀）完全是西藏式建築。萬法歸一殿和另外的兩個重擔亭子，都覆蓋鎏金銅瓦，金光閃耀，與大紅台的紅牆白石交相輝映，而整個壁面上，由於各種建築材料色彩的調和，加之陽光照射的陰影，更是變幻多態。大紅台處於全廟最後的高處部分，居高臨下，因此，一進山門仰望遠處巍峨矗立的大紅台，琳琅滿目的白台等各式建築，以及建築物之間，松柏參天，老態蒼勁，這一切烘托出的宗教肅穆氣氛是極其濃郁的。（註一四四）

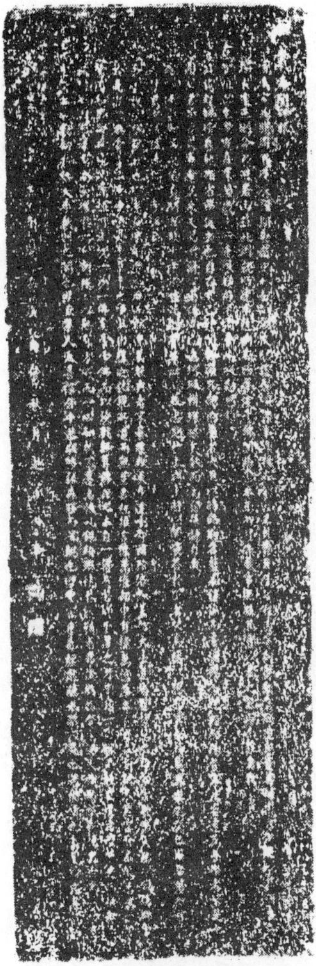

千佛閣碑記

↑資料來源：《承德避暑山莊》頁一四八。

七、廣安寺

位於殊像寺西邊，建於乾隆三十七年（一七七二），寺的後部有戒台，上下二層，周圍有群房，建築形式具有西藏特色。（註一四五）廣安寺原爲乾隆帝爲皇太后祝釐而建。但此寺居普陀宗乘廟之西，與羅漢堂、殊像寺俱在避暑山莊北邊獅子溝西端北山一帶，地當塞苑之後，在琳宇駢羅益增勝槩的情況下，除扮演「萬年兼祝釐」、「慈壽祝無量」的功能外，亦兼具「一以示外藩」及「柔遠詎惟宣梵教」的角色。（註一四六）

八、羅漢堂

康熙六年（一六六七）浙江海寧人張行極在海寧安國寺內建羅漢堂，乾隆二十九年（一七六四）和三十年（一七六五），清高宗南巡江浙時，曾兩次遊歷該寺，對寺內的五百羅漢極感興趣。因而在乾隆三十九年（一七七四），在廣安寺西邊仿安國寺羅漢堂式樣，營造了羅漢堂，布局爲漢式的伽藍七堂。

九、須彌福壽廟

須彌福壽廟在避暑山莊東北獅子溝北坡、普陀宗乘廟東邊，二廟鄰近相望。它是承德外八廟群中修建最晚的一座喇嘛廟，於乾隆四十五年（一七八〇）落成。這一年乾隆七十歲，六世班禪自後藏日喀則，長途跋涉至承德朝覲祝釐，乾隆特建此廟爲六世班禪居住和講經的住所，故俗稱班禪行宮。班禪在日喀則住扎什倫布寺，須彌福壽就是藏語扎什倫布的漢義（扎什意爲福壽，倫布意爲須彌山）。此廟是仿照扎什倫布的形制修建的，因而又稱扎什倫布廟。規模宏大，占地三萬七千九百平方公尺，僅次於普陀宗乘廟。（註一四八）

達賴喇嘛與班禪額爾德呢是黃教的兩大領袖。自順治十年（一六五三）清世祖正式册封達賴五世爲「西天大善自在佛所領天下釋教普通瓦赤喇恒達賴喇嘛」後，便鞏固了達賴喇嘛在黃教中的領導地位。（註一四九）到了康熙五十二年（一七一三），清聖祖又册封班禪額爾德呢（註一五〇），自此以後達賴與班禪便成爲黃教中最具影響力的宗教領袖，也成爲西藏的政教統治者。清廷洞察到宗教對邊疆民族所具有的影響力，因此大興黃教，對達喇與班禪更是百般拉攏，普陀宗乘與須彌福壽兩寺廟的先後興建，便可證一斑。誠如須彌福壽廟碑所示：「此須彌福壽之廟之建，上以揚歷代致治保邦之謨烈，下以答列藩傾心向化之悃忱，庸可已乎。」（註一五一）。

須彌福壽廟依山坡建築，山門南向，前臨獅子溝，由山門而進，正北方向有一碑亭，重檐歇山頂，亭壁四面開拱門，亭內是乾隆四十五年所立的「御制須彌福壽之廟碑」，在碑亭以北，地勢逐漸高起，沿石級而上，有華麗的琉璃牌樓，過牌樓就是須彌福壽之廟的主體建築大紅台。

大紅台綜合了漢藏建築藝術，融爲一體。中央入口處的門飾以琉璃牆，廣大的壁面上有窗戶三層，

妙高莊嚴殿鎏金銅瓦頂

吉祥法喜殿

資料來源：

《承德避暑山莊》頁159。

須彌福壽廟之琉璃寶塔　　資料來源：《萬里長城》頁113。

每層有窗十三個。窗子不像藏式的梯形盲窗，而是漢式的，長方形，有窗扉兩扇，窗頭上浮嵌琉璃制的垂花門頭。大紅台爲藏式平頂，內外均有女兒牆，四角有小殿。大紅台內部爲群樓，中央是「妙高莊嚴」殿，即六世班禪講經處。殿是三層，上下貫通，重檐攢尖，覆蓋鎏金銅瓦，即所謂「金頂」，瓦片呈魚鱗狀，屋脊則成波狀，具有強烈的藏式風格，每個屋脊上有兩條巨大鎏金黃龍，共八條，形態生動。中央寶頂成鐘形。整個殿頂頗爲奇特。北京故宮的雨花閣，屋頂的金瓦，就是仿照妙高莊嚴建造的。與大紅台相通，有「吉祥法喜」殿，是六世班禪的住室，同樣是金頂，當時殿內、殿外富麗堂皇，有「金殿」之稱。（註一五二）。廟的最後高處部分，建有琉璃寶塔。（如附圖）

須彌福壽之朝，從外觀上看，具有藏式建築的形式，但整個建築群在布局上已有明顯的中軸線。在中軸線的左右，建築物作了基本對稱的排列，這是漢族大型建築群的基本要求。這種布局，同樣說明了西藏建築與漢族建築藝術的綜合。

外八廟的營建前後經歷了六十多年，康熙和乾隆耗費了大量人力物力，每一座寺廟都凝結着人民的血汗。僅須彌福壽廟的鎏金銅瓦，就用了「頭等渡金一五四二九兩」，加上普陀宗乘廟的鎏金銅瓦，共用黃金近三萬兩。普陀宗乘廟是有四十餘座建築物的廟宇，其主體建築大紅台通高四十三米，寬約六十米，建造如此宏大的建築，百姓付出的代價是驚人的。乾隆三十六年，一次就從北京調運城磚七十萬塊，征用民間大車一千數百輛運到熱河。普陀宗乘廟建成之後，毀於火，又毀於水，僅兩次整修就花費了七十萬兩銀子。當時糧價，每石折銀一兩（註一五三），合糧約七十多萬石，足夠數十萬人民一年的口糧。然而這僅僅是兩次整修的費用，整個普陀宗乘之廟的修建費用更不知要高出多少倍。由此可以看出，整個外八廟工程耗費人民的血汗是多麼巨大！外八廟建成後，維修費用亦驚人。從清代檔案中查明，普佑寺的一次維修費用是一七五六〇兩銀子（註一五四），由此可見一斑。今天，承德市郊五窰溝，還殘存着當年修建外八廟時燒制琉璃飾件的窰廠。隆化縣（即當時的波羅河屯）鸚武川，還有當時的打石場遺址。建築外八廟所用的大量木材，除了圍場大批砍伐外，還從京師等地調運一批。來自承德附近和直隸、山東以及全國各地的大批工匠，在極其艱苦的條件下，在清廷官吏的嚴厲監督下，從事繁重艱苦的營建工作，多少人因勞累而喪失了寶貴的生命，這些辛勞的百姓以自己的血汗，創造了外八廟這組舉世聞名的宏偉工程。（註一五五）

外八廟的興建，是清廷為了加強對北部邊疆的管理，利用蒙古諸部對黃教的絕對信仰，把黃教作為一種進行精神統治的工具。（註一五六）正如乾隆帝在碑文「喇嘛說」中寫道：「興黃教，即所以安衆蒙古，所繫非小，不可以不保護之。」（註一五七）又在匾文「出山莊北門瞻禮梵廟之作」中寫道：「諸所營建，實以舊藩新附，接踵輸忱，其俗皆崇信黃教，用構茲梵宇，以遂瞻禮而寓綏懷，非徒侈鉅麗之觀也」。（註一五八）康熙帝首先洞察到黃教對邊疆民族的影響力，在康熙四十四年（一七〇五）時，即說道：「諸蒙古篤信喇嘛，久已惑溺，家家供奉，聽其言而行者甚衆。」（註一五九）所以只要控制了上層大喇嘛，即能順利地統治蒙古人民。因而在五十二年（一七一三）而興建了溥仁、溥喜二寺，開創了以黃教為統治工具的懷柔政策。乾隆帝繼之，又陸續增建了九座廟宇。從整體觀之，外八廟的分布形勢，均面向清帝所居的避暑山莊，以山莊爲軸心，在東西和北面整齊排列，形成一種類似百川歸海、衆星拱月的態勢，象徵著邊疆各民族對清廷的向心力，也標幟著清初國勢的強大、鞏固與一統。當然，外八廟與避暑山莊是清初透過木蘭秋獮活動而達成盛世下的產物。「衆星拱月」的建築形勢，也可能是人爲的安排；但從康熙到乾隆，清廷對邊防的處理，是一種突破傳統的積極做法，摒棄了前代修建長城分兵戍守的軍事隔離手段，代之以懷柔結好各邊疆部族，使之心悅誠服，邊疆自固。從木蘭圍場、避暑山莊以至外八廟的興建，都是爲了配合這種邊防政策。這誠如乾隆帝在「出古北口」詩句「施惠接嘉賓」下註中所寫：「自秦人北築長城，畏其南下，防之愈嚴，則隔絕愈盛，不知來之乃所以安之，我朝宗法中外一體，世爲臣僕，皇祖辟此避暑山莊，每歲巡幸，俾蒙古未出痘生身者，皆得覲見，宴賞，錫賚，恩益深而情亦聯，實良法美意，超越千古云。」（註一六〇）

外八廟在宗教上，扮演了攏絡邊疆民族的角色，進而鞏固了清帝國邊防。充分發揮了軍事、政治的功能。而在歷史文化的觀點言之，它亦留下了當時清廷與西藏、蒙古關係中一頁重要的歷史，它既說明清廷加強對邊疆各民族統治的歷史，也是清代時期，我國多民族國家鞏固發展的歷史見證。若從藝術的角度觀之，外八廟確是一組輝煌的藝術傑作，它集中、融合了我國漢、藏等民族的建築藝術，具有強烈的民族色彩，充分發揮了多民族建築風格的結合，同時，又獨創了一種新的格調。

各寺廟在地址的選擇上，或平地，或高阜，或山坡，雖各異趣，但都依山傍水，選擇在向陽之處，座落於風景優美之區。它採用了我國古代造園借景的方法，巧妙地利用了周圍的自然風景和人工建築物，造成豐富多彩的景觀。各廟之間互相聯絡，互通氣息，互相因借。而且，大都考慮到山莊風景設計的要求，使寺廟與山莊交相輝映，組成一個不可分割的整體。從各寺廟能看到山莊，從山莊也能觀賞各寺廟。

在利用地形上，外八廟是非常成功的。它只是將原有的地形進行有限的改造和整理，而不是花費巨大的勞動去改變形。寺廟中每一座建築物的位置都經過深思熟慮的選擇，利用地形的高低起伏變化，以顯示建築物皆錯落和強烈的節奏。每一寺廟的主體建築往往位於最高處，以強調甚崇高、雄偉，給人造成強烈的印象。

在寺廟的內部，採用了許多園林手法，使莊嚴肅穆與幽靜曲折的格調交織在一起。突出的是假山疊石，普寧寺大乘之閣布置有假山，須彌福壽廟大紅台周圍也布置有假山疊石；尤其是殊像寺會乘殿後的假山，更爲雄奇，在清代園林的假山中，也算佼佼者。這些假山疊石大都因借自然山勢，略加人工疊砌，很自然地與周圍環境諧調一致。令人感興趣的是普陀宗乘廟內的庭園處理，它在大紅台前保留了許多自然岩石，既顯示出山的自然氣勢，又美化了環境。廟宇的樹木配置，以松樹爲主，在建築物與林木的關係，以及樹型等方面，都給予了應有的注意，這對於造成園林氣氛是極爲重要的因素。

在建築材料上，除磚、石、木之外，大量使用琉璃瓦，特別是大面積地使用鎏金銅瓦，也是外八廟的一個突出特點。普陀宗乘廟和須彌福壽廟的主要建築，都用了鎏金銅瓦頂，其他廟宇的殿閣等主要建築都採用了各色琉璃瓦頂，顯得極其富麗堂皇。

外八廟豐富多彩的建築造型，是非常引人入勝的。殿、閣、樓、亭、廊塔、白台、紅台等等，琳瑯滿目，令人應接不暇。

各廟的主體建築，形式也各有不同。普樂寺的「旭光閣」與殊像寺的「寶相閣」，一為圓形，一為八角形。普陀宗乘廟與須彌福寺廟之大紅台，各有強烈的個性。普寧寺的「大乘之閣」是一特殊建築。這些主體建築體量宏偉，而且又採用了喇嘛教建築中常用的跨大尺度和強烈的對比手法，給人以崇高莊嚴的感覺。

在建築色彩上，大面積採用黃（包括金）、紅、白、綠、黑等單色或間色，於對比中求得和諧與統一，顯得格外壯麗華美，極其金碧輝煌。建築物裝飾的手法靈活而且多彩。（註一六一）

總之，外八廟是集我國各民族宗教建築藝術的大成，是難得的藝術珍品。今天，當我們觀賞這組雄偉壯麗的寺廟群的時候，不禁令人贊嘆當時國人高度的智慧和創造的才能。另外值得一提的插曲；由於外八廟在建築藝術上的高度成就，因而在世界上也享有很高的聲譽。一九三二年，美國在芝加哥舉辦世界性的「博覽會」，大企業財主洛克菲勒為了作驚人的商業宣傳，採納了瑞典人赫文斯定（註一六二）的主意，復製了普陀宗乘廟的萬法歸一殿，並在我國華北各地搜羅了大批珍貴佛像法器，於一九三一年春，以專輪運芝加哥陳列。在日本軍閣侵占承德期間，日本侵略者對外八廟進行了明目張膽的掠奪。今天，須彌福壽廟內的「妙高莊嚴」殿的鎏金銅瓦，有一部分已經光澤暗淡，就是當年日本軍閥為了盜刼銅瓦上的黃金，用化學藥品洗刷後留下的痕跡。

【附註】

註 一 從康熙二十二年（一六八三）年（或稍前）設置木蘭圍場始，至乾隆五十六年（一七九一）。雖中間康熙、乾隆缺席幾次，以及雍正年間（一七二三至一七三六）未曾舉行，但至嘉慶七年（一八〇二）又再度恢復，嘉、道以後的皇帝雖間斷舉行，但仍然是滿淸的重大活動。

註 二 蕭一山，淸代通史(二)，頁七十。

註 三 魏源：聖武記，卷三，國朝綏服蒙古記一。

註 四 淸朝文獻通考，卷一三九，頁六〇五九，王禮考十五，大狩條。

註 五 康熙帝，御制文集四集，七洵，康熙六十年作。

註 六 東華錄，康熙朝，卷十一，頁十一上、下，康熙二十九年八月，辛酉及壬戊條。卷十三，頁八上、下，康熙三十五年，癸酉條。

註 七 東華錄，康熙朝，卷二十一，頁三十六上、下，康熙六十一年九月，乙酉條。
另見：王之春輯：國朝柔遠記，卷三，康熙下，頁一下至四上。

註 八 熱河離北京不遠，往來無過兩日，因此奏本早晨從北京發出，當夜便可抵達熱河，因此皇帝可以如在北京一樣迅速處理政事。（見熱河志，卷廿五，頁二上，康熙御製避暑山莊記）。

註 九 高宗實錄，卷一三六，頁十至十一，乾隆六年二月，癸卯條。

註一〇 東華錄，乾隆朝，卷四，頁十八下，乾隆六年八月，壬子條。

註一一 石渠寶笈三編，第一本，頁二八二至二八三，乾隆皇帝御筆於木蘭九首。

註一二　同前，第三本，頁一一三五，乾隆皇帝御筆哨鹿四章。

註一三　熱河志，卷四十八，頁四下。

註一四　大清會典事例，卷七〇七，頁廿四。

註一五　海蘭察：索倫杜拉爾氏西布特哈阿倫依拉達屯人，西鐵色，生有殊力，善射。乾隆四十六年隨狩木蘭，二虎逸入圍，海蘭察囊三矢從發二殪之，衆詫爲神勇。見布哈特志略，人物條，頁二十二，據民國孟鏡雙撰著，民國抄本影印，成文出版社。

註一六　乾隆四十一年（一七七六）蒙古王公進宴卽席得句：「……將士凱旋多扈蹕……」句下自註。同註十三，頁十四上。

註一七　東華錄，乾隆朝，卷十三，頁十二上，乾隆十八年九月，丁卯條。

註一八　同前，頁十三上，壬申條。

註一九　同前，卷十一，頁十二上，乾隆十五年五月，己未條。

註二〇　高宗實錄，卷五七六，頁一一二，乾隆二十三年十二月，癸丑朔條。

註二一　賴福順：清高宗「十全武功」軍需之研究，頁一五六，文化大學史學研究所博士論文。

註二二　熱河志，卷十，頁六上，「復雨」詩句：「可恃忘深慮」下註。

註二三　未參與的戰役爲第一次廓爾喀之役，是役先調派近接西藏之四川省兵，戰爭很快便已結束。另爲安南之役，後來高宗不願檄派京兵，接受安南求和。台灣之役雖未調遣東三省及京兵，但卻調派福康安爲將軍、猛將海蘭察及統領、侍衞、章京、拜唐阿等八十餘人前往。

註二四　滿清對蒙政策，大體可分盟旗、封爵、宗教、互婚、懷柔、隔離等六項。盟旗制度爲地理之區畫；封爵政策爲人事之分封；宗教政策爲思想之控制；互婚政策爲血緣之融合；懷柔政策爲王公之安撫；隔離政策爲各部之防範；皆各有其特殊之意義。其中除隔離政策至清末轉變成開放外，其他各項，終清之世未有改變。（見何耀彰著：滿清治蒙政策之研究。私立東吳大學中國學術著作獎助委員會出版，六十七年一月。）

註二一五　乾隆廿五年（一七六〇年），御製詩：「……示法子孫從啓蹕……」句下自註：「每年木蘭行圍，諸皇子皇孫畢從，俾習勞也。」見熱河志，卷四十七，頁八六。

註二一六　康熙帝之善射，散見於各種史料中。茲舉東華錄載：「是日，上出行宮，令喀爾喀貝子盆楚克等射，射畢上親率諸皇子並侍衛等射，上連發五矢俱中，兩翼侍立蒙古諸王、台吉及貝子盆楚克等皆驚異，讚美曰：射之神奇有如此耶，皇上英武，誠邁世矣。於是衆皆跪請視皇上之弓，上笑以所持弓授親近侍衛吳什傳示，衆皆遞相控引，竟不能張，乃復相顧驚歎曰：如此勁弓，如何引滿耶。（見東華錄，康熙朝，卷十三，頁二下，康熙三十五年三月，戊辰條。）又康熙於晚年（五十八年）曾自謙其於木蘭行圍獲獸數：凡用鳥槍弓矢獲虎一百三十五，熊二十，豹二十五，猞猁十，麋鹿十四，狼九十六，野豬一百三十二，哨獲之鹿凡數百。……曾一日內射兎三百一十八，若庸常人，畢世亦不能及此一日之數也。（見大清會典事例，卷七〇八，頁十二）。
乾隆帝的打獵技術亦相當高明，他不但懂得用火槍、刺槍，而且更精於射箭，到七十九歲時，他還在木蘭的巴顏和樂（溝）圍場打獵；而且在射倒三隻大鹿以後，箭囊之矢尚未用完。（乾隆五十九年御製木蘭狄獮詩——巴顏和樂行圍作，其中有「……傾飛虎一鎗眞壯，命中鹿三矢未空，將至八旬猶策馬，迴思昔歲送歸鴻……。」（見石渠寶笈續篇，第五本，頁二五五六）。

註二一七　魏源：聖武記，卷三，國朝綏服蒙古記二，頁七二。

註二八　嘯亭雜錄，卷三，頁十上，書光顯寺戰事條。
註二九　清史，卷五二〇，列傳三〇六，藩部四，喀爾喀賽音諾彥，頁五六六〇。
註三〇　大清會典事例，卷九八五，頁二，理藩院，各部圍班。
註三一　東華錄，嘉慶朝，卷二，頁五八，嘉慶四年五月，壬午條。
註三二　穆宗實錄，卷一二四，頁五—七，同治三年十二月，乙卯條。
註三三　世祖實錄，卷一〇三，頁四—五，順治十三年八月，丙子條。
註三四　東華錄，康熙朝，卷十一，頁二十一上，康熙三十年五月，壬辰條。
註三五　東華錄，雍正朝，卷九，雍正九年八月庚子條。
註三六　興安卽興安大嶺，在木蘭圍場北界。見熱河志，卷四十六，頁十四下。
註三七　同前，頁十六下。
註三八　養吉齋叢錄，卷十六，頁二下。
註三九　乾隆四十七年（一七八二）在其御筆避暑山莊後序上追敍：「……皇考（雍正）十三年之間，雖未舉行此典（木蘭秋獮，常面諭曰：『予之不往避暑山莊及木蘭行圍者，蓋因日不暇給，而性好逸，惡殺生，是予之過，後世子孫當遵皇考（康熙）所行，習武木蘭，毋忘家法。……』」（見石渠寶笈續篇，第一本，頁一九三）。
註四〇　石渠寶笈三編，第九本，頁四三三九。
註四一　石渠寶笈續編，第五本，頁二五五六。
註四二　康熙在位六十一年，乾隆爲了表現對其祖父康熙的尊敬，到其統治的第六十年，便把帝位讓給他的兒子嘉慶帝。而自己退居太上皇之位，三年後才去世。（見東華錄，乾隆朝，卷三十四，頁十九下至二十上，乾隆四十三年九月，丁未條。）

註四三　指康熙晚年的打獵爲：「坐而射擊」。

註四四　同註四十一，頁二五五七。

註四五　乾隆在一七七六年（乾隆四十一年）所寫的木蘭雜詠詩「修獮行秋令、憑輿避曉涼」句下自注云：「向至木蘭，從無乘輿之事，近因余春秋已逾六十（按乾隆誕生於一七一一年，康熙五十年），數年來自行營至看城始乘肩輿，以避曉涼，至上圍則仍乘馬。」（見御製詩文十全集，卷九，頁二十下。）由此可知乾隆自十八世紀七十年代即乘肩輿自駐蹕大營往看城，但入圍射獵時則仍乘馬。

註四六　嘉慶七年（一八〇二），作「入崖口」詩有句：「十年未得上蘭來」，可見此爲第一次。（見石渠寶笈三編；第九本，頁四三五六。）

註四七　同前，「永安莽喀敍述」詩。

註四八　嘉慶：木蘭記，見石渠寶笈三編，第九本，頁四三七三—四三七四。

註四九　東華錄，康熙朝，卷十四，頁四十上下，康熙三十九年十月，丙寅條。

註五〇　同前，卷十三，頁三上，乙未條，頁十二下，甲午條。

註五一　李元度：國朝先正事略，卷十二，頁十六—十九，殷化行條。

殷化行：西征紀略，頁一下載：「……議進征事，諸公愼重，莫敢先發言，余（殷化行）乎出征行方略八事：一曰鄉導確實；一曰兵馬足用；一曰兵糧接濟；一曰將領得人；一曰調兵得宜；一曰兵餉預給；一曰師期預定；一曰班師善後。又出舊所畫營陳圖更爲首尾接應圖法，衆乃相依定計。（廣文書局發行，民國五十七年一月初版）。

註五二　東華錄，乾隆朝，卷十一，頁十二上，乾隆十五年五月，己未條。

註五三　「清代木蘭圍場文物調查」，河北省文物管理處，承德地區文化局，圍場縣文管會。文物出版社，一九八〇，北京。

註五四　「過卜克嶺行圍卽景四首」中有：「……詰戎柔遠於焉在，家法昭然敢不覆。」、「爾時原未廢遊獵，臨大事當有若無。」（見熱河志，卷四十六，頁七下。）

註五五　承德府志，卷首十一，天章，頁二十一、二十四。
熱河志，卷四十六，圍場二，頁七上。

註五六　同註五十三。

註五七　詩中有：「朝家重習武，靈囿成自天；匪今而斯今，祖制垂奕年。巉巖圍疊嶂，崖口爲之闢；壁立衆山斷，伊遜奔赴川。……」（見承德府志，卷首十一，頁六至七）。

註五八　同註五十三。

註五九　承德府志，卷首五，頁八，「右長城說」。

註六〇　「史記匈奴列傳」：「燕築長城，自邑陽至襄平」。呂祖謙：「大事記」及黃式三：「周季編略」，係此事於周赧王十五年，卽燕昭王十二年，公元前三〇〇年。（見「考古學報」一九五六年第一期，佟柱臣：「考古學上漢代及漢代以前的東北疆域」有確切的考證。）

註六一　同註五十三。

註六二　承德府志，卷首五，頁六至七，「虎神鎗記」。

註六三　同註五十三。

註六四　承德府志，卷首十二，頁十三至十四。

註六五　同註五十三。另「永安湃圍場作」詩見承德府志，卷首十二，頁二十二。

註六六　詩文中有：「……獵虞報有虎負嵎，遂往殪之率佽飛。……虎神鎗一發斃之，厄魯回部胥扈隨；乍舌脫帽欽服其，此亦偶然何足奇。……割嘗遍賜染指誰，君臣和樂逮海涯。……」（見承德府志，卷首十二，頁二）。

註六七　同註五十三。

註六八　承德府志，卷首五，頁十九至二十一。

註六九　袁森坡著：「清代口外行宮的由來與承德避暑山莊的發展過程」，「清史論叢」第二輯，中華書局，一九八〇年，北京。

註七〇　「江山多嬌」第七期，「清代皇家園林——避暑山莊」，上海人民美術出版社，一九八〇年六月。

註七一　「承德避暑山莊」，頁九，承德市文物局、中國人民大學清史研究所合編，文物出版社，一九八〇年，北京。

註七二　熱河志，卷二十五，頁四上下。
承德府志，卷首二十二，山莊，頁八至十四。卷首二十三，山莊，頁一至二十。

註七三　熱河志，卷二十三，徠遠一，頁一上。

註七四　亦即「澹泊敬誠」，是山莊的主殿，皇帝過生日，正式接見文武大臣，國內少數民族王公貴族以及外國使節所謂「大典」，都在此殿舉行。殿面濶七間，單檐歇山頂，下有高大的石砌台基，整個大殿全為楠木結構，俗稱「楠木殿」。（見「承德避暑山莊」、「雄奇秀麗的山莊」篇，頁十七）。

註七五　「熱河圓內改蓋楠木殿並前營等各處粘修工程銷算黃冊」，故宮博物院明清檔案部藏。（轉引自「承德避暑山莊」——「雄奇秀麗白山莊」篇，頁二十七。）

註七六　「內務府奏銷檔」，乾隆二十六年九月至十一月，「本府口奏錄頭牌白本檔案」，故宮博物院明清檔案部藏。（轉引自同前註，頁二十七—二十八）。

註七七　「內務府奏銷檔」，奏字三六四、三七三，故宮博物院明清檔案部藏。（轉引自同前註，頁二十八）。

註七八　乾隆四十三年十二月奏銷檔，故宮博物院明清檔案部藏。（同前註）。

註七九　在松雲峽北山的一條小溝谷中，包括山門、正殿以及「清娛室」、「養粹堂」、「延山樓」、「簇奇廊」及「右松書屋」等，與廣元宮相通，環境幽靜，視界開濶。（同註七一，頁二六）

註八〇　「內務府奏銷檔」，奏字三六八，故宮博物院明清檔案部藏。（轉引自同前註，頁二九）

註八一　煙雨樓爲湖區中「如意洲」上的主體建築，是仿嘉興南湖「烟雨樓」而建的。樓爲二層，下有石砌基礎，座落水中。

註八二　同註八〇，奏字三七三。

註八三　承德府志，卷二十三，田賦條，頁八。

註八四　朴趾源著：燕岩集，卷十二，「江太學留館錄」條，台灣書店，中華叢書委員會，民國四十五年四月。

註八五　同前，卷七，「還燕道中錄」，庚子（乾隆四十五—一七八〇）八月十六日條。

註八六　「熱河園庭則例」，「時標」條。（轉引自「承德避暑山莊」頁二〇六。）

註八七　吳錫麟著：熱河小記，頁十七下（總頁四九六二小方壺輿地叢鈔，第六秩。）

註八八　朴趾源著：燕岩集，卷五，漠北行程錄，乾隆四十五年八月初九日條。

註八九　同前，卷一，熱河條。

註九〇　同前，卷十七，「避暑錄」條。

註九一　同前。

註九二　見承德市城建局所藏舊圖。（轉引自「承德避暑山莊」，頁二〇〇。）

註九三　「內務府乾隆三十六年七月分木府口奏錄頭牌白本檔案」。（轉引自同前註。）

註九四　熱河志，卷二十，頁六下，「木蘭旋蹕至避暑山莊卽事有作」句：「慈闈舊藩菭止入邸舍」下註。

註九五　汪灝著：隨鑾紀恩，頁二八九，（總頁〇五八七）小方壺輿地叢鈔，第七秩。

註九六　熱河皇莊數各書記載不一，本文根據「內務府則例」，會計司卷一，「糧莊納飯定額條。」（轉引自「承德避暑山莊」，頁二〇四－二〇五）。

註九七　雍正七年時，口外皇莊俱按一等莊交租二五〇倉石，此時共有土地五三〇四頃。「內務府則例」，會計司卷二，口外莊頭餘地納糧事宜力條記。乾隆十五年又丈出餘地一一〇〇頃，共有土地六四〇四頃。

註九八　康熙二十六年規定，每糧莊壯丁爲十五名，但一般遠遠超過此數，如乾隆初年，畿輔糧莊五一八處，共有壯丁三萬餘名，平均每莊六十名，奉天糧莊三〇〇處，共有壯丁一五四一九名，平均每莊五十餘名。據此類推，熱河糧莊每莊壯丁至少也有五十名，每名莊丁以五口之家計算，一莊有人口數百名。（「承德避暑山莊」，頁二一〇）

註九九　熱河志，卷三，頁九下，「覽熱河井邑之盛知」。

註一〇〇　聖祖實錄，卷二三〇，頁十一，康熙四十六年七月，戊寅條。

註一〇一　同註九十五，頁二九一（總頁〇五八九）。

註一〇二　高宗實錄，卷一五五。頁二十，乾隆六年十一月，辛卯條。

註一〇三　熱河志，卷五，頁十二下，「所見」詩。

註一〇四　高宗實錄，卷一九六，頁十六，乾隆八年七月，辛卯條「查古北等口，素稱產米之區，近年雖經採買，運內地接濟兵民，」據記載：「從古北口外運米至口內，有一年達二十萬石以上。」

註一〇五　熱河志，卷十八，頁九下至十上，乾隆二十八年「八月二十六日蒙古王公等獻宴即席得句」詩：「更喜谷間稼稔收」句下註。

註一〇六　熱河志，卷九十四，頁一上、三下、四上、八上、十九上、二十二上。

註一〇七　同前，卷九十三，頁一上及四下。

註一〇八　同註九十九。

註一〇九　熱河志，卷九十五，頁十一下至十二上。

註一一〇　袁森坡：「清代口外行宮的由來與承德避暑山莊的發展過程。」

註一一一　熱河志，卷七九，寺廟三，頁二下至三上。

註一一二　同前。

註一一三　同前。

註一一四　熱河志，卷七十九，頁八上及十四上。

註一一五　莊吉發著：「清高宗兩定準噶爾始末」上下，故宮文獻第四卷，第三期，民國六十二年六月，台北。

註一一六　馮明珠著：「外八廟的興建與清初的西北邊防」，食貨月刊，十一卷十一至十二期，一九八二年三月。

註一一七　熱河志，卷七十九，寺廟三，頁十下至十二上，高宗實錄，卷四九七，（乾隆二十九年九月）大部分記述此事。

註一一八　同註一一〇。

註一一九　熱河志，卷七十九，頁十二上，御制詩妙嚴室記事載：「乾隆乙亥平定四衞拉忒（特），諸部落皆尊黃教，故肖西藏三摩耶式建普寧寺於山莊之北，置室其旁，以爲憩息之所，名爲妙嚴。」

註一二〇　熱河志，奏七十九，頁九下。

承德府志，卷十九，頁二十二。

註一二一　「承德避暑山莊」，「普寧寺與兩塊平定準噶爾碑」篇，頁九六—九七。

註一二二　熱河志，卷七十九，頁十五上，卷二十四，徠遠二，頁一上。

註一二三　乾隆十八年（一七五三）十一月，杜爾伯特三大台吉，車凌、車凌烏巴什、車凌孟克帶領所屬五千餘戶（東凌屬戶三千七百餘，車凌烏巴什屬戶一千二百餘，車凌孟克屬戶七百餘），口以萬計，內附清廷。這是當時「名王部落，接踵內屬」中較爲突出事例。杜爾伯特內徙後，清廷卽派員前往宣慰，並撥給大批生產和生活用品。同時，清廷還詔諭於次年夏季在山莊接見「三車凌」及其貴族領導者。杜爾伯特聞訊，異常歡欣，約有一百六十餘人請求前往承德。清廷爲他們「安設二十站，每站備馬一百六七十匹，駝二十四隻」，提供了交通工具與方便條，以便他們前往。（以上見高宗實錄，卷四五一，頁十二—十三，乾隆十八年十一月，甲戌條。皇朝藩部要略，卷十二，蒙古遊牧記，卷之十三，頁六下至七上。西域圖志，卷首二，頁九下至十上，萬樹園燈詞）。

註一二四　熱河志，卷十三，徠遠一，頁三上至五下。

註一二五　乾隆二十四年（一七五九）五月，達什達瓦部衆分二批到達熱河，人口爲二千一百三十六人，同來的喇嘛十七人，

「照例歸入普寧寺，按月各支銀米」。（見高宗實錄，卷五八七，頁三一，己酉條。熱河副都統富當阿的奏報。）

註一二六　熱河志，卷七十九，頁十六上下，辛丑及壬寅御制安遠廟詩註。

註一二七　同註一一〇。

註一二八　承德府志，卷十九，寺觀，頁二十八至二十九，「高宗御制安遠廟瞻禮書事」。

註一二九　熱河志，卷七十九，寺廟三，頁十六上，丙申御制「安遠廟」詩中：「緣繫衆藩情」句下註。

註一三〇　同註一二八。

註一三一　「承德避暑山莊」，「安遠廟與蒙古達什達瓦部遷居熱河」篇，頁一〇九。

註一三二　同註一一〇。

註一三三　熱河志，卷七十九，寺廟三，頁十七下至十八上。

註一三四　「承德避暑山莊」，「普樂寺修建的緣起」篇，頁一一六—一一七。

註一三五　同前，頁一一七。

註一三六　「承德避暑山莊」，「宏偉壯觀的寺廟群」篇，頁三十六至三十七。

註一三七　同前，「普陀宗乘之廟與喇嘛教」篇，頁一四六。

註一三八　熱河志，卷八十，寺廟四，頁二上。

承德府志，卷十九，寺觀，頁三十三。

註一三九　同註一一〇。

註一四〇　熱河志，卷八十，寺廟四，頁三下。

註一四一　承德府志，卷十九，寺觀，頁三十四。

註一四二　乾隆三十五年撰：「千佛閣碑記」。此碑用滿、漢、蒙、藏四體文字鐫刻，至今猶存。（見「承德避暑山莊」，「普陀宗乘之廟與喇嘛教」篇，頁一四七）。

註一四三　乾隆三十二年（一七六七）三月動工，三十六年八月完成，前後歷時四年半。（見同前，頁一四六）。

註一四四　同註一三七。

註一四五　同前註，頁一四六至一四八。

註一四六　同註一一〇。

註一四七　熱河志，卷八十，寺廟四，頁十上至十一上。乾隆三十八年（癸巳）「廣安寺瞻禮六韻」詩、四十年（乙未）及四十一年（丙申）之「廣安寺」詩、四十四年（己亥）之「廣安寺疊乙未詩韻」詩。

註一四八　同註一一〇。

註一四九　熱河志，卷八十，寺廟四，頁十三上至十五上。「承德避暑山莊」，「班禪行宮的由來」篇，頁一五七。

註一四九　參看牙含章西藏歷史的新篇章，「達賴喇嘛的封號、地位、職權和噶厦的由來」，四川民族出版社，一九七九年，成都。

註一五〇　清史稿，聖祖本紀三。

註一五一　承德府志，卷十九，寺觀，頁四十三。

註一五二　朴趾源：「燕岩集」，卷十三，熱河日記「黃教問答」：「皇帝迎西番僧王爲師，建黃金殿以履其王」，按普陀宗乘廟及須彌福壽廟銅制魚鱗各渡金二次，鎏金數字多達黃金二九、三〇〇兩，其中須彌福壽廟爲一五、四二九兩。（見內務府奏銷檔，乾隆四十四年，七至九月。轉引自同註六九。）

註一五三　高宗實錄，卷八八五，頁二十五，乾隆三十六年五月，己巳條，直隸總督楊廷璋奏稱。

註一五四　「普佑寺粘修殿宇房間工程奏銷黃冊」，故宮博物院明清檔案部藏。（轉引自「承德避暑山莊」，頁三四）

註一五五　「承德避暑山莊」，「宏偉壯觀的寺廟群」篇，頁三十四至三十五。

註一五六　舊派喇嘛教（紅教）在元朝時已傳入蒙古，但未取得支配地位。明朝初年，宗喀巴進行改革，創立了黃帽派喇嘛教（黃教），其大弟子達賴、班禪，「世世轉生」，以領教權，稱為呼畢勒罕，黃教逐漸大盛於西藏。宗喀巴的另一弟子降青曲結，奉宗喀巴之命在拉薩北部興建著名的色拉寺，並曾代表其師至北京，被明成祖封為「大慈德王」。明宣宗時，降青曲結再次到北京，並到蒙古宣揚黃教，這是「黃教傳布內地之始」。明神宗萬曆八年（一五八〇），蒙古可汗俺答（明朝封為順義王）迎三世達賴索南嘉錯到青海供奉，「俺答感其化，令蒙古人皆奉佛教」。三世達賴後來隨俺答到土默特，在歸化城（呼和浩特）建立錫熱圖召寺，大力宣揚黃教。於是，在蒙古王公貴族的大力支持下，黃教遍及內外蒙古。清廷大力倡導修建喇嘛教，即為用以尊崇黃教。外八廟及其他廟宇就這樣建造起來，僅內蒙一地，寺廟即多達千所。首屆一指者即為本節所描寫的普陀宗乘及須彌福寺二廟宇。（見「承德避暑山莊」，「普陀宗乘廟與喇嘛教」篇，頁一五一、一五三）。

註一五七　高宗實錄，卷一四二七，頁七，乾隆五十八年四月，辛巳條，御制喇嘛說。

註一五八　見本文第三章，註二九。

註一五九　「承德避暑山莊」，「普陀宗乘之廟與喇嘛教」篇，頁一五二。

註一六〇　熱河志，卷二十一，巡典九，頁十二上下。

註一六一　同註一五五，頁三十一至三十三。

註一六二　在三十年代，瑞典人赫文斯定，從我國搜去了大量珍貴文物。他曾來到承德，對金碧輝煌的外八廟唾涎三尺。他勾結美國商人以出資「幫助」修繕雍和宮（為順治九年一一六五二五世達賴到北京，清帝特為迎接而修建者）為條件，唆使政府允其拆卸外八廟之一，偷運出中國，但事情未果。（見同前，頁三十三）。

第六章　木蘭圍場的沒落崩潰

前幾章裏，已探討了有關木蘭圍場的設置，以及設置後的各種問題。本章欲究明木蘭圍場是如何導致沒落崩潰，從初期受到流民的侵入偷獵、盜伐，進而爲看管官兵的縱容與不肖分子的勾結，加速木蘭圍場的被破壞。這種現象當然與整個社會經濟的變遷有互動之關係。至於清廷皇族本身的腐化帶動了整個制度的殭化，從而導致滿族旗人的腐化，而影響到木蘭行圍的被迫停止，使木蘭圍場視同被廢棄。長久的廢棄當然又更加速被破壞，終而被奏請全面開放墾伐分割利用。使這塊廣大的御用獵場成爲歷史名辭。本章擬就三方面敍述之，首先以「漢民出關因素」說明漢人出關後，部分侵入圍場遭到破壞的情形，其次以「滿清腐敗因素」說明清廷皇族以及旗人的腐化加上外患頻繁內亂不斷而被迫停止「木蘭秋獮」，使木蘭圍場幾同永遠廢棄。最後以「木蘭圍場成爲歷史名辭」說明木蘭圍場由於長久的停止行圍，終於被奏請全面開放、分割墾伐，使這塊圍場不復存在，終而成爲歷史的名辭。

第一節　漢民出關的因素

木蘭圍場最初的破壞者為流民，要探究流民的侵入圍場及圍場因此蒙受何種弊害。首先必須先瞭解嘉慶、道光前後，漢民出關塞外的一般趨勢，尤須先說明漢民流入滿洲被視為聖地的東三省的一般狀況。而後推及地理位置較近關內的熱河地區，就不難理解木蘭圍場之所以沒落崩潰了。

直隸、山東、河南等中國北部各省流亡難民開始流入東三省，是在康熙二十年前後，所謂遼東拓民移墾停止後的十餘年間，而後，漢民即持續不斷移往滿州（註一）。這種情形，隨著中國內部各省農村產生流民的社會經濟問題，一年比一年盛行，乾隆初年，雖然採取滿洲封禁政策，但並無多大效果（註二）。嘉慶、道光之際，同樣的，雖然再三下禁令，但仍無法阻止新流民的流入。如嘉慶八年五月的諭內閣兵部議奏稽查關口出入民人分別酌定章程一摺中所載：「山海關外，係東三省地方，為滿洲根本重地，原不准流寓民人雜處其間，……乾隆五十七年，京南偶被偏災，仰蒙皇考高宗純皇帝格外恩准，令無業貧民出口覓食，係屬一時權宜撫綏之計，事後即應停止。乃近年以來，民人多有攜眷出關，並不分別查驗，概准放行。……何以至今春，尚有攜眷出關者，數百餘戶，……以後當奏請飭禁，……置直隸、山東巡撫，曉諭各所屬。」（註三）但同年六月，仍有十戶計三十七名的攜眷出口民人不知新禁令而到達山海關。此外有貿易民人百有餘人未持本籍給票及貧民五戶十六名，經來儀照舊放行（註四）。這種情形一直持續者，從嘉慶十七年四月盛京將軍和寧的上諭報告：「奉天海口，自開凍以來，山東民人，携眷乘船來岸者甚多，咸稱因本處年成荒歉，赴奉謀生，各貧民已渡至海口，人戶較多，勢難阻回，……」（註五）及道光三年御史程矞采奏直隸貧民出口謀生請飭各關口詢明來歷放行一摺所云：「……至遇饑饉之年，貧民車載襁負或依倚親族，或出口傭趁，亦屬事所恒有。……」（註六）可見一班。因此，我們可肯定的是，嘉慶道光以後，罹災的貧民流入滿洲，已成習慣性的及普遍性的事情。

面對這種實際的問題，大清帝國亦由社會政策的觀點，不得不偶而對罹災貧民予寬大的處理。如大約在道光二、三年間，直隸有大範圍的災害，因而於順天府的五城設置飯廠，以收容乞食的災民，至四年春（四月二十三日）共計收容七千三百八十餘人。而上年（三年）因直隸水災，亦發放各種救濟品達一百八十餘項之多。（註七）同樣的，對於擁到關口的災民，只須問明來歷，以備稽查，而不得概行攔截（註八）。

面對如此難以遏止流民出關的情勢，大清帝國亦不得不研究該如何減少流民輕易離開故土，及如何取締山東省出海口岸較多之登州、萊州、青州各府屬海口的渡船。經山東巡撫琦善遵旨籌議並奏定之章程擇錄如下：越度關塞，私出口外及夾帶流民，私渡奉天者，分別問擬流徙各律例。由登州、萊州、青州之船隻，每艘發給一張禁令，貼於船上，俾各知禁令，如有故違者究辦。至於牌頭、保甲等嚴飭該地方官責令就近稽查，遇有出口民人，曉以禁令，實力勸阻，如所言不聽，許其指名稟究，審實量予獎賞，儻或循情賄縱或挾嫌誣稟，分別從嚴懲辦。其專管海口之巡檢汎弁於商船出口時，務先親往按票傳驗，其沿邊採捕小船亦令一體查察，如有冒混夾帶人票不符，立即嚴究。對於赴關東省，先查問該家屬於何年、月、日，由何處口岸？何人船隻前往？曾否領有印票？如係私渡，即傳該口岸船戶及原籍牌甲，分別訊完……此章程著該撫督飭登州、萊州、青州道府總司其事，會同地方文武各員弁實力奉行，認眞稽查。（註九）

類似如此禁令，雖頻頻公布，且一再重覆對有關官員的督勵、戒飭，但實際上多流爲徒具形式。而結果，一切的努力都是一場空。據道光十五年十月的上諭，引用盛京將軍奕經等的上奏：「山東登、萊、青三府民人，因本處年歲歉收，携眷赴奉天依親就食，前後約有八、九千人，其各海口停泊處所，查有下船流民五百六十二名。」（註一〇）面對這種情況，清帝對奕經的「現經設法撫卹，俟春融再令回籍」的處理，不得不予以「所辦尚屬妥當」的欽此自找下台階。

根據前面的敍述，明顯的顯示出乾隆初年起所實施的滿洲封禁政策，實際上是阻止不了漢民流入滿洲。乾隆之後嘉慶，嘉慶之後是道光，隨著年代的演進，更加激烈。新流民自山海關諸邊口陸續擁進奉天地方沿海一帶，而後由達飽和狀態的奉天省邊牆內的平野地帶更進至山地，而後又進入四邊之地，此形勢的變化乃爲必然的趨勢。

這些流入的漢民，不用說多爲中國內省出身的農民。因此明顯的其移住滿洲多是從事農業。窮民就以農業勞動者或小作農以維生計，有幾分資力者，就以獨立農的身分漸次建立事業。當然會有一部分漢民，淪爲木匪（盜伐者）、金匪（盜淘、挖金者）或其他無賴匪徒。這是漢民自平原地帶更進至深境山岳森林地帶的結果，亦說明漢民移往滿州的深入社會化。穆宗實錄同治十三年二月載：「前據醇親王奏稱：……近年東省，馬賊滋擾，疊經諭令都興阿等認眞拏辦，迄今未能淨絕根株。……直隸、山東等省流民遷徙東省，向有例禁，嗣因日久懈弛，以致無業民人，任意趨赴，流爲金匪、木匪。」（註一一）。木匪事實上早在嘉慶年間即已明顯活動，據仁宗實錄嘉慶八年七月的記載：「據福建龍巖卅人連任率，首告興京、高麗溝地方，有二萬餘人砍伐樹木售賣之事，並據供稱伊於六月間到彼，見二萬餘人支搭窩棚六百餘座，設有鐵匠、爐座，打造大船，運販木材，官兵不能禁。」（註一二）。木匪之有此規模，除盜伐獲暴利之因素外，活潑的商業關係亦爲幫兇，這可由同治六年九月的上諭中得知：「……至木簰之起，訽係山東流民及本地窮民出邊偷砍，運至大東溝售賣，上年經色爾固善查辦，即各懇交木植，本年復敢偷砍私運，是其狡猾技倆，業已習爲固常。並聞多係本地紳富等，出貲雇覓，該遊民等出邊私砍，源之不塞，流何能絕，並著一併究察，以期鏟其根株。」（註一三）土著的鄉紳，富豪出資，雇用山東流民及本地窮民等，進行盜伐。

在官兵不能禁，鄉紳富豪背後支持，加上滿清自嘉慶、道光後政治腐化的情形下，邊外的圍場官兵自不例外的而有官商、官民、兵匪勾結因而對圍場傷害情形的發生就勢難避免。大清會典事例載：「道光七年諭富俊奏查明圍場內，私放民人砍伐樹木各員，分別定擬請旨一摺，圍場一帶卡倫，原爲禁止偷打牲畜，砍伐樹木而設，乃卡官晉海、領催委官錫永保，希圖行窃之富起餽，送柴薪小利，輒敢私放民人砍伐樹木，驚散牲畜，殊屬不堪。」（註一四），又宣宗實錄載：「……本日據富俊參奏，圍場內私行放入民人偷砍樹木之員，已分別議處。盛京吉林圍場，每年獵殺牲獸，原爲我滿洲官兵操演技藝而設，向來牲獸甚多。茲據富俊奏稱，上年行圍，獵打數圍，未獲一鹿，且圍場內時有賊人支搭寮棚，成何事統，以此每年派往官兵多人常川住守，所辦何事。」（註一五）。可知圍場看管官員及駐守卡倫官兵，有私行放人民偷伐木者，甚而賊匪侵入潛居在內者，因而有獵打數圍而未獲一鹿之事。圍場內鹿隻的減少除此因素外，尚有其他之原因，而其中最主要者，如宣宗實錄道光七年十一月的記載：「諭奕顥奏查明圍場情形一摺，雖先前已查出鹿窖二百餘處，茲復在嵌石嶺以北又查出九百餘處，合計一千一百餘處，獲犯一百一十餘起之多。」（註一六）此顯示圍場周圍遭私獵盛行。另外私獵者使用鳥槍的普及亦爲導致獸類急速減少的原因。鳥槍爲舊式小槍，但其機能遠比較原始的弓、箭好。但鳥槍一發射，圍場內野獸就四散驚逃，長久累次的結果，遂導致滅絕。滿洲人本來就以騎射著稱，狩獵不用鳥槍，且基於保存國粹，對此不感興趣而視鳥槍爲官用管制品，康熙時旗下民間不得使用，著嚴行禁止。（註一七）而乾隆亦在民間維持地方治安的觀點亦查禁所有鳥槍（註一八）。然而，至嘉慶、道光之交，鳥槍使用頗盛，在奉天所屬地方，民人往往私藏鳥槍，越邊偷打牲畜，肆無忌憚。爲此，道光七年十一月盛京將軍奕顥有：「以半年爲限，令私藏私造的鳥槍赴官呈繳，覈給例價，其應備守禦鳥槍也需報明地方官，發給執照，編號造册」的奏請。（註一九）從上述的說明，瞭解到，圍場內獸類的減少決非偶然之事。

同樣的，熱河方面木蘭圍場的情勢，情況的發展也一樣。較早的康熙年間，熱河地區以通古北口、喜峰口等邊口和華北距離近的地理關係外，亦因沿邊蒙古的諸旗，而被直隸、山東或河南方面的流民擁進。在康熙四十六年時，根據聖祖實錄的記載：「今巡行邊外，見各處皆有山東人，或行商或力田，至數十萬人之多。」（註二〇）單以山東就有如許多，可以想像的。雍正時，即因漢民越界深入蒙古耕種，與蒙古發生爭端，乃令分別定界，使各守疆址。乾隆四年除令將相互越界之民蒙易地而居，毋許雜居滋生事端（註二一）外，十一年，針對喀喇沁旗，令其嚴禁容留人民定居開墾，亦針對翁牛特、巴林、克什克騰、阿魯科爾沁、敖漢等諸旗，諭下禁止開墾之令。十五年，命驅逐多倫諾爾携眷流民，禁止蒙古與民人為婚（註二二）。這些事實，固然是清帝為蒙漢隔離政策的辦法之一，但亦使我們明白，漢民的足跡不僅已達沿邊蒙地，甚至已到遙遠北方的巴林旗、阿魯科爾沁旗的邊緣。而根據前述之奉天地區漢民流入的情況及對當地圍場傷害破壞情形的聯想，熱河地區經乾隆、嘉慶至道光以後，漢民侵入的情況以及對木蘭圍場遭遇同樣的命運，就不難推測了。

高宗實錄乾隆卅一年三月載：「諭，據額勒登額（熱河都統）奏，圍場翼長鄂呢濟爾噶勒，拏獲偷伐木植人等，解到即親詣查勘，共偷伐三千餘株，訊據供稱兵丁夥同民人偷砍等情。請將驍騎校巴雅爾圖解任，委署領催溫都順，披甲阿畢什克等，及現獲民人解送刑部嚴審治罪。併請將總管扎什泰、章京袞布，並伊交部分別議處。」（註二三）可見圍場看管官兵和人民共謀，盜伐圍場內數千株樹木的事實，故流民侵犯、傷害木蘭圍場的徵兆，尤早於東北之盛京、吉林圍場。至於盜獵情形亦如偷木一樣顯得嚴重，乾隆四十一年（一七七六），皇帝不得不再下了一道諭旨嚴禁：「圍場內偷打牲口，砍伐木植人等，膽敢拒捕，情殊可惡。嗣後除尋常拏獲偷打牲口，砍伐木植人等仍照舊例治罪外，若有緝拏之時，拒捕不肯就擒者，拏獲時著加重治罪。其敢於拒捕，致傷緝獲之人者，拏獲時著即行正法。」（註二四）這樣是否有效？我們再看看約四十年後的嘉慶八年八月的上諭，據仁宗實錄載，圍場副都統、王大臣綿循、綿懿、鄂勒哲依圖、阿克楝阿等的視察報告：「……茲據綿循等奏，遵旨前至永安莽喀、巴顏錫納、塔里雅圖三圍查看，竟未見有鹿隻，與丹巴多爾濟等奏相符。溯查乾隆五十七年以後，皇考駐蹕熱河，春秋增高，兼以連年雨水過大，屢次停圍，自應生息蕃滋，倍加充牣。乃朕於上年行圍時，鹿隻已屬無多，今歲竟至查閱十數圍，絕不見有麋鹿之跡，殊堪詫異，聞近日該處兵民，潛入圍場，私取茸角盜賣，希獲厚利，又有砍伐官木人等，在彼聚集，以致驚竄遠颺，而夫匠等從中偷打，亦所不免，是以鹿隻日見其少，此皆由管理圍場大臣，平時不能實力稽查，咎無可逭。」（註二五）因乾隆五十七年以後，常常停止行圍，野獸應可以迅速孳殖才對，但是調查結果，以永安莽喀、巴顏錫納、塔里雅圖三圍爲始的十幾個圍場，竟然會不見麋鹿的踪影。且兵民潛入圍場，私取茸角，又有盜伐官木人等聚集，以致鹿隻逃散，明顯地，歸罪於管理圍場大臣的取締怠慢。翌年（嘉慶九年），仁宗實錄又載：「據拉旺多爾濟奏，遵旨赴木蘭查勘本年所定十三圍地方內，巴顏布爾噶蘇台、巴雅爾鄂爾袞郭、威遜格爾、巴顏喀喇四圍，並未見有鹿隻，並詳看各圍場鹿隻甚少者四十餘處。又稱該處砍剩木墩，餘木甚多，兼有焚燬枯株猶在，往來車跡如同大路，運木多人各立寮舖，以致鹿隻驚逸傷損。並查有奸徒乘閒逸入，偷打鹿隻，是以較前更爲短少。」（註二六）可見，由於人爲因素，儘管再三令五申的嚴禁，仍然收不到預期的效果。反之，潛入圍場捕殺牲獸的事件仍層出不窮。承德府志亦載：「（嘉慶十一年）拏獲偷打牲畜各犯二百餘名之多，未獲者更必加倍。」（註二七）圍場爲肆武重地，自應嚴密稽查，毋令有私砍木植、偷打牲畜等情事。而今，司其事者，管理不善，任令匪徒逸入，而有「砍剩木墩餘木甚多，兼有焚燬枯枝猶在。往來車跡如同大路，運木多人，各立寮舖……」（註二八）（影射偷砍、運載出境牟利）。並有攜帶鳥鎗，偷打鹿隻，進而售賣鹿茸之事（註二九），是以國家百餘年秋獮圍場竟與盛京、高麗溝私置木廠無異，爲此又不得不如去年兩度停止行圍。照此，可窺見嘉慶以後，木蘭圍場似乎只有走上荒廢一途。

正因爲如此，木蘭圍場牲畜日益減少乃是必然的，到了嘉慶十五年，據仁宗實錄載：「諭內閣，朕此次巡幸木蘭舉行秋獮，連日圍場牲獸甚少，本日巴彥布爾哈蘇台圍，尤屬寥寥，詢之管圍大臣丹巴多爾濟等，據稱；山崗上下多有人馬行跡，並有車行軌轍，山巔林木亦較前稀少。從前朕隨皇考高宗純皇帝屢次進哨，此數圍皆係長林豐草，牲獸最多之地，除田獵戈獲外，所放鹿隻動以千百計，何以至今情形迥異？」（註三〇）。此種情形與以往相較，難怪嘉慶帝會對此種顯著的變化感到驚訝。

道光十六年，宣宗實錄載：「諭軍機大臣等，熱河（木蘭）圍場，係秋獮講武之所，例應嚴肅申禁，俾樹木葱鬱，物類蕃滋。朕聞近來頗有偷砍木植，私打牲畜之事，並聞該處車跡縱橫，可見例禁廢弛，怠玩已極，著嵩溥嚴行申禁，非圍場內當差之人，不得擅入肆行踐踏，所有該圍場內樹木牲畜，毋得私自戕伐獵取，以昭愼重。」（註三一）如此重覆地下嚴格禁令，更是證明木蘭圍場受破壞之嚴重，但歸結之，此乃是防護圍場的最後努力而已。

從上述所引資料，歸結之：自漢民大量出關後，由於流民、匪徒之類侵入圍場，從事私墾、盜伐，導致圍場型態的自體改變而蒙受直接的破壞，加上自乾隆中葉後，盜伐及偷獵仗勢勾結圍場官員、兵丁，而後者綱紀頽廢又一年比一年且無止境，導致獸類急速減少，而不得不屢屢停止行圍，招致圍場機能的荒廢，最後淪爲棄置的命運。再以圍場的位置分佈來判斷（配合圍場全圖），大體而言，木蘭圍場遭受流民侵害，是由南界到東北界。

第二節　滿清腐敗之因素

圍場的荒廢棄置若僅歸咎於漢民侵入及看守官兵的不力，則未免過於偏狹的看法。事實上，滿清政權政治的腐化，才是眞正廣泛性的因素。圍場的棄置恰與滿洲男性貴族式狩獵運動的廢弛及與嘉慶以後，太監權利的興起在時間上彼此吻合，它還與旗人間愈來愈流行的懶散和頽廢風氣互相表裏。前文述及乾隆帝在行圍過程中，淘汰不稱職的貴族、軍官。更早時亦抱怨滿洲人尚武傳統的喪失。大清會典事例載：「……今子弟遇行兵出獵或言妻子有疾，或以家事爲辭者多矣，不思勇往奮發，而惟耽戀家室，偷安習玩。」（註三二）

這段引述不是一項孤例，而且皇帝的警告也是一點都不誇大，固然行圍發揮了習武的效果，但還是有很多旗人利用種種藉口以逃避和射箭的考驗。因此一七七五年（乾隆四十年）不得不降一道御旨以嚴禁這些弊端（註三三）。到了嘉慶，旗人腐化更形嚴重，嘉慶五年四月諭：「滿洲風俗淳樸，向俱嫺習騎射及馬上技藝，感激君恩，爲國效力，是以每遇出征，皆歡欣嚮往，所至立蕆大功，即派出隨圍，亦皆奮勉爭先，其中不得派往者，即自覺愧赧，並無遇差退縮，藉端規避之人，近來習俗日下，年少者惟圖安逸，差使怠惰，……而此次該衙門派出隨扈，恭謁陵寢，膽敢揑稱葬妻，藉詞告假，並不隨往。……」（註三四）恭謁陵寢，所遇之處，有地方官吏的恭迎、奉承，其過程一般而言，並不如行圍射獵來得辛苦，但是，即使如此，仍有旗人不願吃苦而藉故逃避。嘉慶十一年（一八〇六）左右，扈從木蘭官員兵丁偷賣官馬之情形變得非常普遍嚴重。據該年九月之諭旨：「每遇行營，該官兵管，或數人令雇一僕役，馳載無多，自揣差使可以無誤，輒將餘馬任意變價，賺錢花用。回京時將馬價折交，而察哈爾官兵以應交之馬，多有羸乏難於牧放，不若將馬價收回，臨時將下乘充數，較爲易辦，彼此兩便。以致市儈奸販，三五成群，隨營朋夥，設法購買紅單牟利分肥，弊端百出……。」（註三五）如此情形的普遍性早於乾隆末期已出現，所以清廷的軍事力量，不論是八旗兵或綠營兵，在斯時，即已顯得腐朽不堪。清軍將領貪汚腐化，賄賂公行，視軍營爲發財之地，已是公開的秘密。乾隆帝死後，嘉慶即曾下詔痛斥諸將說：「川楚軍需，三載經費至逾七千餘萬（兩），爲從來未有，皆由諸臣內恃和珅護庇，外踵福康安、和琳積習，在軍惟酒肉笙歌自娛，以國帑供其浮冒。而各路官兵鄉勇，餉遲不發，致令枵腹無褌，牛皮裹足，跣行山谷。」（註三六）嘯亭雜錄亦載：「軍中糜費甚衆，餉半爲糧員侵蝕，濫行冒銷。有建昌道石作瑞，侵蝕帑銀至五十餘萬兩，延諸將會飲，多在深菁荒麓間人跡罕到之所，魚蟹珍饈之屬，每品用五、六兩，一席多至三四十品，而賞賜優伶，犒賞僕從不與焉。有某閣部初至，石饋珍珠三斛，蜀錦一萬匹，他物稱是。」（註三七）可見軍中將領貪汚揮霍是十分驚人的。至於從盛京、吉林、黑龍江調至戰地的將領們也是：「日啖肥猪、面餅，軟帳擁美人，玩愒度日。」（註三八）將帥狂嫖濫賭，酗酒嬉戲；士兵們則「凍餒山谷，幾同乞丐。」（註三九）官兵之間尖銳對立，上下離心，這樣的軍隊是不可能有什麼戰鬥力的。所以嘉慶帝即位後立即爆發的白蓮教亂，無法迅速撲滅。這是整個大清帝國在君主帝王專制制度統治下，趨於腐敗沒落的必然反映。爲了挽回旗人的墮落風氣，嘉慶帝曾於一八〇八年，特別寫了一篇八旗箴的文章，要旗人做到：「國語（統治者所用的語言，在清朝爲滿語）勤習，騎射必強；尊君孝文，警惰戒狂；勿酣酒肆，勿入賭場；勿爭小忿，反致大傷；勿廢錢米，債負難償；勿遊狹邪，勿干憲章……。」（註四〇）。這種情況，事實上，一點也不足以感到驚奇。整個中國歷史上，少數民族進入中原，隨著時間的增長，漢化加深，最後變成共同執干戈防備另一族侵入的中華民族，乃是必然的結果。滿洲人自不例外，失去原有尚武習性在前文多處述及，而設置圍場行圍以維持他們原有精神亦爲他們所期使。但終抵不住貴爲統治養尊處優的優裕生活而走上腐化之途，從而失去其狩獵尚武之精神。嘉慶帝雖然以因圍場的破壞、獸類減少，而開始（或許作爲託詞）不定期的斷續行圍，但以個性及時代環境而言，不若其祖先英武且具開創性，此乃是可肯定的。從舉行秋獮次數的減少以及舉行時的氣勢不如昔，亦可理解。

從上所引，吾人亦可想像到，後期參與行圍的清廷軍隊，於所過之沿途，藉機敲詐勒索，踐踏田禾、濫征車輛，給京畿及口外的居民帶來沈重的災難，乃是很自然之事，從行圍禁令中，看到清廷的再三申諭，即可瞭解乃是這類擾民的情事一再出現始發生的結果。

另從上節的敍述中，瞭解到圍場的自然資源，迭遭不肖之徒或官商、官民的勾結而破壞。但清廷本身的率先破壞做法亦難辭其咎。如乾隆三十三年至三十九年（一七六八至一七七四），乾隆帝爲擴建承德避暑山莊和北京郊外的園林，就從莫多圍場、英圖圍場以及後圍場等三處，砍伐了樹木三十六萬五千五百餘棵。（註四一）而砍伐官木的伕役還大量的盜取鹿茸。森林的砍伐，造成泉源的枯絕，水草不豐，牲獸當然銳減。嘉慶時期，所以會有因牲獸稀少爲藉口，而被迫多次停止「秋獮大典」。

嘉慶帝死後，道光帝即位，面對國外殖民主義，列強不斷的入侵，而國內因清廷本身加速度的腐化以及腐化後造成社會更動蕩不安，這些情況，使得久居深宮、養尊處優的統治者窮於應付。從道光元年（一八二一）開始，便停止了木蘭行圍。此後的咸豐、同治、光緒、宣統四朝，個人條件更不能匹比，而外患的頻仍、內亂的不息，再加上不平等條約、戰敗賠款等等因素造成的財政困難，也沒有再舉行過「木蘭秋獮」。（咸豐帝曾以「木蘭秋獮」之名逃難至避暑山莊，但未曾至木蘭圍場。）

有趣的是，嘉慶以後的皇帝，在他們衆多的諭旨中，均口口聲聲的強調行圍習武的重要，但誰都不敢背負停止行圍的罪名。因此，在清代的文獻中，無法舉行時總要找出適當理由爲藉口、或是根本不提。以皇帝爲中心的木蘭行圍已無法如昔的定期舉行，位於其他地區之圍場，所遭的命運亦同，如東三省的圍場，據穆宗實錄的記載：「……向來奉天、吉林兩省，均有圍場，每屆冬季，由各該將軍等統領官兵，進山圍獵。黑龍江省亦有行圍之舉。自軍興以來，東三省官兵徵調頻仍，且俸餉未能如期照數關領，由是行圍之事，久已廢止。該官兵等弓馬技藝，不免生疏，圍場之內，遊民溷跡，日久廢弛。實屬不成體統。」（註四二）。這段記載，雖未言及木蘭圍場，但似已包含全部內容。小規模由將軍率領且花費不貲的地方性行圍，已到「久已廢止」的地步，遑論由皇帝爲中心，規模大花費多且具全國性甚至國際性的秋獮大典。同治、光緒二朝是清帝國的衰亡期亦即是木蘭圍場遭受侵害、崩潰、棄置的時候。回顧康熙開創奠定國基，乾隆拓疆擴土鼎盛之際，亦是木蘭圍場設置，秋獮大典連年頻舉，四方來朝的輝煌時期。嘉慶、道光敗象已現，則亦正是木蘭圍場遭受侵入破壞之際。檢討它的形成發展及至廢弛棄置過程，直可謂與滿清帝國的國運相終始、同興退。

第三節　木蘭圍場成爲歷史名辭

從前述中，我們已瞭解到木蘭圍場因受到漢人移民出關以及清廷本身腐敗，致使木蘭圍場遭受破壞、停止秋獮的命運。木蘭圍場從道光帝開始即未再受到青睞。也就是說，道光帝即位後，木蘭圍場即如同被永遠廢棄。在這廢棄的歲月中，初期仍然有清廷的頻頻下諭，依規定仍照以往制度予以保護，在這種情況下，木蘭圍場是保留著如何面貌？法國天主教傳教士俞克（Huc）神父，於道光二十四年（一八四四）經過了木蘭地區，留下一篇較爲完整的描寫，在敍述木蘭圍場被分割、開墾前，先擇錄俞克神父的描寫，以作爲對木蘭圍場最後的巡禮：

「皇家森林南北長一百餘里爾（Lieue爲法國古時候表示路程長度的單位，約等於四公里），東西近八十里爾。康熙皇帝在他多次的蒙古遠征中，有一次將之指定爲御用獵場。他每年都到那裏狩獵；以後，歷任皇帝都遵行他的慣例，一直到嘉慶皇帝本人在於熱河的獵程上意外地遭到雷擊爲止。二十七年來這些大規模的狩獵已不再舉行了。道光——嘉慶的兒子及其帝位的繼承者——雖然念念不忘死亡，但卻很喜歡打獵。固然自登基以來，他不曾蒞臨過熱河——中國帝王的凡爾賽宮，可是林區的樹木和棲息其間的動物並沒有獲得自然繁植的機會。儘管法例上明文規定携械在此森林中遊蕩而被發現者將被判終生流放之罪，但是那兒却永遠充斥著偷獵者及盜伐林木者。看守的軍人數目固然很多，又被分配於距離相等的哨站上，但他們的職責好像只在覇佔木材及獵物的權益。要是送給他們盜獲物品中最好的一部分，他們便會全力地鼓勵人家去偷……。」（註四三）

以上所引，雖然圍場的名字沒有被提到，但俞克神父的描寫無疑地勾勒出在被永遠廢棄以前數年間木蘭圍場的情況。而這情況充分反映出前二節所述的偷獵、盜伐以及看管官兵腐敗而與盜徒勾結的情形。這種情況隨著停止行圍年月的延長、再加上清廷日益嚴重的腐化以及社會更形動蕩不安的情況，而益形增加。到了慈禧太后掌握實權，與趣移向頤和園後，終於有人發難建議將圍場開放並改變用途。當然也就是表明了「秋獮木蘭」的活動從此不再舉行了。

同治元年（一八六二），熱河都統瑞麟「奏以圍場牲畜日少，秋獮禮廢，請開圍荒，以裕國庫而利民生。」清廷被迫同意在圍場四周的邊遠地帶，開圍放墾。光緒二年（一八七六），清廷設立圍場糧捕同知及司獄於汗特穆爾川之二道溝，後又遷衙署於克勒溝。變化最大者，乃是在光緒三十二年（一九〇六），直隸總督袁世凱奏請將圍場徹底地盡數招墾，並立木植局，大肆濫施砍伐，售賣木材。同時亦奏請將圍場劃歸直隸管轄，改糧捕廳之名爲撫民廳，隸屬口北道。在這樣的撤施下，結果是：豐林秀嶺，瞬成禿山，本來已很稀少的飛禽走獸，捕殺殆盡。爲了讓讀者能徹底瞭解木蘭圍場被徹底分割開放墾伐的下場以及袁世凱是用啥理由奏請而能獲准，從而印證前述之清廷腐化（爲宮廷皇族一己之利以及大臣固已權位逢迎的官場心態……），特將袁世凱兩份奏摺分別錄之如下（註四四），以爲本章之結束。

太子少保北洋大臣直隸總督臣袁世凱跪

奏爲開辦圍場屯墾已及一年，謹將辦理情形恭摺仰祈

聖鑒事，竊臣承准軍機大臣字寄光緒三十一年八月九日奉

上諭練兵處，奏請開辦圍場屯墾事宜，以拓利源而裕兵食一摺，開墾圍場各地籍籌軍食，爲寓兵於農之善策，著派袁世凱認眞督辦，所有該處地方事務，並歸該督專轄以一事權，原摺均著鈔給閱看，欽此。除圍場地方事務改歸直隸專轄，另摺陳明外，其圍場屯墾木植經臣派委已革

廣西太平思順道何昭然，前往設局總理其事，並先後由關庫所存鐵路餘款內撥銀十五萬兩，作爲開辦經費，酌帶員司弁勇逐一察勘妥籌開辦。節據何昭然稟稱：上年十月初九日行抵東圍，旋穿圍而行，略觀大勢，是時地土凍結，屯墾已無可辦，本年春融後，始派員司測量地段，逐處勘丈，一面籌議招墾章程。因此次墾闢圍荒，期於安插旗兵，綏鎮要地，與從前放荒辦法不同，概不收取地價。凡有承領地畝者，悉遵承佃常例，上地每頃酌收押租銀八兩，中地六兩，下地四兩，至退地目，仍將原交押租發還。收租成數以所出穀粟，每頃上地，頭年圍斗兩石，二年四石，三年六石，中地頭年一石，二年三石，三年五石，下地頭年五斗，二年二石，三年三石。凡地畝三年成熟，是時練成旗兵，陸續退伍，到屯墾戶所領地畝，應由旗兵管業。倘旗兵仍將各地出佃，先儘原領地戶租種，第四年須就各地，分上中下三等，定爲收租常例。上地每年收租圍斗八石，中地六石，下地四石。兵糧既有常供，佃戶亦沾餘潤。自二月半至九月底，從東圍丈得可耕之地三千四百餘頃，已佃出二千九百九十九頃零。西圍丈得地二千餘頃，已佃出一千一十四頃。其陡坡峻嶺及多樹之處，一時不便丈放，應俟逐漸擴充。西圍地寒種晚，出產較差，初時無人承領，因出示照東圍歲租，酌減三分之一，佃民始來領墾。統計東西兩圍，招墾四千一十三頃零，發出執照八百一十張，均照定章收取押租。初議芒種前領照之七八百頃，早墾交租，適因四閏兩月，天氣旱乾，開地無幾。又因五月遇雹，七月降霜，收成歉薄，各佃戶懇按有收地畝交租，祇可照准，以示體恤。故本年收租有限，秋後新開地畝頗多，來年應能大旺。自留之地四十頃，內已開地七頃，其餘之地，來春或仍自開，抑令領墾，屆時察看酌辦。所有招佃地畝，四千餘頃，待至三年，一律成熟，每頃穀租，就中地牽算，每年値銀三十兩，統計可得歲租銀十一二萬兩，若照民人平分辦法，尚可增三分之一，此辦理屯墾之情形也。木植一事，因西圍燕各洴各溝，樹木甚多，宜從該處先辦。上年十月二十五日招工開山，東圍大小老虎溝，尚有伐賸餘木，於十一月初六日開伐，至十二月中旬一律停工，東局成料五千餘件，西局成料七千餘件，本年二三月又伐成九萬餘件，三月間承辦景陵殿工大料，查得東西曬樹溝，大磨盤山三處，大木較多，因於該處開設南局，選齊大料八百餘件，順伐常行木料一萬九千餘件。又承辦裕陵碑亭大料，在於錐子山各溝、五鋪炕、封狐溝、哈拉哈、沙爾板五處，選齊大料七百餘件，就其餘材製備，亦得六千餘件。東西南三局，就地售木得價無多，其餘運往灤津一千餘件，阻滯於伊遜川者四五千件，現在存料尚十萬餘件，若能運出天津售得善價，藉補經費之不足。惟水陸運路皆難，就地未能暢銷，且多抑價殊費躊躇。計自開辦以來，敬備陵工大料，兩起共一千六百件，又代運電桿二千一百三十七件，爲圍場廳製備三四千件，現已暫停伐工，專籌運路。至後圍木料，於多倫一帶，銷路相宜，連月售銀一萬三四千兩，盡供伐運之需。經年修河製器，購備牛馬，沿途設局，皆當寬籌經費，以利轉輸，此辦理木植之情形也。該員司初抵圍場，在於吉布臺修造板房二十六間，加護土坯圍牆以資棲止，又修馬棚窩鋪二十餘間錐子山前，占新舊圍場形勝，可爲總匯之區，修造大小房屋百間，工將告成，近圍商民，有請

賃地建房，以興市面者，妥訂章程，刊發執照，期經久遠，燕各洴建造分局房屋二十餘間，曬
樹溝南嶺下，建造分局，正屋十二間，又馬棚窩鋪十餘間，後圍四道溝造屋十餘間，工已及半，
諸凡布置，皆爲屯墾始基，此設局建房之情形也。臣查圍場興辦屯田，本爲退伍旗兵永遠生計，
該處民情刁悍，利在放荒盜木，不願置戍列屯，開辦之初，百計阻撓，不遺餘力，該總理局員何
昭然竭誠開導，銳意經營，不因辛苦艱難稍形退步，而墾地歸自然之利，伐木收固有之材，閱
時甫及一年，招墾荒地四千餘頃，伐存木料十萬餘件，建造房屋二百餘間，已漸有成效可觀。
兩圍木植甚多，砍伐不難，銷售不難，而難於轉運，應飭妥籌辦法，運出灤州天津等處，即能
得價。一面查丈餘地，陸續招墾，經費無待他籌，而數百里圍荒不久悉成阡陌，將來旗兵退伍，
有地可耕，有租可食，平時則講求武備，有事則立赴戎行，以仰副
朝廷寓兵於農，強本固圉之至意，所有辦理圍場屯墾、木植情形，理合恭摺具
奏。伏乞
皇太后
皇上聖鑒訓示。謹
奏
光緒三十二年十二月二十一日
該部知道

太子少保北洋大臣直隸總督臣袁世凱跪
奏爲圍場地方事務，改歸直隸專轄，謹將辦理情形恭摺仰祈
聖鑒事，竊臣承准軍機大臣字寄光緒三十一年八月十九日奉
上諭練兵處，奏請開辦圍場屯墾事宜，以拓利源而裕兵食一摺，開墾圍場各地，藉籌軍食，爲寓兵於農之善策，著派袁世凱認眞督辦，所有該處地方事務，並歸該督專轄，以一事權，原摺均著鈔給閱看，欽此。除圍場開辦屯墾事宜，另摺陳明外，查圍場實任同知李秉和，時已調署他缺，經臣檄委准補清苑縣知縣黃國瑄，調署圍場廳，篆務飭令，整頓一切，並創辦學堂，巡警習藝所等各新政，以開邊塞風氣。該員於上年十月二十五日到任，即以是日爲該廳改歸直隸專轄之始，仿照張多獨三廳，歸北口道所屬，該前廳審解之案，仍歸承德府熱河道勘轉，詳由熱河都統核辦。黃國瑄到任以後，審辦案件，無論新案舊案，初解覆解，應照距省窵遠各廳之例，尋常遣軍流犯及命案擬徒人犯，均毋庸解省，但解口北道審轉咨司核辦。倘有鳴冤翻易，分別提審解省，其死罪人犯及命案內遺軍流犯，仍各解省覆審。至秋審人犯，應援照多倫廳，成案解赴熱河道代審，咨司覆核詳辦。地糧有關奏銷，光緒三十一年額徵地糧，仍解熱河道庫，自三十二年起，改解藩庫兌收，以清界限，而便造報該廳，額設養廉，並司獄巡檢養廉公費，亦撥歸司庫，按季請領。圍場轄境，縱橫數百里，四無近鄰，道路紛岐，山川險阻，民多客籍，盜匪出沒靡常。自辦巡警以來，民知自衞，熱河都統不分畛域，派撥馬隊一營，駐紮圍境巡防

得力，地面得以粗安。西圍距廳治較遠，本擬添設一縣，以資分治，惟口外廳縣，雖無城垣，而建造衙署，壇廟、倉庫、監獄、各工，及常年應支正佐俸廉，各役工食，需款浩繁，此時實難籌撥，祇可緩俟木植屯墾辦有成效，款項稍充再議。添設西圍原設巡檢一員，照例不准擅受，因派候補正印一員在廳屬玻璃溝地方，設西圍裁判局，凡西圍巡檢向轄及西圍未放各地段內民間戶婚田產鬭毆詞訟，改歸該局審判，按月報廳查核，其命盜重案，仍由該廳勘驗承緝審解。如出事處所，在該局管轄界內，應令就近代爲勘驗，送廳核辦，以免長途往返，日久耽延。圍場廳爲衝繁疲難四字要缺，蒙民雜處政務紛紜，與張多獨三廳情形相似，擬請援照該三廳成案，將圍場糧捕同知改爲圍場撫民同知，並將圍場糧捕同知司獄，改爲圍場撫民同知司獄。至西圍巡檢仍循其舊，該廳既改歸直隸專轄，原頒同知關防一顆，文曰熱河圍場糧捕同知關防，又司獄印信一顆，文曰熱河糧捕同知司獄之印，又巡檢印信一顆，文曰熱河西圍巡檢之印，名實不符，應請另鑄頒用。查張多獨三廳正佐各員，關防印信，均無直隸字樣，圍場事同一律相應請旨敕部，改鑄圍場撫民同知關防，圍場撫民同知司獄之印，西圍巡檢之印各一顆，頒發鈐用，以昭信守。其餘未盡事宜，容臣續行議定奏明辦理，除將印模清册咨部外，所有圍場地方事務，改歸直隸專轄，辦理情形理合會同熱河都統臣廷杰恭摺具

奏。伏乞

皇太后

皇上聖鑒訓示。謹

奏

著照所請該部知道

光緒三十二年十二月二十一日

【附註】

註一　川久保悌郎：清代滿洲の圍場，第五章，圍場の崩壞。
註二　同前。
註三　仁宗實錄，卷一一三，頁一－二，嘉慶八年五月，乙未條。
註四　同前，卷一一六，頁二十二，嘉慶八年七月，癸卯條。
註五　同前，卷二五六，頁五，嘉慶十七年四月，丙午條。
註六　宣宗實錄，卷五十六，頁十七－十八，道光三年八月，乙巳條。
註七　同前，卷六十七，頁三十八－三十九，道光四年四月，庚申條。
註八　同註六，頁十八。
註九　同前，卷一四五，頁二十五－二十八，道光八年十月，壬辰條。
註一〇　同前，卷二七三，頁三，道光十五年十月，壬申條。

註一一　穆宗實錄，卷三六三，頁九，同治十三年二月，庚寅條。
註一二　仁宗實錄，卷一一六，頁三十二—三十三，嘉慶八年七月，丙午條。
註一三　穆宗實錄，卷二一二，頁十六—十七，同治六年九月，丙子條。
註一四　大清會典事例，卷七〇七，頁二十一。
註一五　宣宗實錄，卷一一四，頁三十三至三十五，道光七年二月，庚午條。
註一六　宣宗實錄，卷一三〇，頁六，道光七年十一月，戊午條。
註一七　聖祖實錄，卷二三二，頁十九，康熙四十七年閏三月，甲午條。
註一八　十朝聖訓，乾隆朝，卷五三，乾隆十四年十月，丁丑條。
註一九　同註十六，頁五。
註二〇　聖祖實錄，卷二三〇，頁十一，康熙四十六年七月，戊寅條。
註二一　高宗實錄，卷八八，頁三，乾隆四年三月，己酉條。
註二二　東華錄，乾隆朝，卷十一，頁十五上，乾隆十五年六月，甲戌條。
註二三　高宗實錄，卷七五七，頁十五，乾隆三十一年三月，甲午條。
註二四　承德府志，卷首二，頁二十二。
註二五　仁宗實錄，卷一一八，頁三十八—三十九，嘉慶八年八月，丁丑條。
註二六　同前，卷一三二，頁十五，嘉慶九年七月，己酉條。
註二七　承德府志，卷首三，嘉慶十一年九月詔諭。

註二八 同前，卷首三，頁十六。

註二九 同前，頁十五—十六。

註三〇 仁宗實錄，卷二三三，頁二十—二十一，嘉慶十五年八月，丁未條。

註三一 宣宗實錄，卷二九二，頁十四—十五，道光十六年十二月，庚申條。

註三二 大清會典事例，卷七〇八，頁十四，乾隆六年下諭首次行圍。

註三三 Hsieh Pao-Cho, The Government of China (1644-1911), Baltimne, 1925, P.144.

註三四 東華錄，嘉慶朝，卷三，頁十一上，嘉慶五年四月，癸酉條。

註三五 承德府志，卷首三，頁十八至十九。詔諭，嘉慶十一年九月定制（行圍官兵）分別給與官馬，以資乘騎。少者一人給一、二匹，多者三、四匹，虎槍營官兵每人給五匹，回京後將馬交回。官兵作弊，將戰馬以高價賣給馬販子，回京後，買察哈爾蒙古八旗的羸馬充數，或按馬的官價以銀交官，從中牟利。

註三六 魏源：聖武記，卷九。頁二十五下，嘉慶川湖陝靖寇記㈣。

註三七 昭槤：嘯亭雜錄，卷七。頁十九，軍營之奢條。

註三八 朝鮮，柳得恭：燕台再遊錄，頁十五。遼海叢書第十三種，藝文印書館編，民國六十六年。

註三九 同註三六。

註四〇 石渠寶笈三編，第二本，頁七七七。

註四一 內務府奏銷檔，乾隆四十年三至四月。（轉引自袁森坡：「木蘭圍場」）。

註四二 穆宗實錄，卷二四三，頁三十九，同治七年九月，癸卯條。

註四三　俞克神父（Régis Evariste HUC）韃靼旅行記（Souvenirs dún voyage dans la Tavtarie），頁二十三到二十四。（轉引自木蘭圖，頁十三）。

註四四　袁世凱奏摺專集(八)，頁二三六七至二三七二，故宮文獻特刊，第一集，故宮博物院出版，民國五十九年十月。

第七章　結　論

在滿洲東北部森林山岳地帶，主要以狩獵爲生的滿洲族，最常見的狩獵方式之一，一般稱之爲「圍獵」，即集體狩獵—圈狩。「圍場」本爲有關此形式之狩獵語，不僅僅只圍獵時，同時很多狩獵者任意圈圍地面（狩獵場），或其所圈圍的場所，亦指圈圍運動，亦有轉化爲依土地種類之固定狩獵地之意。「圍場」及有關此諸制度的成立，事實上，不僅僅是在清代，同樣的在遼、金時代亦確實地存在著。因此，這個起源應說是遊牧狩獵的北方民族所固有較爲充分。只是到了清代時，表現出（制定）最明顯的形態（制度）而已。

清代的圍場，主要是跨吉林省境一部分，大體爲奉天省東北境山地的盛京、吉林兩圍場。占黑龍江省呼蘭平原東北方青山、黑山二山地的東荒圍場及黑龍江省興安嶺脊的索約爾濟圍場。另外即是長城古北口外熱河地區的木蘭圍場及關內北京永定門外的南苑圍場。這些圍場均爲官設的狩獵地，屬兵部或內務府所管。嚴格說，其中使用稍有不同，概括而言，是提供八旗官兵行圍狩獵之用，即是軍隊武事訓練之目的。當然亦是山林原野豐富貢品的提供地。圍場亦是禁地，一般民人，旗人亦包括，不允許隨意進入，違者處罰。在這些圍場中，最爲重要者乃屬木蘭圍場，根據前面各章節的敍述說明，我們對木蘭圍場可得如下簡扼的瞭解與某種程度的體認。

位於熱河中央地區的木蘭圍場，其面積約等於台灣全島的一半（註一），是蒙古各部落敬獻（?）土地予康熙帝，而下旨設置的官有狩獵地。在圍場的周邊上植柳條或設柵圍成，並分設卡倫駐守著官兵，依中央訂頒各項的管制規定，執行維護圍場的完整與安全。

木蘭圍場地理環境優越，境內各類地形兼備，適於軍事野戰訓練，又其位置適中，且爲軍事要衝之地。南邊綿延幾十里，有行宮散布的熱河避暑山莊，爲清帝每年生活的重地之一。其中木蘭圍場的秋獮大典（即行圍狩獵）以皇帝爲中心，由其親自率領。參加行圍人員除身邊親衞軍、皇子、皇孫、親族、王公、大臣外，尚包括於各地抽選之駐防官兵、射獵能手及塞外各族王、公、貝勒、貝子、台吉……及所屬兵丁。它與其他圍場僅具地方性不同，實具有全國性、國際性的大活動性質。唯其如此，它所顯現的意義，就特別重要。此包括了行軍、駐營、布圍、合圍、罷圍、進哨、進宴、呈技等等的規則、儀禮，顯示出軍事、政治、社會……等的各種制度內涵。

初期的皇帝，如康熙、乾隆，勤於巡幸，駕臨圍場，頻舉秋獮大典，其因素多端，歸納之如下：除沈緬於祖先民族狩獵生活習性的回憶較濃，追懷創業艱難及其本身精於騎射愛好此道的娛樂性質外，並因帝國初建，向外擴張的機能性較具強烈的需求，同時亦藉此扭轉八旗子弟官兵進入中原後迅速腐化的習氣。再加上與北方俄羅斯、準噶爾兩大帝國的發展衝突，同時極需鎭攝綏撫早先歸附的蒙古外藩部落，並防止被俄、準挑撥分化，以期能維持穩定、牢固控制，進而成爲強固的屏障。

因此，木蘭圍場的設置，表面上、消極性的動機似因滿洲人在進入關內中原依附漢人農業經濟生活後，作爲民族性遺習狩獵回憶的娛樂場所。然而以前述因素而言，則大不爲然。所以清朝皇帝即以其祖先藉圍獵於習武作用的方法，有計劃的表現在木蘭圍場的秋獮活動上，故意地演變到以狩獵爲訓練軍隊的主要目的。同時爲了樹立威嚴以達鎭攝綏撫諸藩之目的，硬性規定外藩參與人員及額數，而整個行程中的規則禁令，再再顯示出軍事訓練的性質（註二）及政治樹威的作用。當然，如許規模龐大的活動，勢必造成某種程度的勞民傷財，但是軍事的訓練及政治的樹威，對於帝國的穩固、拓展，無疑的是發揮了積極的肯定作用。

嘉慶帝固然仍承襲、重視其祖先所訂且被視爲「家法」的秋獮活動爲國家之大典，但已無法如前頻頻舉行。此因亦多，茲再歸納如下：嘉慶皇帝，除本身條件不如其祖先外，（此亦如歷代，開創之君主，富有朝氣、魄力、有爲，而後繼者，坐享其成，深居宮中不如開創者，此似乎是所有君主專制國家之定例，無法避免，例外者少之又少。而民主國家則似可避免。）再加上整個帝國內外情勢的變化，如政治腐敗的現象已顯現，帶來流民無止境且大量的出關，而難以避免的奸民出現，予圍場無情的破壞。且滿洲人本身的腐化、懶散、怠惰不再有如初期入關前後時期的勤儉、耐勞、慓悍的性格，而視狩獵、軍旅爲畏途。嘉慶縱有年年秋獮之心，然以此現象，終而不得不偶以隔年行之，在行圍的氣勢上亦已不如乾隆與康熙。及至道光皇帝以後，帝國內部的腐敗已凸顯，再加上列強帝國主義的排山倒海式侵略，財政陷入困境。如此的內外交迫，再也無法作如此大規模的狩獵活動。「木蘭秋獮」的停止，亦即道光皇帝以後，清代的皇帝未曾到過木蘭圍場，木蘭圍場被視同廢棄，因而遭到加速度的破壞。最後終於在光緒年間被迫開放墾植，木蘭圍場從此不復存在，而成爲歷史名辭。而此時，亦是大清帝國邁入衰亡的前夕，是以木蘭圍場與滿清皇朝的國運同步。木蘭圍場促成滿清帝國的興盛似乎是有過於誇大的說法，但不容否認且可肯定的是；它至少在大清帝國的歷史中，扮演了舉足輕重的角色。

軍事與政治的角色已如前述。經濟、社會人文的變遷影響，則透過木蘭圍場連年的秋獮活動，因而帶動系列行宮及避暑山莊的營建而顯現。這些可說是經由皇帝的親自率隊以及龐大隨扈人員，在每年均須固定一段時間的盤桓，因應此種需要而陸續完成。在這過程中，明顯帶動了人口急速增加（人口增加的因素當然還有其他因素，諸如避災荒、生計逐漸困窘而移民到此等等），而產生大規模墾植、商業經貿及手工業等等多元化的生活，從而使這廣大地區的經濟結構、社會人文景觀發生變遷。東華錄乾隆四十三年載：「諭：熱河地方朕每歲木蘭秋獮，先期駐蹕，數十年來，戶口日增，民生富庶，且農耕蕃殖，市肆殷闐，其秀民蒸蒸向化，絃誦相聞見，已與建學校議庠額，並命設立考棚，將來人文日盛，儼然成一大都會。」又：「熱河地方在古北口以北，其境於禹貢爲冀州，……秦漢以來越在絕徼，未入版圖。……我國家撫臨寰宇，薄海內外，咸登版籍。……自皇祖康熙四十二年肇建山莊，秋獮經行往返駐蹕。……朕臨御之，……獮獵木蘭，每歲駐蹕於茲，日見黎庶殷闐戶口繁富，里巷絃誦人文漸起，此實國家積治累仁，休養生息，涵濡百餘年之久，方克臻斯。」（註三）為了適應避暑山莊的建立，以及人口增多和社會經濟的發展，清廷先後設置了府、縣級的行政機構，雍正時期先設熱河廳後改設承德州，（這就是承德之名的由來），乾隆七年（一七四二）罷州仍設熱河廳，四十三年（一七七八），升格為承德府，轄灤平縣（即喀喇河屯）、豐寧縣、平泉州（即八溝）、赤峰縣（即烏蘭哈達）、建昌縣（即塔子溝）、朝陽縣（即三座塔）。（註四）這種結果，乃是經由木蘭圍場設置以及大規模的連年秋獮活動帶動所致。同樣地，因熱河避暑山莊的出現，促使大批少數民族的欣躍前往留住，配合上清廷的羈縻，牢攏政策，陸續營建廟宇，以迎合這些少數民族的領導王公、貴族階層，因而有外八廟的出現。外八廟不僅僅完成政治綏撫、宗教羈縻的使命，同時亦因建築的特色而扮演了藝術交流且相互影響的角色。

木蘭圍場由於長時間的經由皇帝親自率隊舉行秋獮大典活動。行圍期間以皇帝為中心的狩獵生活，多采多姿固不待言。尤其在乾隆皇帝有好大喜功、標新立異的性格再加上其善弄文墨、賣弄詩文的心態下，留下大量有關木蘭秋獮及巡幸山莊時的詩文是可理解的。若再加上隨駕王公大臣、貴賓等等的記述以及隨興而題的詩文，則其數量自然是驚人的。（註五）這些詩文，屬於皇帝題撰者，大部份不見得怎麼高明，而王公、大臣者，則因處在一個既無新意又欠清晰的館閣文學時代，再加上政治的因素而無隨意表達文思的自由，所以亦難見佳作。然而，因其數量驚人，且內容複雜（描寫對象包括風景、氣候、物產、山川、形勢、行圍、射獵、宴會、呈枝、以及一般生活起居及與少數民族的領導階層往來相處，甚至於碑誌、古蹟等等），所以這些詩文可是研究中國北方自然景觀、人文社會的參考資料。同時，透過這些詩文，亦可作爲研究、瞭解滿清女眞民族性格、習俗及大清帝國內部政治、社會、軍事等各種制度的佐證題材。尤其是康熙、乾隆、嘉慶三朝在圍場所遺留下來的文物、碑石，以及在山莊、外八廟的各式建築及有關廟宇的軟硬體裝飾等等，都是研究清代歷史文化及與少數民族往來情形暨對外關係的寶貴資料。

另外值得一提的是：乾隆初年實施的滿州封禁政策，其目的，意義無非是防範漢民無限制的流入滿洲及其帶來中原經濟的滲透。清廷予以必要之範圍限制，期能保持滿洲旗人的生活地盤及維持其發源地之不可侵犯，進而塑造其神聖的權威。同時亦意味着清廷透過此封禁政策，免於漢人快速的農業、商業及高度的中原文化所帶來的禍害。因此，予觀念上視爲神聖地的滿洲不得不予以重視。爲確能達到此目的，其封禁地向外擴張，增置更大的範圍以爲緩衝地乃是自然的。因此，木蘭圍場及其周邊的蒙古牧地，自然地就成爲首當其衝而扮演了這類地方。所以，這些地方亦被嚴格限制移墾，東華錄乾隆十五年載：「命驅逐多倫諾爾攜眷流民，禁蒙古與民人爲婚。」（註六）盡管清廷有種種的嚴禁措施，事實上，漢民從康熙年後，持續不斷的流入這些封禁地，且有計劃、有目標的移入住進滿洲，並深入山岳森林地帶。且部分漢民在這些地方漸次建立事業，或部分淪爲土匪、金匪及其他無賴匪徒。這種結果，說明了漢人移住封禁地的深入社會化，同時亦說明了圍場之所以崩潰的原因外，更可說是滿清對漢族經濟、社會及文化的失敗。中原民族的文化在歷史上，少有突破塞北，更遑論長驅直入滿洲（唐代或明代，只能說是短暫的政治及軍事力量的進入）（註七）。滿清入關，滿洲人固可爲中原政治的主宰領導者，但所付出的代價，除了本身被同化外，最後亦使中原民族、文化成爲滿洲的主宰領導者，使東北地方成爲中國的版圖，且爲牢不可分的一部分。在這種過程中，木蘭圍場實際上亦不知不覺的扮演了中間媒介者的角色。

綜觀木蘭圍場，自康熙帝的擇設起，經由邊防，軍事、政治……等等多項需要，再與康熙帝之「圍獵以講武事，必不可廢亦不可無」（註八）的心態配合下，使「木蘭秋獮」成爲滿清皇室奉行不渝的「家法」。再經乾隆帝「好大喜功」的排演及所謂「隆盛之世」的粉飾下，「木蘭秋獮」更成爲億萬斯年世世子孫所當遵守毋忘之「常經」。然而清代的所謂「盛世」卻經不起乾隆末年嘉慶初年（一七九六－一八〇四）的川楚白蓮教亂的考驗，使社會的敗象充分而無情的顯現出來。而這現象就如中國歷史上各朝代的「君主專制」社會一樣，必然的會腐爛和崩潰，此乃不可避免及挽回的歷史趨勢。嘉慶帝雖然苦心積慮的強調「守成之主，不可忘開創之艱難，承家之子豈可失祖考之志？」而繼續舉行秋獮大典。但至道光帝後，終於擋不住歷史的潮流（社會敗象的持續且急速惡化），再加上外來帝國主義的排山倒海式的侵略，終使御用的木蘭圍場亦與帝國的國運相同步的走上被破壞、廢置的命運。最後終於在財政、經濟的觀點上而被奏准開放墾植，終而使木蘭圍場成爲歷史名辭。

木蘭秋獮是滿清皇室所舉行的最重要活動之一，除此之外還沒有其他事件，在一百四十年中（康熙二十年一六八一起至嘉慶二十五年一八二〇），幾乎每年（雍正在位之十三年除外）固定佔用皇帝及其屬下貴族那麼多的時間。然而仔細觀察分析「木蘭秋獮」的活動，事實上乃是大清王朝在其前期適應統一多民族國家發展的歷史潮流中，所採取衆多系列的邊防措施中，最重要之一種。而其成果，可說是結束了明代以來蒙古各部落的分裂與混亂局面，加強了對蒙古各部的管理，亦兼具震攝綏撫了西北的回族。從整個層面及客觀上而言，有利於蒙古地區的社會安定和人民的休養生息，有利於遏制沙俄的顚覆、滲透和擴張的陽謀，亦有利於保障中原地區的經濟發展和各族人民的經濟、文化交流，從而有利於整體中華民族的長遠利益。

【附　註】

註　一　木蘭圍場的範圍，東西長三百餘里，南北二百餘里，圈圍一千三百多里。清代一里等於今〇・五七公里，依此，則東西約一百七十公里，南北約為一一〇公里，圈圍約七四〇公里。面積約為台灣之一半。

註　二　清代八旗京營之教閱，驍騎營、前鋒營、護軍營等，每年演習布圍二次或三次，尙虞處侍衛、鷹狗房執事人等亦同。（見清朝掌故彙編、內編，卷五十二，大閱，頁四〇九二—四〇九四，大閱、京營教閱條）另各營官兵凡巡幸應扈從車駕之人，違原定之期不到及從而先回還者，一日笞四十，每三日加一等罪止杖一百，職官有犯各加一等罪止杖六十徒一年。若從車駕而行而逃者杖一百，發邊遠充軍。親管頭目故縱不到先回在逃者各與犯人同罪，至死減一等。失覺察者減三等罪止杖一百。（見大清律例會通新纂，卷十七、兵律宮衞，頁一五二九，從駕稽違條。）另隨鑾紀恩亦載：「國家軍令嚴整，雖一行獵間，無一人敢亂伍。」上述的記載，與本文行圍禁令中之所載，在在顯示木蘭圍場的行圍事實上就是軍事上的訓練性質。

註三　東華錄，乾隆朝，卷三十四，頁三，乾隆四十三年正月，乙亥條。頁五，丙午條。

註四　同前。

註五　熱河志曾將這些詩文彙編，分別歸類列於各卷中。承德府志又加以校正刊出，其數之多，至爲驚人。至於乾隆皇帝有關木蘭秋獮的詩文大多保存於御製詩及石渠寶笈續、三編中。其所題撰之詩文最多，單是乾隆十四年（一七四九）出塞到木蘭行圍，便作了約二百首詩。（石渠寶笈續篇，頁二三二一乾隆自云）。但是，據他所撰樂善堂全集序（石渠寶笈三編，頁九八二）所言：「自今（一七三七，乾隆二年）以後，雖有所著作，或出詞臣之手，眞贋各半」，可見這些詩中，有一部分是別人所捉刀代筆的。

註六　東華錄，乾隆朝，卷十一，頁十五上，乾隆十五年六月，甲戌條。

註七　大陸雜誌四卷四期，姚從吾先生契丹漢化的分析一文，認爲契丹與中國是以「長城與山海關爲分野的兩個世界與兩種文化」，這種見解，値得採納。另傅樂成師：「突厥的文化和它對鄰國的關係」一文，（收錄於漢唐史論集，聯經出版事業公司。）亦認爲所謂「漢化」祇是指與中國鄰接的極小範圍的少數異族而言，事實上中國的文化，始終未能穿越蒙古大沙漠而發生作用。

註八　康熙二十一年五月十九日對寧古塔將軍巴海及副都統薩布蘇所講的話。（見盛京通志，卷之二，典謨，頁五上下。另見聖祖實錄，卷一〇二，康熙二十一年五月丙寅條）。

引用及參考資料

一、中文資料

十二朝東華錄，王先謙等纂修，文海出版社印行。
大清歷朝實錄，華文書局，民國五十三年。
大清會典，台北商務印書館，民國五十七年，國學基本叢書四百種。
大清會典事例，台北，中文書局，民國五十二年出版。
大清十朝聖訓，台北文海出版社，民國五十四年。
大清一統志，（嘉慶重修），台北，商務，民國五十五年。
大清律例會通新纂，姚雨薌原纂，胡仰山增輯，沈雲龍主編，近代中國史料叢刊，三編第二十二輯。文海出版社印行。
大金國志，宋・宇文懋昭撰，廣文書局。
木蘭圖，侯錦郎、畢梅雪（Michele PIRAZZOLI）合著，故宮博物院印行，一九八〇年。
「木蘭圍場」，袁森坡著，文物集刊，文物出版社出版，一九八〇年，北京。

石渠寶笈初編，故宮博物院印行，民國六十年十月。
石渠寶笈續編，故宮博物院印行，民國六十年十月。
石渠寶笈三編，故宮博物院印行，民國五十八年十二月。
平定準噶爾方略，傅恒等撰，乾隆卅五年內府刊本，前編、正編、續編，共一六九卷。
布哈特志略，孟鏡雙撰著，民國抄本影印，中國方志叢書，第四十一號，成文出版社印行。
外八廟的興建與清初的西北邊防，馮明珠著，食貨月刊，一九八一年三月，第十一卷。
竹葉亭雜記，姚元之撰，文海出版社，民國五十八年。
西陲要略，祁韻士撰，台北文成書局，民國五十七年。
西征紀略，殷化行著，廣文書局，民國五十七年一月。
西域圖志（欽定），傅恒等奉敕撰，文海出版社印行，民國五十九年。
吉林外記，清、薩英額纂輯，清光緒二十一年刊本。中國方志叢書，東北地方，成文出版社印行。
吉林通志，長順等撰，文海出版社，民國五十四年十二月初版。
承德府志，光緒廿六年，廷杰重訂本，中國方志叢書，第十七號，成文出版社。
「承德避暑山莊」，承德市文物局、中國人民大學清史研究所編，文物出版社，一九八〇年，北京。
「考古學上漢代及漢代以前的東北疆域」，佟柱臣著，考古學報，第一期，一九五六年。
金史，元、脫脫等撰，洪氏出版社。

松亭紀行，高士奇撰，收錄於景印文淵閣四庫全書，史部，二一八，四六〇冊，台灣商務。

奉天郡邑志，收錄於東三省政略，李毓澍主編，中國邊疆叢書，文海出版社印行。

突厥的文化和它對鄰國的關係，傅樂成著，收錄於漢唐史論集，聯經，民國七十年六月，二版。

東北近三百年外患史，蔣廷黻著，收錄於中國近代史研究，里仁書局，民國七十一年八月。

皇朝政典類纂，席福裕輯，台北成文出版社，民國五十八年。

皇朝藩部要略，祁韻士撰，中國近代史料叢刊，第十一輯，文海出版社印行，民國五十四年。

皇家森林的秋季大獵，侯錦郎、畢梅雪合著，雄師美術月刊一九七六年十二月出版。

契丹漢化的分析，姚從吾著，大陸雜誌，四卷四期。

癸辛雜錄，周密撰，收錄於景印文淵閣，四庫全書子部，三四六，一〇四〇冊，台灣商務。

柳邊紀略，楊賓撰，廣文書局，五十七年一月初版。

朔方備乘，何秋濤撰，台北，文海出版社，民國五十三年。

袁世凱奏摺專集，故宮文獻特刊，第一集，故宮博物院出版，民國五十九年十月。

扈從東巡目錄，高士奇撰，廣文書局。

乾隆御製詩文全集，故宮博物院印行，民國六十五年七月。

盛京通志，王河等修，中國邊疆叢書第一輯，文海出版社印行。

盛京通鑑，闕名撰，沈雲龍主編，中國近代史料叢刊，第六輯，文海出版社印行。

康熙起居注，故宮博物院典藏。
康熙御製詩四集，故宮博物院典藏。
國朝柔遠記，王之春輯，台灣華文書局印行。
國朝先正事略，李元度纂，明文書書局印行。
清史稿，趙爾巽等編，新文豐出版公司，民國七十年。
清史，張其昀監修，國防研究院，民國五十年。
清史列傳，周駿富輯，明文書局印行。
清代滿漢政治勢力之消長，胡健國撰，國立政治大學政治研究所博士論文，民國六十六年六月。
清代建國軍事史，魏汝霖著，戰史會刊第十期，中華學術院中華戰史學會出版。
「清代口外行宮的由來與熱河避暑山莊的發展過程」，清史論叢，第二輯，中華書局，一九八〇年，北京。
「清代皇家園林—避暑山莊」，「江山多嬌」第七期，一九八〇年，上海人民美術出版社。
清代通史，蕭一山著，台北商務印書館，民國五十年。
「清代木蘭文物調查」，河北省文物管理處、承德地區文化局及圍場縣文管會等主編，文物集刊，文物出版社出版，一九八〇，北京。
清高宗十全武功研究，莊吉發著，故宮博物院印行，民國七十一年。

清高宗十全武功軍需之研究，賴福順撰，文化大學史研所博士論文，民國七十年。
清高宗兩定準噶爾始末，故宮文獻，第四卷，第三期，民國六十二年六月，台北。
清朝文獻通考，嵇橫等撰，新興書局印行。
清朝掌故彙編，張壽鏞等纂，中國近代史料叢刊，三編第十三輯，文海出版印行。
清朝武功記盛，趙翼撰，文海出版社，近代中國史料叢刊第十四輯。
清朝全史，稻葉岩吉著，但壽譯，中華書局，民國四十九年。
黑龍江志稿，萬福麟修，張伯英纂，文海出版社。
黑龍江外記，西清著，沈雲龍主編，中國近代史料叢刊，第六輯，文海出版社印行。
黑韃事略箋證，收錄於蒙古史料四種，王國維主編，正中華局。民國五十一年九月台初版。
蒙古志，姚明輝編，沈雲龍主編，中國邊疆叢書第二輯，文海出版社印行。
蒙古遊牧記，張穆撰，蒙藏委員會編印，民國四十八年再版。
聖武記，魏源著，中華書局據古微堂原刻本校刊。
寧古塔記略，吳振臣、南榮著，吉林外記附錄。中國方志叢書，東北地方，成文出版社印行。
滿清治蒙政策，何耀彰著，東吳大學中國學術著作獎助委員會出版，民國六十七年一月。
滿族未入關前的經濟生活，馬秦琛著，食貨半月刊，第一卷，第六期，民國廿四年二月十六日。
養吉齋叢錄，吳振棫著，文海出版社，沈雲龍主編，近代中國史叢刊第二十二輯。

熱河志（欽定），和珅等修，文海出版社，中國邊疆叢書第二輯。

熱河小記，吳錫麒著，小方壺輿地叢鈔，第六秩。

遼史，新校本，鼎文書局。

燕岩集，朝鮮、扑趾源著，中華叢書委員會，台灣書局，民國四十五年四月印行。

燕台再遊錄，朝鮮，柳得恭撰，遼海叢書第十三種，藝文印書館編，民國六十六年。

嘯亭雜、續錄，昭槤（汲修主人）撰，文海出版社，沈雲龍主編，近代中國史料叢刊第七輯。

二、外文資料

Hsieh pao-cho, "The Government of China(1644-1911)" Baltimne, 1925.

Lawrence D. Kessler, "K'ang-Hsi and the Consolidation of Ching rule 1611-1684."（康熙與清廷統治之鞏固），虹橋書店，民國六十六年，三月第一版。

清代滿洲の圍場，川久保悌郎，史學雜誌，第九—十一號。